中国地质大学（武汉）资源环境法治丛书

国家社科基金项目"自然资源财产权利
非征收性限制的合宪性研究"（项目编号：17BFX087）成果

自然资源财产权利
非征收性限制的合宪性研究

宦吉娥　著

WUHAN UNIVERSITY PRESS
武汉大学出版社

图书在版编目(CIP)数据

自然资源财产权利非征收性限制的合宪性研究/宦吉娥著.—武汉：
武汉大学出版社,2023.12
中国地质大学(武汉)资源环境法治丛书
ISBN 978-7-307-24155-8

Ⅰ.自…　Ⅱ.宦…　Ⅲ.自然资源—财产权—宪法—研究—中国
Ⅳ.D921.04

中国国家版本馆 CIP 数据核字(2023)第 229959 号

责任编辑:胡　荣　　责任校对:汪欣怡　　版式设计:马　佳

出版发行：**武汉大学出版社**　　(430072　武昌　珞珈山)
　　　　(电子邮箱:cbs22@ whu.edu.cn　网址：www.wdp.com.cn)
印刷:湖北云景数字印刷有限公司
开本:720×1000　1/16　印张:19.25　字数:335 千字　插页:1
版次:2023 年 12 月第 1 版　　2023 年 12 月第 1 次印刷
ISBN 978-7-307-24155-8　　定价:68.00 元

序

自中国共产党十一届三中全会以降，中国人在追求法治的道路上，已走过四十余年；如果上溯至 1949 年中华人民共和国成立，则历经七十余年；再上溯至清末变法图存时期，则历经一百几十年。其间曲回婉转、波澜起伏，但中国人对法治的追求却始终不渝。真可谓是长路漫漫，虽九死其犹未悔。

改革开放四十年间，从发扬社会主义民主、建设社会主义法制，到有法可依、有法必依、执法必严、违法必究，到依法治国、建设社会主义法治国家，再到依法治国关键在于依宪治国、依法执政，关键在于依宪执政。中国人的法治理想渐趋高远，与之相应的法治期待也不断提升。迄今为止，中国的社会主义法治体系已经形成，执法、司法、监察的组织架构基本完备，司法改革正在路上，党内规范体系的"四梁八柱"已经形成，中国的法治时刻如同天际晨曦，若晦若明，但朝霞满天或许就在前面。

宪法学之研究需要世界视野、家国情怀、仰望星空、脚踏实地，也需要温和理性、敏思笃学。以宪法为核心构建法律生活秩序，必须先有对宪法文本的融贯理解，再借由必要的机制充分实践宪法精神和宪法规范，最终展现具有高度宪法权威的法治图景。以此言之，宦吉娥副教授撰写的《自然资源财产权利非征收性限制的合宪性研究》，无疑是通往上述法治图景的重要尝试之一。

作为一项国家社科基金的结项成果，沿着"权利的生成与识别—权利的宪法地位—限制的性质认定—限制的宪法依据—限制的合宪性判断"的研究进路，在文本与现实之间往返流转。既探究理论的奥义、规范的原旨，又厘清问题的根源，直面现实的需求，最后创新性地提出诸多制度解决方案。比如，作者提出自然资源财产权利应当基于自然资源生态性和经济社会性进一步体系化，其构建的制度基因是宪法上的自然资源公有制；构建的路径在于自然资源专门法体系化基础上的自然资源法典化；构建的产权结构在于物权、知识产权与信息权的综合运用。针对我国宪法财产权保障条款中仅有保障加公益征收的结构，而欠缺财产权限制结构的现状，作者提出应当在征收制度之外，另行设置财产权的限制及其补偿制度。作者最后提出针对自然资源财产权利的非征收性限制，可以采取体系性文本判断和个案性的专门判断相结合的合宪性审查框架，等等。上述研究，因应了中国自然资源权利结构纷繁复杂的现实，扩展了传统的有关自然资源权利限制的法理，构建出我国当下宪法规范能存载、法治实践易操作、社会秩序可兼容的合宪性判断框架和审查方法。这样的研究深植于中国大地，具有颇为重要的理论价值和现实意义。

作者宦吉娥作为我的硕士和博士研究生，自学生到教师，浸润法学已二十余年。其一直保持淡定沉潜、勤勉执着的职业态度，能撰写出如此有分量的研究成果，自在情理之中。期待作者再接再厉，新作迭出！

秦前红

2023 年 2 月 3 日于珞珈山

自然资源非征收性限制相关法律目录

省略"中华人民共和国"法律名称(颁布年份，最新修改年份)，书中仅简称

1. 民法典(2020)
2. 专利法(1984，2020)
3. 矿产资源法(1986，2009)
4. 草原法(1985，2021)
5. 森林法(1984，2019)
6. 水法(1988，2016)
7. 煤炭法(1996，2016)
8. 土地管理法(1986，2019)
9. 农村土地承包法(2002，2018)
10. 城市房地产管理法(1994，2019)
11. 海域使用管理法(2001)
12. 陆地国界法(2021)
13. 可再生能源法(2005，2009)
14. 资源税法(2019)
15. 耕地占用税法(2018)
16. 渔业法(1986，2013)
17. 农业法(1993，2012)
18. 种子法(2000，2021)
19. 畜牧法(2005，2022)
20. 旅游法(2013，2018)
21. 中医药法(2016)
22. 电力法(1995，2018)
23. 测绘法(1992，2017)
24. 气象法(1999，2016)
25. 环境保护法(1989，2014)

26. 湿地保护法(2021)

27. 青藏高原生态保护法(2023)

28. 黑土地保护法(2022)

29. 长江保护法(2020)

30. 黄河保护法(2022)

31. 野生动物保护法(1988，2022)

32. 海岛保护法(2009)

33. 海洋环境保护法(1982，2017)

34. 环境影响评价法(2002，2018)

35. 防沙治沙法(2001，2018)

36. 水土保持法(1991，2010)

37. 土壤污染防治法(2018)

38. 水污染防治法(1984，2017)

39. 大气污染防治法(1987，2018)

40. 固体废物污染环境防治法(1995，2020)

41. 噪声污染防治法(2021)

42. 放射性污染防治法(2003)

43. 防洪法(1997，2016)

44. 防震减灾法(1997，2008)

45. 动物防疫法(1997，2021)

46. 进出境动植物检疫法(1991，2009)

47. 安全生产法(2002，2021)

48. 矿山安全法(1992，2009)

49. 生物安全法(2020)

50. 食品安全法(2009，2021)

51. 农产品质量安全法(2006，2022)

52. 道路交通安全法(2003，2021)

53. 海上交通安全法(1983，2021)

54. 消防法(1998，2021)

55. 国防交通法(2016)

56. 海警法(2021)

57. 禁毒法(2007)

58. 反恐怖主义法(2015，2018)

59. 突发事件应对法(2007)

60. 人民防空法（1996，2009）

61. 国防动员法（2010）

62. 国防法（1997，2020）

63. 石油天然气管道保护法（2010）

64. 文物保护法（1982，2017）

65. 军事设施保护法（1990，2021）

66. 港口法（2003，2018）

67. 公路法（1997，2017）

68. 铁路法（1990，2015）

69. 航道法（2014，2016）

70. 劳动法（1994，2018）

71. 职业病防治法（2001，2018）

72. 传染病防治法（1989，2013）

73. 老年人权益保障法（1996，2018）

74. 残疾人保障法（1990，2018）

75. 乡镇企业法（1996）

76. 建筑法（1997，2019）

77. 烟草专卖法（1991，2015）

78. 节约能源法（1997，2018）

79. 循环经济促进法（2008，2018）

80. 清洁生产促进法（2002，2012）

81. 反垄断法（2007，2022）

82. 对外贸易法（1994，2022）

83. 烟叶税法（2017）

84. 乡村振兴促进法（2021）

85. 城乡规划法（2007，2019）

86. 契税法（2020）

87. 行政许可法（2003，2019）

88. 行政处罚法（1996，2021）

89. 行政强制法（2011）

90. 治安管理处罚法（2005，2012）

91. 刑法（1979，2020）

（统计截止日期 2023 年 7 月 8 日）

图　目　录

表 目 录

目　　录

前　言

一、研究背景

改革开放以来,我国自然资源资产产权制度逐步建立,[①] 当前,自然资源资产产权制度改革正在紧密推进,[②] 致力于解决自然资源产权价值理念、管理体制和运行机制中存在的问题。习近平总书记在中央全面依法治国工作会议上的重要讲话指出:推进全面依法治国,根本目的是依法保障人民权益。《法治中国建设规划(2020—2025)》中明确对"限制"公民、法人和其他组织的财产和权利设置了"因法定事由""经法定程序"条件,要求强化土地使用权、海域使用权、矿业权、取水权、渔业权等自然资源财产权利的法律、宪法保障。同时,国家为解决资源有效配置、经济平衡、生态环境保护、安全与社会公平等突出问题,在征收以外,采取了规划、用途管制、特许、去产能、保护区以及课征税费等非征收性限制,对自然资源财产权利进行内容塑造,并对其取得、使用、收益和处分权能施加限制,引发了较多社会矛盾和冲突,急需通过法律途径疏解。然而,现有的

①　中共中央办公厅　国务院办公厅. 关于统筹推进自然资源资产产权制度改革的指导意见[EB/OL]. (2019-04-14)[2022-02-05]. http://www.gov.cn/zhengce/2019-04/14/content_5382818.htm.

②　党的十八届四中全会决定中指出,让市场在资源配置中起决定性作用,建立健全自然资源产权法律制度。2019年中共中央连续印发了包括《关于统筹推进自然资源资产产权制度改革的指导意见》《关于建立国土空间规划体系并监督实施的若干意见》《关于建立以国家公园为主体的自然保护地体系的指导意见》等"四梁八柱"式的重要文件。关于自然资源资产产权制度改革明确了要"以完善自然资源资产产权体系为重点,以落实产权主体为关键,以调查监测和确权登记为基础,着力促进自然资源集约开发利用和生态保护修复,加强政府监督管理,促进自然资源资产要素的流转顺畅、交易安全、利用高效,实现资源开发利用与生态保护相结合的改革初衷"。参见谭荣. 自然资源资产产权制度改革和体系建设思考[J]. 中国土地科学,2021(01):1-9.

自然资源立法中，非征收性限制及其补偿的规定付之阙如。因此，该领域面临立法修法、良善行政和能动司法的紧迫任务。

上述任务的开展必须遵循宪法约束。习近平总书记多次指出，依法治国，首先是依宪治国。维护法治的权威，首先是维护宪法的权威。提出要完善宪法监督制度，积极稳妥推进合宪性审查工作。党的十八届四中全会、党的十九届四中全会都进一步提出推进合宪性审查工作，维护国家法治的统一、尊严和权威。2018 年宪法修正案将全国人大法律委员会更名为"全国人大宪法和法律委员会"，并于同年通过了《关于全国人民代表大会宪法和法律委员会职责问题的决定》，进一步明确了全国人大宪法和法律委员会推动宪法实施、开展宪法解释、推进合宪性审查、加强宪法监督等工作职责。2021 年 11 月 19 日，全国人大常委会法制工作委员会聘请12 名学者担任备案审查专家委员会委员。这一系列的举措使得"合宪性审查时代"①的到来具备了宪法、法律、政策、实践、组织和智识支撑等多方面客观条件。资源环境领域则是备案审查制度关注的重点领域，目前已经开展了对专门规定自然保护区的地方性法规集中进行专项审查研究工作，并致函于省级人大常委会，要求全面自查和清查相关地方性法规。②在此背景下，既有研究相比于当前的实践需求显现出发展空间，系统深入地开展自然资源非征收性限制合宪性问题的研究极有必要。

二、国内外研究状况

财产权限制是任何一个旨在保障财产权，同时要平衡公益与私益的国家都必须要面对的问题。早在 19 世纪中后期的欧洲，所有权绝对自由的观念就受到批评。自 1919 年《魏玛宪法》颁布始，尤其是美国新政之后，伴随"福利国""社会国""规制国"的发展，财产权非征收性限制涌现，其合宪性问题引起学界的关注。国外，对非征收性限制的合宪性研究主要关注三个方面，即是否属宪法财产权保障范围、限制的宪法性质如何认定、合宪性如何审查。

第一，自然资源私人所有权、使用权或特许权已被纳入宪法财产权保

---

① 张翔. "合宪性审查时代"的宪法学：基础与前瞻[J]. 环球法律评论，2019(02)：5-21.

② 全国人民代表大会常务委员会法制工作委员会. 关于十二届全国人大以来暨 2017 年备案审查工作情况的报告 [EB/OL]. （2017-12-24）[2021-12-07]. http://www.npc.gov.cn/npc/c12435/201712/18c831eededb459cb645263ebf225600.shtml.

障范围，但宪法事实上对财产权的保障强度，受财产权的功能与社会关联性影响，伴随公民道德意象的变迁与国家功能的拓展而发生变化。因此，宪法财产权在自然资源领域的适用具有一定的特殊性。如在矿产资源财产领域，对私人财产权的过分强调存在危险性①，以私人财产权为基础的规制体系应用于自然资源领域时应加以反思，以满足自然资源的物理特征、法律属性与社会道德价值②。

第二，对自然资源财产权利非征收性限制的宪法认定尚存分歧，存在"扩张的征收"与"分离"两种代表性方案，以德国和美国为典型，两种方案均有学理探讨。

在美国，1922 年宾夕法尼亚煤炭公司案后，法院通过对宪法征用条款的解释发展出管制性征用法，法学研究主要围绕司法判例展开，警察权、征收与管制性征收各自的构成与区分是研究的重要内容③。"扩张的征收"方案占据学界主流，但其内部存在学理分歧：基于市场派自由主义，有学者主张除警察权以外的所有政府管制，包括政府的资源管制，都应视为应予补偿的征收④。基于功利主义或科学主义，有学者指出在水资源规制中，政府以仲裁者身份对不相容的竞争性经济价值的安排不构成征收，政府作为企业的自身受益行为构成征收⑤。"物理侵入""有害使用""价值减少"等认定标准被广泛探讨。"分离"方案也开始被关注：主张以财产法的"社会责任规则"替代主流的法律经济学分析，认定基于社会和环境目标的监管措施是财产所有人应承担的社会责任，不构成征收⑥。

在德国，早期持"扩张的征收"方案的学者们通过"特别牺牲理论""期待可能性理论""可承受度"等理论，将古典征收以外的财产权限制纳入征收并证成补偿。自联邦宪法法院在判决（BVerfGE58）中提出区分有义务的补偿与无须补偿的内容与限制后，财产限制与征收各自系属不同机制的讨

---

① ［英］艾琳·麦克哈格，巴里·巴顿. 能源与自然资源中的财产和法律［M］. 胡德胜，魏铁军，译. 北京：北京大学出版社，2014：14.

② Richard Barnes. Property Rights and Natural Resources［M］. Oxford：Hart Publishing，2009.

③ Frank Michelman. Takings［J］. Columbia Law Review，1988，88：1600-1629.

④ 典型研究成果如，［美］理查德·A. 艾珀斯坦. 征收——私人财产和征用权［M］. 李昊等，译. 北京：中国人民大学出版社，2011.

⑤ Joseph L. Sax. Takings and the Police Power［J］. The Yale Law Journal，1964，74：36-76. Joseph L. Sax. Property Rights and the Economy of Nature：Understanding Lucas v. South Carolina Coastal Council［J］. Stanford Law Review，1993，45：1433-1455.

⑥ Alexander Gregory S. The Social-obligation Norm in American Property Law［J］. Cornell Law Review，2009，94（04）：745-819.

论扮演越来越重要的角色①。财产限制不因侵害强度逾越特定门槛就转化成征收，财产权非征收性限制与补偿的法理得以独立建构。财产权除传统社会义务外，还存在生态、民主、文化和信息义务②。

第三，对自然资源非征收性限制合宪性审查也存在分歧。在美国，合宪性多取决于功利计算的结果，对公益的计算及市场价值的补偿是学术热点，如有学者强调"成本收益分析"在合宪性证成中的重要性，并发展了"不能量化潜在社会效益"的"Breakeven Analysis"③。在德国，主流观点认为，对该限制的合宪性审查应遵守比例原则，在导致不具有正当性和可预期性的额外负担时应公平补偿④。

国内，学界对本议题的研究进展主要在以下五个方面：其一，指出了立法为财产权设定义务和限制是区别于征收的限制形式⑤。其二，论证了我国存在宪法财产权社会义务的规范基础，对财产权的社会义务也应通过比例原则的合宪性审查⑥，探讨征收与财产权社会义务的调和路径⑦。在社会义务与管制性征收的界分上，提出个案中的"多因素衡量法"⑧、"限制程度"⑨等判定标准。其三，对国外"管制性征收"实践中的各种认定标准，以及"公用到公益"的实践发展趋势进行了跟踪研究⑩。其四，借镜美、德等国外学理，对市地重划、农地管制、水资源保护区管制、强制性

① ［德］康拉德·黑塞. 联邦德国宪法纲要［M］. 北京：商务印书馆，2007：356.
② ［德］罗尔夫·施托贝尔. 经济宪法与经济行政法［M］. 谢立斌，译. 北京：商务印书馆，2008：200；［德］来汉瑞. 财产权的社会义务：比较视野［M］. 谢立斌，张小丹，译. 北京：社会科学文献出版社，2014：362.
③ Cass R. Sunstein. The Real World of Cost-benefit Analysis：Thirty-six Questions（and Almost as Many Answers）［J］. Columbia Law Review，2014，114（01）：167-211.
④ ［德］哈特穆特·毛雷尔. 行政法学总论［M］. 高家伟，译. 北京：法律出版社，2000：678.
⑤ 李累. 论宪法上的财产权——根据人在社会中的自治地位所作的解说［J］. 法制与社会发展，2004（04）：61-74.
⑥ 张翔. 财产权的社会义务［J］. 中国社会科学，2012（09）：100-119+207-208.
⑦ 陈征. 征收补偿制度与财产权社会义务调和制度［J］. 浙江社会科学，2019（11）：22-29+155-156.
⑧ 肖泽晟. 财产权的社会义务与征收的界限［J］. 公法研究，2011（01）：315-346.
⑨ 孟鸿志，王传国. 财产权社会义务与财产征收之界定［J］. 东南大学学报（哲学社会科学版），2014（02）：67-72.
⑩ 王洪平，房绍坤. 论管制性征收的构成标准——以美国法之研究为中心［J］. 国家检察官学院学报，2011，19（01）：140-147；房绍坤，王洪平. 公益征收法研究［M］. 北京：中国人民大学出版社，2011；刘连泰. 法理的救赎——互惠原理在管制性征收案件中的适用［J］. 现代法学，2015（04）：64-76.

计划等措施合宪性审查展开了论述①。其五，论述准征收制度在我国的建构路径②。

总体观之，既有研究极富启发性，但适用于我国当下自然资源领域问题的解决，仍有如下缺憾：

第一，伴随自由市场主义的挫败，规制国家、社会国家的兴起和对传统权利话语的反思，独立于"征收"脉络的财产权非征收性限制研究议题虽逐渐获得关注，但在征收与非征收性限制区别，财产权内容形成，不予补偿社会义务与应予补偿社会义务的界分等核心观点上，尚未形成共识，作为分殊领域的自然资源财产权利非征收性限制的合宪性研究仍待展开。

第二，研究视角偏重合宪性审查，注重司法过程及单一自然资源，方法上偏重规范研究、经济分析或者道德哲学思辨，使得研究结论具有较鲜明的时空及理论风格的差异，为课题研究提供了丰富的比较法参照。但是，我国违宪审查制度尚待完善，非征收性限制在各自然资源领域均大量存在，适应我国国情的自然资源财产权利非征收性限制的合宪性控制方案仍待研究。

三、研究思路和方法

本书在宪法学视角下，以自然资源财产权利的非征收性限制引发的私人财产权与公权力冲突问题为核心关切，从理论、规范与实证三个层面综合探讨我国自然资源财产权利非征收性限制的合宪性问题；按照剖析现象、思辨原理、解析规范、设计方案、试用调整的步骤，采取以理论性为开创手段，规范性与实证性结合，实务性为最终依托的研究布局，依次研究该权利有何宪法价值与地位，限制如何认定，应遵循何种合宪性原则；结合典型案例，尝试构建并调试合宪性控制方案。本书将综合应用以下研究方法。

---

① 陈明璨．财产权保障、土地使用限制与损失补偿[M]．台北：翰芦图书出版有限公司，2001；谢哲胜．不动产财产权的自由与限制——以台湾地区的法制为中心[J]．中国法学，2006(03)：139-151；李丽，张安录．轮作休耕及其补偿的法律意蕴、法理证成及入法进路[J]．中国土地科学，2021(11)：27-35．
② 王玎．论准征收制度的构建路径[J]．行政法学研究，2021(02)：67-75．

(一) 文本与规范分析

重视自然资源财产权利非征收性限制相关的宪法、法律、法规、规范性文件的文本，对其进行系统分析、规范结构分析与解释。在宪法与部门法交互视角下，除常规解释方法外，注重合法的宪法解释及法律的合宪性解释，将宪法意旨填充至自然资源规制公权力行为的目的性考量中。

(二) 实证分析

笔者通过实地走访、座谈等方式采集资料及意见，了解法规政策、实施情况与利益主体预期之间的落差，发现问题症结。调研对象包括四类：第一，相关国家机构：如国土、环境、农业、林业、渔业等享有自然资源规制职权的行政部门，相关立法及司法部门；第二，受限制措施影响的自然资源权利人(企业)；第三，其他利益相关人和组织；第四，掌握立法建议、政策建议话语权的学者与学术机构。

同时，本书对典型案例和事件开展个案评价，以及批量的系统分析研究。

(三) 功能视角的比较分析

本书采用功能导向的立场，对自然资源财产权利非征收性限制合宪性相关的规范、学理与实践，开展国别(区域)与历史的比较研究和借鉴。

四、研究范围的说明

本书研究聚焦国家公权力对私人自然资源财产权利的非征收性限制。做此限定主要基于以下考虑：第一，自然资源财产权利从广义而言，包括所有权和使用权，其权利主体包括国家、集体经济组织和私人主体(公民个人和社会组织)。本书将聚焦私人主体使用自然资源的财产权利。第二，对自然资源财产权利的限制可能基于私法①，也可能基于国家公权力的行使。民法上的相邻关系以财产权社会化观念为思想基础，但仅涉及土地权益人之间的私人权力义务关系，遵循禁止权利滥用、公序良俗与诚实

① 关于不动产财产权的私法限制及其限度，可参见金俭.自由与和谐：不动产财产权的私法限制[J].南京师大学报(社会科学版)，2011(04)：46-52.

信用、情势限制、容忍义务等原则，且多伴随补偿金的给予或相互关照义务，因而少有人质疑其法律基础。相反，公权力对私人自然资源财产权利的限制则往往是不伴随补偿的、单向度的，因而受到较多质疑。本书聚焦公权力的限制行为。第三，征收是我国宪法明确规定的公民财产权限制和保障的制度，受到众多学者的高度关注，相关制度建构较为成熟，相比之下，剥夺财产权之外的形式多样的非征收性限制实践运用广泛，而学术关注不足，迫切需要开展系统研究。公权力对私人自然资源财产权利的非征收性限制应当受到严格的检验，要求具备坚实的法律基础，不得违反宪法财产权保障的意旨，这正是本书的关注点所在。

本书研究聚焦对自然资源财产权非征收性限制立法的合宪性分析，且侧重狭义的法律。国家公权力行使，包括立法、行政和司法等①，均可能对自然资源财产权利作出非征收性限制，做此限定主要基于如下几点考虑：

第一，在全面建设社会主义法治国家的背景下，立法权的合宪行使是确保整个法秩序合宪运行的开端和关键。立法环节的合宪性确保，使得行政机关、司法机关等国家公权力机关全面依法行政、依法司法本身便是在合法合宪的轨道运行。反之，立法若违背宪法，则会产生"源头污染"的严重后果，影响到其他国家权力的合宪行使。自然资源领域的法治建设相对滞后②，自然资源立法正是当前推进社会主义法治体系建设的活跃领域和重难点领域，因此本书研究聚焦对自然资源财产权非征收性限制立法的合宪性分析。

第二，法律是宪法之外效力最高的法律渊源，行政法规仅次于法律，省级地方性法规则具有承接法律、行政法规效力的枢纽地位，司法解释则

---

① 有学者较早关注到物权的公法限制，将物权的公法限制类型化为立法限制、司法限制和行政限制，并对其中的行政限制作了专门的探讨，极具启发性。参见胡建森，张效羽. 有关对物权行政限制的几个法律问题——以全国部分城市小车尾号限行为例[J]. 法学，2011(11)：116-126.

② 全国人大常委会预算工委、全国人大财经委、全国人大环资委关于2020年度国有自然资源资产管理情况的调研报告指出，自然资源领域的法制建设仍相对滞后。具体表现在，目前，我国尚无自然资源领域的综合性法律，既有的土地管理法等都基于分散立法方式重点对某一类自然资源管理作出规范，对于一些共性、基础性问题缺乏统一性、协调性的规定。在湿地保护、国家公园、国土空间开发保护、资源节约集约利用、生态保护补偿、生态损害赔偿等方面还缺少相关法律规范。部分地方性法规因没有上位法支撑，权威性和刚性约束力不足。另外，部分自然资源法律法规与机构改革后的自然资源资产管理保护实际不符，相关法律对建立健全资源保护与节约集约利用的激励约束机制体现不够。参见朱宁宁. 自然资源领域法治和治理仍比较薄弱　全国人大调研报告建议加快自然资源领域立法修法补齐短板[N]. 法治日报，2021-10-23(002).

为司法权实际运行提供可直接操作的规则指引，因此确保立法合宪是合宪性的"重镇"。在法律合宪性确保的情形下，对其他效力层级更低的法规、规章和规范性文件的合法性审查便能最大程度确保法制统一和合宪秩序的形成。因此，本书研究侧重对立法中的法律做合宪性分析。

第三，自然资源种类繁多，自然资源财产权利发育程度存在较大差别，相关的法规制度纷繁复杂，在本书研究中无法穷尽所有的法规范性文件和公权力行为对自然资源财产权利作出的非征收性限制。考虑到研究的可行性和操作性，特做此限定。

第一章　宪法规制下自然资源财产权利的形成机理

"自然资源财产权利"不是一个法定用语，从语义的角度看，应是一类以自然资源为权利客体的财产权利束。其权利内涵的界定需要从"自然资源"入手。自然资源的属性是自然资源法进行法律制度构建的起点和内在的决定性因素。① 然而，对自然资源的认识涉及自然科学②、地理学、生态学、经济学、文化人类学、伦理学等学科的诸多原理。③ 从法律的视角出发，为了便于规制自然资源开发利用活动，总会在一定语境下涉及乃至界定自然资源及其组成部分。实在法意义上的界定尽管会与各个学科关于自然资源界定的学理探讨存在距离，但却有实在法效力，是自然资源界定之中可以且应当准确把握的核心部分。基于此，本书从我国大政方针政策及现行法律法规入手，考察我国当前国家认可与法律明确规定的自然资源及其门类，在此基础上勾勒出我国实在法上意义上的"自然资源全景图"，为自然资源财产权利的识别与类型化奠定基础。

① 张梓太.自然资源法学[M].北京：北京大学出版社，2007：03.
② 在我国，单项自然资源研究早在19世纪就已获得显著进展，并形成了相对独立的学科体系，把自然资源作为一个整体进行的研究则开始较晚。尽管这种科学的整体观念早在20世纪二三十年代就已形成，但真正引起重视并得以实施却是在60年代以后。2000年前后，我国资源科技工作者先后完成的《中国自然资源丛书》《中国资源科学百科全书》《资源科学》等三项标志性成果，为我国建立资源科学体系和奠定学科地位作出了奠基性贡献；2008年全国科学技术名词审定委员会正式公布了《资源科学技术名词》。参见孙鸿烈，成升魁，封志明.60年来的资源科学：从自然资源综合考察到资源科学综合研究[J].自然资源学报，2010(09)：1414-1423.
③ 参见蔡云龙.自然资源学原理(第二版)[M].北京：科学出版社，2007：24-25.

一、我国实在法意义上的"自然资源全景图"

（一）自然资源的宏观政策界定

《〈中共中央关于全面深化改革若干重大问题的决定〉辅导读本》对自然资源作了直接的宏观界定："自然资源是指天然存在、有使用价值、可提高人类当前和未来福利的自然环境因素的总和。"理解这一界定，需要注意"使用价值"的外延大于单纯的"经济价值"，且暗含了时间、技术条件和社会需求的约束。"天然存在"表明自然资源的自然属性；"使用价值"表明除了经济价值，还考虑生态、社会等价值；"自然环境因素的总和"表明包括作为物质基础的自然资源和作为生态空间的环境资源，外延广泛。

自然资源部职责范围对自然资源作了间接的举要界定。根据党的十九届三中全会《深化党和国家机构改革方案》和第十三届全国人民代表大会第一次会议《国务院机构改革方案》组建了自然资源部，自然资源部行使"两统一"职责，表明国家对自然资源整体性强调，也使得自然资源部的职责范围①可以作为我国官方认可和管理实践中的"自然资源"界定的重要参考。此外，《自然资源统计工作管理办法》（自然资发〔2020〕111号）第4条规定了自然资源统计的主要任务，列举了应统计自然资源门类②，国土资源部、中央编办、财政部、环境保护部、水利部、农业部、国家林业局关于印发《〈自然资源统一确权登记办法（试行）〉的通知》（国土资发〔2016〕192号）第3条规定了自然资源所有权统一确权登记的适用范围③。

自然资源统一调查监测体系对自然资源作了分层分类的类型化界定（参见图1.1）。"加快建立自然资源统一调查、评价、监测制度"是党的十九届四中全会明确提出的一项系统重构和改革创新任务，贯彻了习近平总书记"山水林田湖草生命统一体"的整体性立体生态观。自然资源调查监测体系是摸清我国自然资源家底，掌握我国自然资源变化规律的基础性

---

① 其职责范围覆盖土地、矿产资源、森林、草原、湿地、水、海洋等自然资源。
② 包括对土地、矿产、森林、草原、湿地、水、海域海岛等自然资源的统计。
③ 列举的自然资源包括：水流、森林、山岭、草原、荒地、滩涂、无居民海岛、海域、湿地以及探明储量的矿产资源等自然资源，另还规定了国家公园、自然保护区、水流等可以单独作为独立自然资源登记单元。

前置性工作，为自然资源管控奠定了信息基础。这一体系建构和良性运行，会对自然资源领域的法治建设产生深刻持久的变革性影响，促进自然资源法群的整合，辅助自然资源领域良法善治建设，因而值得关注。当前，支撑我国自然资源管理工作的本底数据来源于 2018 年开展的第三次全国土地调查，已成为后续自然资源调查监测数据和信息叠加集成的本底，能够服务于自然资源资产监管和自然资源权益的保护。

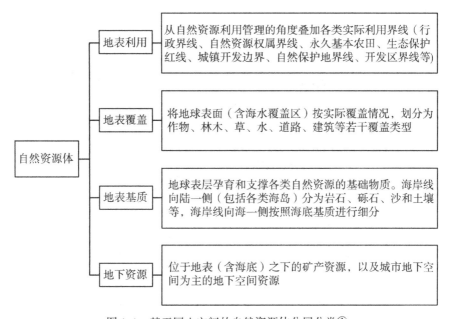

图 1.1　基于国土空间的自然资源体分层分类①

通过上述界定，可以得出自然资源主管部门管理的自然环境要素主要包括土地(包括地下空间)、矿产资源、森林、草原、湿地、水、海域海岛等自然资源，还包括山岭、荒地、滩涂，以及国家公园、自然保护区、水流等生态空间。这些概念之间还存在诸多交叉重叠关系，有待进一步厘清。此外，动物由林草部门负责调查监测和管理。目前的阶段，尽管监管机构建立的"物理反应"已经基本完成，契合山水林田湖草生命共同体理念的部门职能及相关体制机制的"化学反应"尚在进行中(从表 1.1 中自然资源专项调查职能的分工情况可见一斑)。在此背景下，梳理实在法中的自然资源全景图，建构自然资源财产权利的规范内涵具有重要理论和实践

---

① 根据《自然资源调查监测体系构建总体方案》自制。

价值。

此外，尽管土地之外的自然资源成为具有独立价值的物是社会发展和科学进步的结果，有研究者也明确将土地排除在自然资源之外①，但土地和自然资源作为独立的概念，经由不同法律予以调整规范，是晚近现象，土地和其他自然资源在自然界中的整体性和实质联系并不因为规范概念的区隔而改变②，从我国宏观政策来看，也并未将土地资源从自然资源中排除，这符合各类自然资源之间具有赋存的整体性的规律，因此，本书中的自然资源包含土地资源。

表1.1　　　　　　　自然资源统一调查专项调查分工③

	专项调查任务	职责分工
耕地资源	耕地资源的等级、产能、健康状况等	自然资源主管部门牵头组织
森林资源	森林蓄积量、森林覆盖率	自然资源主管部门与林业和草原主管部门共同组织
	森林的起源、树种、林种、龄组、权属及其动态变化等	林业和草原主管部门负责
草原资源	草原综合植被盖度、草原生物量等	自然资源主管部门与林业和草原主管部门共同组织
	草原的病虫鼠害、毒害草、生物多样性以及草原退化等	林业和草原主管部门负责
湿地资源	湿地的分布、范围、面积等	自然资源主管部门牵头组织
	湿地生物多样性、湿地生态状况，以及湿地的水质、富营养化等	林业和草原主管部门会同有关部门负责

---

① 比如有学者指出从经济学角度分析，同为生产资料的重要组成部分，土地是相当于生产工具的一种必要空间条件，它是不可耗竭、恒久存在且可重复利用的，属于劳动资料；而矿产资源(包括各类矿石、砂土等在内)、土壤、水、森林、草(原)则是有着不同功能用途、可被开发利用并发生不可逆的物理形态转化的原材料，通称为劳动对象。土地具有经济价值，但其价值大小往往取决于以其为载体的资源属性及用途等所决定的市场价值，即土地价值主要是由土地上所附加的资源权益所决定的。因此土地不属于自然资源，宜视为环境要素而称作"国土空间"。参见刘欣. 民法典视域下自然资源资产产权制度理论分析[J]. 中国国土资源经济，2021(08)：4-14+36.

② 汪庆华. 自然资源国家所有权的贫困[J]. 中国法律评论，2015(03)：120-129.

③ 根据《自然资源调查监测体系构建总体方案》自制。

续表

专项调查任务		职责分工
水资源	地表水资源量和水资源总量，以及地表水资源质量	使用相关部门调查结果
	地下水资源量及水质、重点区域水资源详查，以及海水淡化水资源量及水质等	自然资源主管部门负责
海洋资源	海岛（含无居民海岛）、海岸带以及滨海湿地和沿海滩涂	自然资源主管部门会同林业和草原主管部门共同组织
	海域海岛管理专题调查，海洋可再生能源调查，海洋生态系统，以及海洋水体、地形地貌、底质等	自然资源主管部门负责
野生动物		林业和草原主管部门负责
地下资源调查		自然资源主管部门负责
地表基质调查		自然资源主管部门负责，地调部门组织实施

（二）自然资源的宪法法律规定

在国家法律法规数据库（https：//flk. npc. gov. cn/xf. html）中，以"自然资源"为关键词搜索，限定标题包含"尚未生效和有效"，仅有 5 个文件，为《湖北省农业自然资源综合管理条例》（2019 年）、《最高人民法院、最高人民检察院关于办理海洋自然资源与生态环境公益诉讼案件若干问题的规定》（2022 年）、《最高人民法院关于审理海洋自然资源与生态环境损害赔偿纠纷案件若干问题的规定》（2017 年）、《湖北省神农架自然资源保护条例》（1987 年颁布，2017 年最新修改）、《浙江省农业自然资源综合管理条例》（1999 年颁布，2014 年最新修改）。这 5 个文件中，有 2 个文件对"农业自然资源"做了直接界定，其中"农业"作为限定语，其解释均为"与种植业、林业、畜牧业、渔业生产活动相关的"，"自然资源"的解释则范围有不同，同列为自然资源的为"土地、水、生物、气候"，且均加

"等"做概括收尾，浙江省的条例还将"森林"单列。《湖北省神农架自然资源保护条例》在规定适用范围时，列举了"森林资源、动植物资源、地质矿产资源和旅游资源等"，并将其简称为"自然资源"。① 司法解释中未界定海洋自然资源。由此可见，在现行有效与即将生效的法律法规中，尚未有直接统一的以"自然资源"为专门规制对象的立法，因此还需要进一步区分不同效力层级，从法规内容的细节及法条关联性角度做进一步系统梳理。

1. 宪法中的"自然资源"

现行宪法对"自然资源"作出直接规定的有三处，分布于总纲的一个条文中，即第9条②。

《宪法》还对几种具体门类的自然资源做了规定：第一，土地，在宪法文本中共出现7次，分布于总纲的一个条文中，即第10条③。第二，山（岭），在宪法文本中共出现5次，除上列总纲第9条中出现2次外，另外3次分布于上列第10条，表述为"自留山"。第三，林，在宪法文本中共出现4次，除上列总纲第9条中出现2次外，另外2次分布于总纲一个条文中，即第26条④。第四，环境，在宪法文本中共出现2次，在上列

---

① 法条原文：《湖北省农业自然资源综合管理条例》规定，本条例所称农业自然资源，是指与种植业、林业、畜牧业、渔业生产活动相关的土地、水、生物、气候等自然资源。

《湖北省神农架自然资源保护条例》规定，本条例适用于神农架范围内森林资源、动植物资源、地质矿产资源和旅游资源等（以下简称自然资源）的保护。

《浙江省农业自然资源综合管理条例》规定，本条例所称的农业自然资源，是指与种植业、林业、畜牧业、渔业生产活动相关的土地、水、森林、气候、生物等自然资源。

② 第9条规定："矿藏、水流、森林、山岭、草原、荒地、滩涂等自然资源，都属于国家所有，即全民所有；由法律规定属于集体所有的森林和山岭、草原、荒地、滩涂除外。国家保障自然资源的合理利用，保护珍贵的动物和植物。禁止任何组织或者个人用任何手段侵占或者破坏自然资源。"

③ 第10条规定："城市的土地属于国家所有。农村和城市郊区的土地，除由法律规定属于国家所有的以外，属于集体所有；宅基地和自留地、自留山，也属于集体所有。国家为了公共利益的需要，可以依照法律规定对土地实行征收或者征用并给予补偿。任何组织或者个人不得侵占、买卖或者以其他形式非法转让土地。土地的使用权可以依照法律的规定转让。一切使用土地的组织和个人必须合理地利用土地。"

④ 第26条规定："国家保护和改善生活环境和生态环境，防治污染和其他公害。国家组织和鼓励植树造林，保护林木。"

第 26 条中，表述方式为"生活环境"和"生态环境"①。

此外，相关的概念还有"生态"，在宪法文本中出现 3 次，分别为序言中"生态文明"，总纲第 26 条中的"生态环境"，国家机构中作为国务院职权的"生态文明建设"。

在《宪法》上述规定中，并未对自然资源作出界定，虽然第 9 条采用列举的方式列举了七种自然资源，并以"等"收尾，在第 9 条第 2 款中，与"自然资源"并列使用的还有"珍贵的动物和植物"。从字面表述看，这一条款留下诸多疑问：第一，"等"是等内等，还是等外等？第二，森林、草原以外的"植物"，动物是否是自然资源？第三，"珍贵的动物和植物"与非珍贵的"动物和植物"是否具有不同的宪法地位？国家是否有保护非珍贵的"动物和植物"的义务？第四，如何理解列举的七种自然资源的含义？第五，"水流"中是否包括海洋？海洋及其资源如何归属？② 第六，第 1 款的"自然资源"与第 2 款的"自然资源"规范内容和功能效力有何差异？

通过与就某一门类自然资源作出规定的其他条款作关联考察，可以明确"土地"尽管未直接列举在第 9 条自然资源之中，但属于自然资源。第 9 条中"森林、山岭、草原、荒地、滩涂"是呈现某一利用特征或外在形态的土地。依然存在疑问的是：第一，环境是否是一种自然资源？第二，生态与环境是何关系？宪法中"生态文明"、"生态文明建设"用语具有一致

①　宪法文本中"生态环境"的表述，经过了知识界不自觉地提出和使用，宪法形式的采用和发布，从而流行于国家社会生活各个层面，又遭遇现代社会知识精英的严厉质疑和内涵界定。"生态环境"属于政府用语（法定名词），而非严格的科学术语，语法上表现为偏正和并列结构，具有社会昭示作用和教育意义，因而可以继续使用。参见侯甬坚."生态环境"用语产生的特殊时代背景[J].中国历史地理丛，2007（01）：116-123；钱正英，沈国舫，刘昌明.建议逐步改正"生态环境建设"一词的提法[J].科技术语研究，2005（02）：20-21；徐嵩龄.关于"生态环境建设"提法的再评论（第一部分）[J].中国科技术语，2007（04）：47-52；徐嵩龄.关于"生态环境建设"提法的再评论（第二部分）[J].中国科技术语，2007（05）：46-50；钱正英，沈国舫，刘昌明.建议逐步改正"生态环境建设"一词的提法[J].科技术语研究，2005（02）：20-21.

②　对此，有人大代表已提议应把海域及其资源写入宪法，指出《海域使用管理法》已经颁布实施，但是作为二级法律，海域属国家所有的依据是什么，如果把海域及其资源没有写入宪法（即一级法律），从立法依据来讲是不足的。我国海洋权益的维护，海洋事业的发展，最根本能起到基石作用的就是把海域及其资源写入宪法。参见阳妍.应把海域及其资源写入宪法[N].中国海洋报，2004-03-05.

　　有学者建议在宪法总纲中，把第 9 条第 1 款修改为："矿藏、水流、森林、山岭、草原、荒地、滩涂、海域等自然资源，都属于国家所有，即全民所有；由法律规定属于集体所有的森林和山岭、草原、荒地、滩涂、海域除外。严守生态红线。对于可以依法开发利用的自然资源和生态环境，国家允许所有权与承包权、经营权分离，调动各方参与保护自然资源和生态的积极性。"参见常纪文.新时代生态文明进入宪法的相关建议[N].民主与法制时报，2017-12-08（003）.

性，但与"生活环境"并列的"生态环境"的表述却与"生态文明"的表述之间存在差异。

通过上述文本梳理，我们可以肯定的是：第一，宪法对自然资源并未作出明确界定。宪法第9条第1款的规定是从自然资源归属的角度列举了需要明确归属的自然资源门类；第2款规定的"自然资源"是整体性的指称，但并未明示其范围；第2款的保护与合理利用的"自然资源"其范围并不一定与第1款归属国有或集体所有"自然资源"的范围一致；结合其他关联条款理解，第2款"自然资源"的范围广于第1款的"自然资源"。第二，对于第9条第1款中的"等"的宪法解释应当非常慎重，应当由有权解释宪法的机关作出正式的宪法解释；即使是有权机关在做"等"外"等"的解释时，新列入的自然资源门类也应当与同款前述列举的自然资源门类具有宪法地位上的相当性，同时具备可归属性。备受批评争议的《黑龙江省气候资源探测与保护条例》①，就在于通过地方性法规的形式扩大解释了宪法第9条第1款"自然资源"的外延，做了"等"外"等"的规定。

2. 法律中的"自然资源"

根据全国人大官网统计，截至2023年4月26日，我国现行有效法律为295件②。本书以这295件法律为对象，分析法律文本中的自然资源及其具体门类的界定。在这295件法律中，无标题中包含"自然资源"的立法，所以从文本内容规定入手。

（1）"自然资源"的规定

法律文本中对"自然资源"的规定按照用途和功能，可以分为三类：用作自然资源整体性指称、用作机构名称、用作相关制度或领域限定，分布情况及条文详见表1.2。第一类用作自然资源整体性指称的共有20件法律，其中对自然资源的界定有规范意义的有：《民法典》第250条部分沿用了宪法关于自然资源归属的界定，并单列规定了矿藏、水流、海域、无居民海岛、土地、野生动植物资源、无线电频谱资源；《长江保护法》第8条关于长江流域自然资源的列举中规定了"湿地"资源；《行政诉讼

---

① 参见杨涛."风能、太阳能属国家"于法无据[N].沈阳日报，2012-06-19（A09）；殷啸虎.论宪法援引过程中的宪法解读——从对黑龙江规定风能太阳能属国有涉嫌"违宪"的质疑谈起[J].社会科学，2012（12）：92-100.

② 现行有效法律目录（295件）（截至2023年4月26日十四届全国人大常委会第二次会议闭幕），http://www.npc.gov.cn/npc/c30834/202304/d1a1f85950964b41b74a2696abf192f7.shtml。

法》第 12 条对自然资源的列举包含土地、矿藏、水流、森林、山岭、草原、荒地、滩涂、海域等；《农业法》则明确规定了野生动植物为自然资源，并单独规定了水能、沼气、太阳能、风能等可再生能源和清洁能源资源；《专属经济区和大陆架法》则将资源分为生物资源和非生物资源，并对大陆架的自然资源作了专门界定。上述规定丰富了我国实定法中自然资源的内涵和外延，可以作为宪法文本中"自然资源"概念的"合法律的宪法解释资源"。在这三类中，用于机构名称的表述出现次数和条文均为最多，但这种出现不能帮助释明自然资源的内涵和外延，只能间接说明该件立法所调整对象与自然资源主管部门职责相关；用于相关制度和领域限定则出现次数和条文均为最少，从一个侧面表明我国基于整体性自然资源监管的制度供给尚不足。

表 1.2　　　　　　　　　　　法律中"自然资源"的规定

用途功能分类	法律名称与条文(出现次数)	法律件数	条文数量	自然资源出现次数
自然资源整体性指称	陆地国界法 24、25 军事设施保护法 45 民法典 209、250、324、325 长江保护法 8(2 次)、13、79(2 次)、92 黄河保护法 7、11(2 次)、12、15、119 青藏高原保护法 7(2 次)、17 城乡规划法 4(2 次)、18、30 防沙治沙法 3 农业机械化促进法 18 旅游法 21 海洋环境保护法 94 行政诉讼法 12 环境保护法 30 农业法 57 海岛保护法 1、2、9、15、16、39 防震减灾法 67 科学技术进步法 102 海域使用管理法 11、24 专属经济区和大陆架法 3(2 次)、4(2 次) 乡镇企业法 29、40	20 件	42 个	49 次

续表

用途功能分类	法律名称与条文（出现次数）	法律件数	条文数量	自然资源出现次数
机构名称表述	审计法 41 湿地保护法 5（2 次）、12、13、14、16、32、42、45、46、47 黑土地保护法 4、6、8、9、20、21、27、29、32、33 野生动物保护法 10 军事设施保护法 54、55（2 次）、56、58、59 数据安全法 6 安全生产法 78 海上交通安全法 19、26 海警法 12、58 长江保护法 7、8、19、20（2 次）、21、26、27、52、55、75、87、88 黄河保护法 7、11、22、25、26、29、36、37（2 次）、43、48、51、78、109 青藏高原保护法 56 生物安全法 54 契税法 13 固体废物污染环境防治法 9（2 次） 森林法 14、15、68 土地管理法 5（2 次）、26、27、28（2 次）、32、34、45、52、53（2 次）、56、57（2 次）、58、60、61、67（2 次）、68、70、71、72、73（4 次）、74、75、76、77、81、82、84 资源税法 9 耕地占用税法 10（2 次）、13 土壤污染防治法 7（2 次）、8、11、14、15、16（2 次）、17（2 次）、23、48（2 次）、51、52（2 次）、58、59、61、66、71 农产品质量安全法 20、21（2 次）	21 件	113 条	133 次
相关制度或领域限定	审计法 58 青藏高原保护法 43、51 湿地保护法 18、50 黄河保护法 24 民法典 467 民事诉讼法 266 陆地国界法 56 海警法 27 行政许可法 12、66 环境影响评价法 8 旅游法 19 专属经济区和大陆架法 7	12 件	15 个	15 次

　　（说明：表格中数字表示条文序号，小括号中的个数表明该条中出现的次数；全部法条名称省略了"中华人民共和国"字样，全文中如未特殊说明，法律均为省略的表述。）

（2）宪法中列举自然资源门类的法律规定

宪法文本第 9 条列举的自然资源有：矿藏、水流、森林、山岭、草原、荒地、滩涂，其他条文中涉及的资源门类有土地、野生动物和植物。本书依次考察法律中对上述资源门类的规定情况。

第一，矿藏。法律中使用与宪法中"矿藏"一致表述的规定仅有 6 处，其中《草原法》《森林法》《水法》表述为开采或勘查矿藏；《民法典》《行政诉讼法》中用于列举表述一个资源门类；《环境保护法》则将矿藏界定为环境的一个自然要素。相比之下，"矿产资源"表述更为普遍，专门以矿产资源为调整对象的《矿产资源法》及《矿产资源法实施细则》（1994 年）采用了"矿产资源"的表达。《矿产资源法实施细则》明确界定了"矿产资源"，"是指由地质作用形成的，具有利用价值的，呈固态、液态、气态的自然资源"，同时还规定了《矿产资源分类细目》，按照能源矿产、金属矿产、非金属矿产和水气矿产列举了矿种①名称。严格意义上讲，"矿藏"与"矿产资源"存在区别，"矿藏"范围广于"矿产资源"，包含未知的或者未为法律调整的蕴藏于土地中的矿物资源。宪法规定"矿藏"归国家所有，目的在于将这些目前还未发现其价值的资源都划归国有，保证国家对地下矿物资源的绝对所有权②，列入现行法律法规调整范围的是具有开发价值的矿产资源。由此可见，法律中的矿产资源具有明确的规范内涵。

第二，水流。法律中使用与宪法中"水流"一致表述的规定仅有 5 处，其中《民法典》第 247 条规定"矿藏、水流、海域属于国家所有"，《行政诉讼法》第 12 条规定"对行政机关作出的关于确认土地、矿藏、水流、森林、山岭、草原、荒地、滩涂、海域等自然资源的所有权或者使用权的决定不服的"，上述规定仅表明"水流"不包含"海域"。《长江保护法》《黄河保护法》将水流作为长江和黄河流域自然资源，规定了流域自然资源调查制度。《铁路法》第 41 条规定"修建跨越河流的铁路桥梁，应当符合国家规定的防洪、通航和水流的要求"，此处不属于对自然资源的列举。由此可见，"水流"并不是具有规范含义的自然资源门类。在法律中，排除"海

---

① 我国矿种实行法定列举和新矿种申报制，根据《中华人民共和国矿产资源法实施细则》第 2 条关于"矿产资源的种类和分类见本细则所附《矿产资源分类细目》，新发现的矿种由国务院地质矿产主管部门报国务院批准后公布"的规定，对新发现的矿种需要按照《地质矿产部关于新发现矿种履行申报手续的通知》（地发〔1996〕232 号）的程序报批后列入《矿产资源分类细目》。目前我国有 173 个矿种，于 2017 年最新列入的矿种是天然气水合物，属于能源矿产。

② 参见洪旗等. 健全自然资源产权制度研究［M］. 北京：中国建筑工业出版社，2017：160.

域""海岛资源",涉及"水"的表述有多种,如"水""水资源""河水""水环境""水体""饮用水水源地""江河干流及支流两岸""江河源头汇水区域""水利""水电""水库""水路""水土""供水""排水"等。

以上表述中,"水资源"的表述运用普遍,在 15 件法律①中共出现151 次。从规定内容分析,现行法律尚未对水资源给出明确的界定,对"水资源"概念的使用较为宽泛,且不同法律之间存在交叉。这种规范现状表明了水资源的重要性、多用途性和较高程度的共享性,是资源法、环保法、行业法等都会调整和关注的对象。《水法》中对该法所称水资源的界定仅表明其将地表水和地下水纳入调整范围,至于地表水和地下水的范围却并未明示。通过体系解释的方法,辅以其他法律中水资源相关条文,可以初步对法律中的"水资源"做如下描述:水资源包括地表水、地下水、雨水;包括淡水、海水;包括江河湖泊水,以及水塘、水库等水工程中的水;水资源可用于生产、生活和生态;水资源可采用采掘方式取用,也可采用非采掘方式使用,前者如灌溉、饮用水,后者如航运、竹木流放。《水法》中水资源的概念并未将被明确认定为矿产资源的矿泉水排除在外。由此可见,法律中水资源规范含义尚不明晰。

第三,森林。法律中使用与宪法中"森林"一致表述的规定有 166 处,且有专门以森林为调整对象的法律颁布,即《森林法》。有必要从《森林法》入手分析森林资源的规范内涵,再比对其他法律中森林相关概念的使用情况。《森林法》中多处使用了森林资源的概念,但并未对森林资源直接界定。从法律适用范围的角度规定了森林、林木和林地三个要素,并在第 83 条分别对森林、林木和林地做了界定②。从法律规范内容分析,纳入森林资源或者与森林有关的资源还包括野生动物植物、森林景观资源、古树名木和珍贵树木等。《森林法》部门管理立法的色彩较浓厚,在调整对象上林地与《土地管理法》《农业法》《土地承包经营法》中的土地存在交

---

① 包括《水法》《长江保护法》《黄河保护法》《水土保持法》《防沙治沙法》《水污染防治法》《防洪法》《湿地保护法》《青藏高原生态保护法》《海岛保护法》《资源税法》《农业技术推广法》《循环经济促进法》《航道法》《草原法》。

② 本法下列用语的含义是:(1)森林,包括乔木林、竹林和国家特别规定的灌木林。按照用途可以分为防护林、特种用途林、用材林、经济林和能源林。(2)林木,包括树木和竹子。(3)林地,是指县级以上人民政府规划确定的用于发展林业的土地。包括郁闭度0.2 以上的乔木林地以及竹林地、灌木林地、疏林地、采伐迹地、火烧迹地、未成林造林地、苗圃地等。

叉。《森林法实施条例》则对森林资源做了界定①。

除《森林法》外，规定了"森林"的法律有 18 件②。在这 18 件法律中，都明确将森林作为一种自然资源，但均未对森林资源加以界定。这些规定中有六处是引致条款，将相关行为规范或职责划分引致《森林法》相关规定，由此可见，《森林法》对森林的调整属于专门法、特别法，其相关管理制度和职责分配受到其他立法的尊重；但是，在《土地管理法》《海岛保护法》《农业法》《环境保护法》《长江保护法》《黄河保护法》《青藏高原生态保护法》《行政诉讼法》中又均将森林与土地乃至动植物资源并列规定，并未认可《森林法》《森林法实施条例》中森林、林木与林地作为自然资源关联系统的统合规范模式，此外《湿地保护法》中湿地的占用也可能适用《森林法》相关规定，表明湿地资源与森林也存在交叉之处。由此可见，尽管《森林法》对"森林"作了明确界定，《森林法实施条例》又对"森林资源"做了界定，但作为自然资源门类的森林资源法律边界尚不清晰，规范内涵仍存争议。

第四，山岭。法律中使用与宪法中"山岭"一致表述的规定仅有 4 处。在《民法典》第 250 条和《行政诉讼法》第 12 条中，均是按照宪法中采用的"自然资源列举+归属"的方式规定，未对"山岭"的规范含义加以阐明。在资源相关法律中，山岭按照其上覆盖层特征而被分别划入森林、草原和土地加以调整。实际上，在《民法典》征求意见中，有人便提出"土地"包括"山岭""荒地""滩涂"，但最终法律文本的表述还是依据宪法做了相应的规定③。由此可见，"山岭"并不是法律直接规制的一种单一自然资源门类。

第五，草原。法律中使用与宪法中"草原"一致表述的规定有 564 处。专门以草原为调整对象的《草原法》中"草原"的规定达 258 处，该法规定"草原"是指天然草原和人工草地，其中天然草原包括草地、草山和草坡，人工草地包括改良草地和退耕还草地，不包括城镇草地，此外，该法还规定了对草原珍稀濒危野生植物和种质资源、草原植被的保护管理。除《草

---

① 森林资源包括森林、林木、林地以及依托森林、林木、林地生存的野生动物、植物和微生物。
② 包括《土地管理法》《湿地保护法》《海岛保护法》《防沙治沙法》《水土保持法》《公路法》《乡村振兴促进法》《农业法》《农业技术推广法》《环境保护法》《长江保护法》《黄河保护法》《青藏高原生态保护法》《民法典》《行政诉讼法》《民族区域自治法》《消防法》《刑法》。
③ 黄微．中华人民共和国民法典释义（上）总则编·物权编［M］．北京：法律出版社，2020：467．

原法》之外，另有 23 件法律中规定了"草原"，这其中有 157 处用于机构名称，7 处用于引致《草原法》，其余用于表述草原资源及环境要素，主要集中于草原开发利用及公害防治的相关行业与环境保护法律中，比如《畜牧法》《农业法》《防沙治沙法》《青藏高原生态保护法》。由此可见，草原作为自然资源的一个门类具有相对清晰的规范界定，但作为土地的一个利用类型，作为由土地生物及其相互物质与能量交换构成的多功能自然资源体，草原处于多部门、多行业法律共同管制之下。

第六，荒地。法律中使用与宪法中"荒地"一致表述的规定有 16 处，此外还有"荒山""荒丘""荒滩""荒漠""荒坡""未利用地"等相关表述。除《民法典》《行政诉讼法》《黄河保护法》是沿用宪法的表达外，其他的法律表述都存在特定的语境，且均未对其含义界定。具体而言，可分为以下四种：第一，与耕地对称的"荒地"，有两处。《乡镇企业法》第 28 条规定"凡有荒地、劣地可以利用的，不得占用耕地、好地"；《土地管理法》第 37 条"可以利用荒地的，不得占用耕地"；第二，与"山""滩""丘"等不同地表特征并列的平"地"，这种用法较多，比如《土地管理法》第 41 条规定，"开发未确定使用权的国有荒山、荒地、荒滩从事种植业、林业、畜牧业、渔业生产的"。第三，"四荒"土地，如《水土保持法》规定"国家鼓励和支持承包治理荒山、荒沟、荒丘、荒滩"，《土地管理法》《农村土地承包经营法》中确立了"四荒"土地承包经营制度。第四，"荒漠"。如《森林法》规定，"禁止在荒漠、半荒漠和严重退化、沙化、盐碱化、石漠化、水土流失的草原以及生态脆弱区的草原上采挖植物和从事破坏草原植被的其他活动"。由此可见，"荒地"是土地资源的一种未利用形态，既可能为国家所有，也可能为集体所有，在不同法律甚至同一法律文本中并不具有统一的规范内涵，需要结合条文语境加以理解，法律中对这一术语的使用较欠缺系统性考虑，存在种属概念的杂糅。

第七，滩涂。法律中使用与宪法中"滩涂"一致表述的规定有 22 处。法律中未对"滩涂"做规范界定。依据《湿地保护法》，用于养殖的滩涂不属于湿地；《长江保护法》《渔业法》《耕地占用税法》规定了"用于养殖的滩涂"或"渔业滩涂"；《民法典》《行政诉讼法》《公路法》《土壤污染防治法》《老年人权益保障法》则未区分用途，使用"滩涂"的统称。从法律中相关规范综合分析，滩涂是土地资源的一种，滩涂可以由国家所有，也可以由集体所有，法律主要规范渔业养殖滩涂，对未利用滩涂注重生态保护。

第八，动物和植物。法律名称中含有"动物""植物""生物"的有 4 件，即《野生动物保护法》《动物防疫法》《进出境动植物检疫法》《生物安全法》。法律中规定"动物"的共有 959 处。

《生物安全法》使用了"生物"的术语，并将"生物因子"界定为"动物、植物、微生物、生物毒素及其他生物活性物质"，是动物和植物的上位概念，其调整范围大于动物和植物，该法还对"人类遗传资源"做了界定："包括人类遗传资源材料和人类遗传资源信息。人类遗传资源材料是指含有人体基因组、基因等遗传物质的器官、组织、细胞等遗传材料。人类遗传资源信息是指利用人类遗传资源材料产生的数据等信息资料。"

《民法典》使用了"野生动植物资源"的术语，并做了"法律规定属于国家所有的"限定。《农业法》规定国家对种质资源享有主权。这是通过立法的方式对《宪法》第 9 条归属国家"自然资源"的扩充。

《野生动物保护法》对该法规定的"保护的野生动物"做了界定，是指珍贵、濒危的陆生、水生野生动物和有重要生态、科学、社会价值的陆生野生动物。珍贵、濒危的水生野生动物以外的其他水生野生动物的保护，适用《中华人民共和国渔业法》等有关法律的规定。同时规定"野生动物资源属于国家所有"，但未明确"野生动物资源"与"保护的野生动物"之间的关系，在该法中，"野生动物"与"保护野生动物"交替出现。关于"野生动物资源"，《长江保护法》《黄河保护法》中规定了野生动物资源普查调查制度。《刑法》将违反狩猎法规，在禁猎区、禁猎期或者使用禁用的工具、方法进行狩猎，破坏野生动物资源，情节严重的行为入罪。《刑法》第 341 条 3 款内容分别对非法猎捕、杀害国家重点保护的珍贵、濒危野生动物；非法狩猎；以及以食用为目的非法猎捕、收购、运输、出售国家重点保护的珍贵、濒危野生动物以外的在野外环境自然生长繁殖的陆生野生动物入罪，表明受到刑法保护的野生动物不仅限于《野生动物保护法》"保护的野生动物"。《动物防疫法》对该法所称"动物"做了界定，是指家畜家禽和人工饲养、捕获的其他动物。《进出境动植物检疫法》中"动物"是指饲养、野生的活动物，如畜、禽、兽、蛇、龟、鱼、虾、蟹、贝、蚕、蜂等。由此可见，《野生动物保护法》《动物防疫法》《进出境动植物检疫法》对"动物"的界定部门立法管理立法的色彩重，且不具有一致性，均不足以担纲法律中动物资源规范含义的基准概念。

除了作为全称使用的"动物""野生动物"，法律中与动物相关的表述还有"珍贵动物""陆生野生动物""实验动物""与人类健康有关的啮齿动物或者病媒昆虫""病媒生物""在农业活动中获得的植物、动物、微生物及其产品""禽、畜、兽、水产动物""珍贵、濒危水生野生动物""国家重点保护的水生野生动物""海洋野生动物保护""国家禁止进出口的珍贵动物""溯河产卵种群""野外种群资源"等。法律中还规定了"野生动物遗传资源"。

　　相较于"动物","植物"的法律规定较少,共有363处,除《进出境动植物检疫法》外,没有名称中包含"植物"的专门立法。《进出境动植物检疫法》规定"植物"包括栽培植物、野生植物及其种子、种苗及其他繁殖材料等;"植物产品"是指来源于植物未经加工或者虽经加工但仍有可能传播病虫害的产品,如粮食、豆、棉花、油、麻、烟草、籽仁、干果、鲜果、蔬菜、生药材、木材、饲料等。该法中"植物"术语使用次数最多。《中华人民共和国野生植物保护条例》(1996年9月30日中华人民共和国国务院令第204号发布　根据2017年10月7日《国务院关于修改部分行政法规的决定》修改)对野生植物资源的保护做了专门规范。该条例所保护的野生植物,"是指原生地天然生长的珍贵植物和原生地天然生长并具有重要经济、科学研究、文化价值的濒危、稀有植物","药用野生植物和城市园林、自然保护区、风景名胜区内的野生植物的保护,同时适用有关法律、行政法规"。《野生植物保护条例》将野生植物分为国家重点保护野生植物和地方重点保护野生植物,并规定了名录制。但在出口管制规定中又将"未定名的或者新发现并有重要价值的野生植物"列入禁止出口范围。由此可见,该条例中"野生植物资源""野生植物""国家重点保护野生植物和地方重点保护野生植物"概念的规范内涵及相互关系尚需厘清。关于"野生植物资源",《民法典》第251条规定"法律规定属于国家所有的野生动植物资源,属于国家所有",而《森林法》第31条要求"县级以上人民政府应当采取措施对具有特殊价值的野生植物资源予以保护",《中医药法》第25条规定"野生动植物资源",但均未就归属作出规定。

　　除了作为全称使用的"植物""野生植物",法律中与植物相关的表述还有:国家重点保护野生动植物,红树植物,珍贵野生动植物,长江流域珍贵、濒危水生野生植物,葛仙米、弧形藻、眼子菜、水菜花等水生野生动植物,长江流域数量急剧下降或者极度濒危的野生动植物,野生动植物遗传资源基因库,珍稀、濒危的野生动植物,海洋动植物物种,国家和地方重点保护的野生动植物,海洋水产资源,能源作物,国家重点保护野生动植物,草原珍稀濒危野生植物和种质资源,草原植被,珍贵植物,具有特殊价值的野生植物资源,种质资源,植物新品种,转基因植物品种,珍稀、濒危、特有资源和特色地方品种,畜禽遗传资源,水生植物,转基因水产苗种,药用野生动植物资源,重要生物资源,多年生灌木和草本植物,珍稀植物,珍贵树木或者国家重点保护的其他植物,罂粟,毒品原植物、种子、幼苗，麻醉药品药用原植物等。

由此可见，法律对生物资源的保护和规范扩充和细化了宪法中解决归属问题的自然资源和要求保护的自然资源的内涵，按照概念外延，从大到小，可大致分为"生物""野生动植物""野生植物""野生动物""保护的野生植物""保护的野生动物"，以及各类明确限定的动植物及种质资源、品种、种群。法律对生物资源的规范，着眼于生物安全、毒品禁止，种植业、林业、畜牧业、渔业、中医药业等产业利用，生态安全和主权保护，但还未形成生物资源的规范内涵，野生动物植物资源行业规制特点鲜明，整体性、生态性不彰显。

第九，土地。法律中使用与宪法中"土地"一致表述的规定有1169处。《宪法》在第9条确定归属的"自然资源"之外，另行规定了"土地"的归属，在使用"土地"全称的同时还区分了"城市的"和"农村和城市郊区的"土地。以宪法规范为依据，土地管理制度的建立也形成了"总+二分"模式，其中《土地管理法》及其实施细则、《土地调查条例》《土地复垦条例》《土地增值税暂行条例》是对全体土地加以调整的法律和行政法规，而《农村土地承包经营法》则主要针对农村土地，《城镇国有土地使用权出让和转让暂行条例》则主要针对城市土地。《土地管理法》将土地分为农用地、建设用地和未利用地，并基于此分类设置了相应的管理制度。自然资源部部办公厅于2020年印发的《国土空间调查、规划、用途管制用地用海分类指南（试行）》整合了原《土地利用现状分类》《城市用地分类与规划建设用地标准》《海域使用分类》，统一了现状调查、规划编制实施和用途管制的用地分类标准。由此更为统一的国土空间用途管制奠定了基础，细化了"土地资源"的规范内涵。

由此可见，土地作为自然资源的一种，是法律高度关注的资源和环境要素，相较于其他资源门类，法律对土地资源调整更为系统成熟，"土地资源"的规范内涵也较为明确。尽管如此，由于土地的多用途性和承载性，与法律中的森林资源、草原资源中的林地、草地等有交叉之处，但这种交叉更多是从资源和行业管理层面所作的区隔。

第十，法律中规定的宪法未列举的自然资源。我国宪法文本中列举的自然资源门类为土地、矿藏、水流、森林、山岭、草原、荒地、滩涂，珍贵的动物和植物。如上文对法律中自然资源规定的梳理可知，部门法对宪法中列举的自然资源门类做了具体化和拓展。除此之外，由于《宪法》第9条第1款"等"的表述，以及第2款作为"合理利用"和"禁止侵占或者破坏"的"自然资源"的表述，也给了立法对于"自然资源"细分、归类、拓展和塑造的形成空间。如《民法典》增加了需要明确归属的自然资源门类，具体包括"海域""无居民海岛"①"无线电频谱资源""野生动植物资源"②，将土地资源拓展至包含分层设置的地上、地下空间资源。《气象法》规定应当"合理开发利用和保护气候资源"，《青藏高原生态保护法》规定了"冰川""气候资源"，细化了《宪法》第 9 条第 2 款作为"合理利用"和"禁止侵占或者破坏"的"自然资源"门类。《军事设施保护法》《国防交通法》规定了具有使用价值受到管制的"空域"资源。《海岛保护法》规定了海岛资源；《湿地保护法》规定了湿地资源；《生物安全法》规定了"人类遗传资源"和"生物资源"，拓展了"动物和植物"范围。

二、基于公有制的自然资源私人财产权利的形成机理

鉴于我国实在法上，整体意义的"自然资源"概念还在形成之中，自然资源财产权利的法律建构便呈现出动态性、碎片化、权利形态完备与幼态参差并存的繁复局面。因此，对自然资源财产权利的系统考察还必须回到以具体资源门类为客体的财产权利，逐一梳理，在此基础上再尝试进行统合考虑。需要注意的是，自然资源作为外在于人的不自由客体，具有较高的使用价值，包括经济价值以及越来越受到重视的生态价值、精神价值、文化价值、美学价值、医学价值等，对自然资源的控制历来是人类纷争的导火索③。自然资源作为财产权利的客体，其上负载着个体生存、生态环境保护、经济发展及社会进步等多重功能④。对具有经济性、稀缺

---

① 《共同纲领》在第 34 条第 3 款规定了"保护沿海渔场"，发展水产业。1978 年《宪法》第 6 条第 2 款规定："矿藏，水流，国有的森林、荒地和其他海陆资源，都属于全民所有。"但 1982 年《宪法》未对海洋资源，包括海域和海岛资源的归属和保护作出明确规定。

② 事实上，在起草《民法典》时，有的部门建议，增加规定：法律规定属于国家所有的古生物化石，属于国家所有。有的单位建议，对于陨石、乌木等新出现的资源，增加规定：具有科研价值的无主天然物和新型资源归国家所有。有的部门建议，增加对无主财产认定的规定，明确无主财产在通过一定程序后，归国家所有。这些观点没有被立法采纳，但表明了扩充规定的需求。参见《民法典立法背景与观点全集》编写组. 民法典立法背景与观点全集[M]. 北京：法律出版社，2020：85.

③ 实践中，所有权归属不明的自然资源往往引发较多争议。参见金可可. 论"狗头金"、野生植物及陨石之所有权归属——再论自然资源国家所有权及其限度[J]. 东方法学，2015(04)：99-112.

④ 单平基. 论我国水资源的所有权客体属性及其实践功能[J]. 法律科学（西北政法大学学报），2014(01)：68-79.

性、可支配性的自然资源"归属于人的事实进行规范便成了法律的任务"①。基于当前自然资源资产产权制度改革现状，在后文的论述中，将重点探讨土地、矿产资源、水资源、森林、草原、野生动植物、海域、生态空间及其环境容量和生态服务功能这几类自然资源。

伴随社会的高速发展，自然资源开发利用强度广度急遽拓展，自然资源的财产价值也日益凸显，与此相关的，由自然资源开发利用带来的生态破坏、生产安全事故、资源贫困等负外部性问题也日益受到关注。在社会主义市场经济体制确立，走向生态文明新时代，实现国家治理能力和治理体系现代化的背景下，自然资源产权制度工具，即在宪法法律上明确自然资源归属与配置自然资源开发利用财产权利，已成为提升资源的开发利用效率，保护自然资源，公平分担自然资源开发利用成本和分享福祉的优先选项。学界也围绕宪法中自然资源国家所有相关条款，《民法典》(颁布前为《物权法》)中的自然资源类用益物权，自然资源单行法上的自然资源开发利用财产权利开展了持续不断的学术争鸣。受学科诉求、解释立场、理论工具差异以及关键性概念术语含义上的分歧的影响，相关问题的争论尚未达成广泛共识②。尽管学术观点纷呈，但分歧其实比表面上呈现的要少。学者们对自然资源配置实践现状和法秩序及其问题症结有共同的观察和思考，学者们的关切总是与"国家所有"面临的历时态改革问题同步。从国有企业改制财产权难题，到以土地为开端逐步展开的自然资源有偿使用与特许配置，到宪法与部门法中自然资源"国家所有"的客体、规范属性及效力，再到当前全民所有自然资源资产产权实现机制等，学者们对于依赖国家实现"全民利益"、通过产权激励社会主体提升效率和内化外部成本，以及"避免全权国家对私人所有权的过分侵蚀"③等目的有着共识，分歧关键在于实现的路径和法技术的选择。当前，学者们对自然资源国家所有的探讨已经从"平面化"定性逻辑发展到"层次性"权利链条分析，尝试打破部门法与学科的藩篱，理顺不同权利之间的动态的过渡、转化、派生及生成关系④。

①　常鹏翱. 民法中的物[J]. 法学研究，2008(02)：27-39.
②　参见瞿灵敏. 如何理解"国家所有"？——基于对宪法第9、10条为研究对象的文献评析[J]. 法制与社会发展，2016(05)：99-117；单平基、彭诚信. "国家所有权"研究的民法学争点[J]. 交大法学，2015(02)：34-58.
③　朱虎. 国家所有和国家所有权——以乌木所有权归属为中心[J]. 华东政法大学学报，2016(01)：15-26.
④　参见税兵. 自然资源国家所有权双阶构造说[J]. 法学研究，2013(04)：4-18；单平基. 自然资源之上权利的层次性[J]. 中国法学，2021(04)：63-82.

受到上述学术研究的启发，以我国宪法文本及实在法制度框架为基准，考虑自然资源资产产权制度改革实践，以自然资源权利全民福祉为初心，本书从自然资源财产权利的静态法律配置，竞争性出让与许可登记的动态法律配置两个层面来论述自然资源财产权利的生成机理。

(一)静态的法律配置方案

自然资源财产权利的内容有赖立法形成。宪法和法律对自然资源归属及其财产权利主体、客体、权能及生成程序的规定，属于静态规范层面的法律配置，是自然资源财产权利的法律准生之门。但具体如何配置，则存在方案之争，本研究在梳理分析既有的实践和学理方案的前提下提出"三层次配置方案"。

1. 形成方案一：国家所有权权能分离论

分离论方案遵循民法所有权权能分离的逻辑。根据该方案，具有完整性和至上性的所有权通过权能分离出用益物权，用益物权人即利用权人被赋予对抗世人的效力，但仍为定限物权①。自然资源使用权作为限制物权、用益物权，是自然资源所有权人依其自由意志为他人设定的物权，由所有权部分权能与所有权分离后形成。但所有权具有弹力性，其性质并没有因限制物权的设定而发生变化。限制物权消灭后，与所有权相分离的部分权能自动回归所有权，所有权重新具备完整权能。基于所有权的弹力性，"权能分离"是对所有权量的分割，并不破坏所有权的完整性。所有权为用益物权的"母权"，用益物权为其"子权"②。该方案是为了解决我国社会主义公有制下，既要维系自然资源归国家或集体所有，同时又必须实现自然资源高效利用的实践难题；采用务实态度嫁接了大陆法系所有权权能分离物权法理论和苏联社会主义民法计划经济体制下的所有权具体权能分离制度；通过《民法通则》《物权法》《民法总则》《民法典》等立法确立、传承、固化形成实在法秩序。分离论方案下，所有权权能的分离抑或有限物权的形成被认为是所有权人行使所有权的一种形式③。分离论一度

---

① 高富平. 土地使用权客体论——我国不动产物权制度设计的基本设想[J]. 法学，2001(11)：44-51.

② 对分离论学说史和制度形态的详尽梳理参见蔡立东. 从"权能分离"到"权利行使"[J]. 中国社会科学，2021(04)：87-105；关于自然资源单行法、《民法通则》和《物权法》中自然资源国家所有权的物权化的详细讨论和分析，参见邱秋. 中国自然资源国家所有权制度研究[M]. 北京：科学出版社，2010：148-155.

③ 参见佟柔. 民法原理[M]. 北京：法律出版社，1983：126.

是学者们构思、阐明、证立我国自然资源财产权利生成机理的主流学说①。

然而，伴随社会主义市场经济体制的确立，中国法学理论也日渐成熟丰盈，"分离论"受到了来自各方的挑战。

第一，自然资源国家所有权母权权源的证立难题。

按照分离论的逻辑，其立论的起点是存在私权性质的"自然资源国家所有权"，将《宪法》第 9 条中"国家所有"直接视为"国家所有权"。然而这一起点却受到诸多质疑，这些质疑无疑构成对"分离论"自然资源财产权生成机理釜底抽薪式的诘问，这些诘问总体上是围绕着对《宪法》第 9 条自然资源"国家所有"的理解展开。具体又分为以下三类：其一，否定宪法层面的"自然资源国家所有权"，认为应当在公共财产制的规范脉络下理解"国家所有"②，或认为该条仅是所有制③、制度性保障④。其二，认为自然资源国家所有权并不符合私权的构造，主张其本质上是一种宪法性公权或者公法管理权⑤。上述两种论述皆否定了私权性质国家所有权的存在，由此便引发出无"母"哪里来"子"的疑问。其三，直接承认为私法权利，或者通过公权、私权混合性质⑥承认其私法财产权性质，但对这种"权利"的内涵及效力形式仍存争议。如认为《宪法》第 9、10 条的"国家所有"是一种取得权利的资格⑦。对此，有学者指出，混合说不利于规则适用⑧。

---

① 参见佟柔，史际春. 我国全民所有制"两权分离"的财产权结构[J]. 中国社会科学，1990(03)：159-174；蔡立东. 从"权能分离"到"权利行使"[J]. 中国社会科学，2021(04)：87-105.

② 李忠夏. 宪法上的"国家所有权"：一场美丽的误会[J]. 清华法学，2015(05)：63-84.

③ 参见佟柔. 民法原理[M]. 北京：法律出版社，1986：158-161；林彦. 自然资源国家所有权的行使主体——以立法为中心的考察[J]. 交大法学，2015(02)：27-28；徐祥民. 自然资源国家所有权之国家所有制说[J]. 法学研究，2013(04)：35-47.

④ 参见林来梵. 宪法规定的所有权需要制度性保障[J]. 法学研究，2013(04)：63-64；彭诚信，单平基. 水资源国家所有权理论之证成[J]. 清华法学，2010(06)：98-115.

⑤ 参见巩固. 自然资源国家所有权公权说[J]. 法学研究，2013(04)：19-34；巩固. 自然资源国家所有权公权说再论[J]. 法学研究，2015(02)：115-136；肖泽晟. 宪法意义上的国家所有权[J]. 法学，2014(05)：28-34；王克稳. 论自然资源国家所有权的法律创设[J]. 苏州大学学报(法学版)，2014(03)：87-100.

⑥ 参见马俊驹. 国家所有权的基本理论和立法结构探讨[J]. 中国法学，2011(04)：89-102；王涌. 自然资源国家所有权三层结构说[J]. 法学研究，2013(04)：48-61.

⑦ 参见徐涤宇. 所有权的类型及其立法结构《物权法草案》所有权立法之批评[J]. 中外法学，2006(01)：44-51.

⑧ 单平基. 自然资源之上权利的层次性[J]. 中国法学，2021(04)：63-82.

第二，对日益细化丰富的自然资源财产权利法定形态的解释难题。

《民法典》用益物权分编下规定了诸多自然资源财产权利，如海域使用权（第328条），探矿权、采矿权、取水权、使用水域和滩涂从事养殖捕捞权利（第329条），土地承包经营权（第十一章），建设用地使用权（第十二章），宅基地使用权（第十三章）等。对于典型的用益物权，有学者指出，作为典型用益物权的建设用地使用权却可以作为交易对象参与市场流通，明显强于土地所有权的可处分性自然不能来自土地所有权，如何解释成为难题①。对于一般规定中的用益物权，《民法典》在海域使用权、探矿权、采矿权、取水权、使用水域和滩涂从事养殖捕捞权利前都设置了"依法取得的"限定，同时对有偿使用制度也设置了"法律另有规定的除外"（第325条）规定，将权利形成的具体规则指引至自然资源专门立法，但我国的自然资源立法管理法色彩浓厚，欠缺权利性规定②。因此，这些权利内涵仍需要加以明确。

第三，自然资源所有权与自然资源监管权的区分难题。

2013年党的十八届三中全会首次提出健全自然资源资产产权制度，要求健全自然资源资产产权制度和用途管制制度，"对水流、森林、山岭、草原、荒地、滩涂等自然生态空间进行统一确权登记，形成归属清晰、权责明确、监管有效的自然资源资产产权制度"。"两权分离"是我国当前自然资源资产产权制度改革的整体架构，确保自然资源资产实现经济价值、生态价值和社会价值的保值增值则是改革效果的终极检验标准。以民法物权理论为原型的分离论难以因应这一改革需求，欠缺两权分离的制度逻辑空间。一方面，产权制度与市场配置资源紧密关联，通过市场对国家所有的自然资源实现优化配置③具有经济挂帅的天然倾向，而自然资源国家所有权的目的还应服务于生态文明的目标④，是必须时刻绷紧的弦⑤。另一方面，将国家所有权界定为民事权利，才能明确被委托行使的"权利"内容。⑥ 但问题在于，这种私法意义上国家所有权的行使如何与当

---

① 蔡立东. 从"权能分离"到"权利行使"[J]. 中国社会科学，2021(04)：87-105.

② 王社坤. 自然资源产品取得权构造论[J]. 法学评论，2018(04)：13.

③ 郭志京. 自然资源国家所有的私法实现路径[J]. 法制与社会发展，2020(05)：131-132.

④ 汪庆华. 自然资源国家所有权的贫困[J]. 中国法律评论，2015(03)：120-129.

⑤ 宦吉娥，廖霞林. 绷紧自然资源资产监管"生态弦"[N]. 中国社会科学报，2021-12-03（006）.

⑥ 郭志京. 穿越公私法分界线：自然资源国家所有权委托行使模式[J]. 法制与社会发展，2022(01)：173-193.

前法秩序下普遍采行的规划、指标控制、许可、管制、指令等行政管理①行使方式有所区别，且能够与之兼容共存？

2. 形成方案二：自然资源国家所有制资源配置论

配置论立基于自然资源国家所有制或公共财产制，国家具有配置自然资源的公权力和保障自然资源合理利用，实现全民福祉的宪法义务。当"国家"作为政治系统的载体时，并不能成为宪法上"财产权"的主体②。《宪法》第 9 条第 2 款即是国家义务的宪法依据。③ 自然资源财产权利的权源不是私有财产性质的国家所有权，而是国家行使自然资源支配权力的一种形式和后果。

国家对自然资源的配置是一种落实国家义务的规制手段。对于自然资源，宪法上的"国家所有"首先应理解为国家必须在充分发挥市场的决定作用基础上，通过使用负责任的规制手段，以确保社会成员持续性共享自然资源④。各类公共财产通过立法加以具体化，并建立起行之有效的公法规制⑤。国家公法管理权的依据是国家作为主权者和公权力享有者的身份⑥，无须"所有者"身份加持。

国家对自然资源的配置先后采用了国家直接开发管理、行政审批、竞争性出让与行政审批杂糅的方式，这一过程体现了市场对自然资源的配置作用逐步得到发现和重视，政府逐步淡出资源的直接配置。

配置论虽然避免了分离论路径下的国家所有权存在与否及其属性之争，看似直接坚守了我国宪法社会主义公有制规范，与《宪法》第 9 条自然资源"国家所有"表述具有亲和性，同时能够兼容非私有财产权规则配

---

① 有学者试图通过对委托行使"管理权""不拘于字面"的解释来消弭制度逻辑的沟壑，认为鉴于"管理"之本意乃运作、经营之意，故可将"管理权"界定为国家所有权行使的一种特定方式，这种特定方式与私法意义上的所有权行使方式没有实质区别。参见郭志京. 穿越公私法分界线：自然资源国家所有权委托行使模式[J]. 法制与社会发展，2022(01)：173-193. 但这种解释方式实质上已经改变了"私法行使"的面貌了，体现了对国家所有权混合属性的妥协。

② 李忠夏. 宪法上的"国家所有权"：一场美丽的误会[J]. 清华法学，2015(05)：63-84.

③ 焦艳鹏. 自然资源的多元价值与国家所有的法律实现——对宪法第 9 条的体系性解读[J]. 法制与社会发展，2017(01)：128-141.

④ 王旭. 论自然资源国家所有权的宪法规制功能[J]. 中国法学，2013(06)：5-19.

⑤ 李忠夏. "社会主义公共财产"的宪法定位："合理利用"的规范内涵[J]. 中国法学，2020(01)：86-105.

⑥ 瞿灵敏. 如何理解"国家所有"？——基于对宪法第 9、10 条为研究对象的文献评析[J]. 法制与社会发展，2016(05)：99-117.

置的民众公共使用和合理使用权益。但这一方案也存在理论与实践难题。理论难题在于，公法与私法背景下所有、所有制与所有权的逻辑融洽的阐释仍不足，尚不能充分回答宪法中公有制、公共财产、自然资源国家所有关系如何厘清，《民法典》中的"自然资源国家所有权"与宪法中的"自然资源国家所有"关系如何解释等疑问。实践难题在于，在认肯国家对自然资源的支配权力之后，该如何选择具体的自然资源配置路径？存在产权不发育、产权与行政规制混同、公益规制乏力等实践困境。为了更好支撑全民所有自然资源资产所有权委托代理改革，健全自然资源资产权利体系，自然资源国家所有制资源配置论仍有较大的完善空间。

3. 本书主张的方案：三层次的配置论

国家所有权权能分离论模式下，用益物权的中国特质已经远远超出了"权能分离说"的涵射范围①，对物采掘类的自然资源财产权利行使中，权利人对初级资源产品的占有、使用、收益和处分等，已实质意义上导致了该自然资源上国家所有权对客体支配力消解，更引发了民法理论中关于自然资源财产权利物权属性的诸多争议。更为关键的是，权能分离法律制度设计，权能实质代行的现实与社会主义公有制下国家所有权神圣不可侵犯的宪法要求之间产生了背离，实际上也很难支撑保护所有者权益与丰富拓展创新使用权权能双向强化的自然资源资产产权制度改革诉求②。为回应这些挑战，蔡立东提出以"权利行使"替代"权能分离"来阐释自然资源财产权利形成机理③；张牧遥借助四组技术性概念及其表征的技术阐释了自然资源国家所有权物权化技术谱线④；王旭提出自然资源国家所有的"规

---

① 蔡立东. 从"权能分离"到"权利行使"[J]. 中国社会科学，2021(04)：87-105.
② 2017年《国务院关于全民所有自然资源资产有偿使用制度改革的指导意见》指出，自然资源资产有偿使用制度是生态文明制度体系的一项核心制度。以开展试点、健全法制为路径，以创新方式、加强监管为保障，加快建立健全全民所有自然资源资产有偿使用制度，努力提升自然资源保护和合理利用水平，切实维护国家所有者权益，为建设美丽中国提供重要制度保障。在坚持全民所有制的前提下，创新全民所有自然资源资产所有权实现形式，推动所有权和使用权分离，完善全民所有自然资源资产使用权体系，丰富自然资源资产使用权权利类型，适度扩大使用权的出让、转让、出租、担保、入股等权能，夯实全民所有自然资源资产有偿使用的权利基础。
③ 蔡立东. 从"权能分离"到"权利行使"[J]. 中国社会科学，2021(04)：87-105.
④ 张牧遥. 论自然资源国家所有权物权化实现的技术谱线[J]. 大连理工大学学报(社会科学版)，2017(01)：29-35.

制模式",强调作为一种规制国家的负责性、公共性①;单平基提出,全民所有只有过渡到宪法上所有权(《宪法》第 9 条),才能使自然资源获得法律保护,并须进一步转换为私法层面的权利(《民法典》第 247 条),才能将自然资源视作私权客体,伴随主权国家(《宪法》第 9 条)向国家法人(《民法典》第 247 条)的主体转化,自然资源在宪法上的所有权转变成民法上的所有权,为后者派生本质同为私权的自然资源用益物权(《民法典》第 328、329 条)及生成自然资源产品所有权提供可能②。这类反思性研究,颇具启发性,研究的关注点已从自然资源国家所有的属性之争,转向实际的自然资源配置方式探讨。

基于此,本书以主权意义上的自然资源全民所有为起点,以自然资源全民所有的实现过程为分析对象,以"自然资源配置"为原理,阐释自然资源财产权利的生成机理。在这一模式下,产权配置和公权配置都有其生存的空间,单纯的"权利模式",资产化,强调权益实现;抑或单纯"公权模式",计划指令化,强调直接控制和支配,都存在缺失;采用"权益+规制模式",则能够在充分发挥产权激励,资源控制功能的同时,利用适度的自然资源财产权利与非征收性限制措施,保全自然资源公共属性。在这种模式下,为具有生存、生态保障的自然资源公共与合理利用留足空间,经由自然资源市场化或者特许配置产生自然资源财产权利是否是物权的争议并不重要,只要认定其财产权益的性质,将其置于宪法私人财产权的保障之下,就可以经由宪法与部门法的交互影响形成制度化、规范化的衡平机制。

自然资源静态配置以宪法、民法典、自然资源专门法为规范依据。现行法秩序下自然资源财产权从"全民所有自然资源"到"自然资源财产权利"的三层级配置如图 1.2 所示。

(1)第一层次的配置:全民所有自然资源

第一层次的配置是全民所有自然资源,基于主权对领土的支配。在我国,人民通过社会主义革命取得对自然资源的最终支配权,依据人民民主专政的社会主义国家的宪法决断获得合法性,确立了自然资源全民所有的宪法底线规则。

①　王旭. 论自然资源国家所有权的宪法规制功能[J]. 中国法学, 2013(06): 5-19.
②　单平基. 自然资源之上权利的层次性[J]. 中国法学, 2021(04): 63-82.

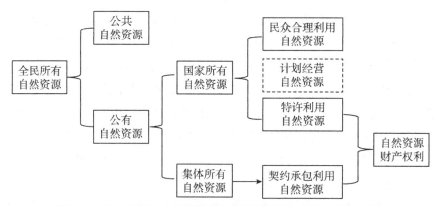

图 1.2 从全民所有自然资源到自然资源财产权利的三层级配置

地球上赋存的天然资源是大自然的恩赐。对于全球的自然资源，伴随漫长的历史进程，人类饱受争夺自然资源带来的冲突乃至战争的痛苦，为了定分止争，国际社会逐步确立了国家主权所有和人类共同继承财产两类规则。国家拥有对本国环境及自然资源享有永久主权的权利，有权自主决定对其开发利用，这一原则为 1962 年联合国大会通过的《关于天然资源之永久主权宣言》所承认①，国家对自然资源的主权终归是现代国家的主要属性②。

主权国家支配的领土构成了成就个人发展、社会物质和精神进步的自由空间，保卫领土的路径只有一条：确保它的"用途"在于实现所有公民的"普遍利益"，防止其"用途"只是在于实现个人利益③。此外还要明确，正因为领土"属于"人民，而且由于个体的生老病死，人民作为整体也无时无刻不处于变化之中，就像人民一样，应该从动态的角度来理解"领土"的含义，也就是说，要考虑到随着时间的推移其自身所发生的变化，尤其是要考虑到它不仅属于当代，而且属于后代。

在我国，这一层次的配置是通过"革命+宪法决断"的方式实现的。中国人民为国家独立、民族解放和民主自由进行了前赴后继的英勇斗争（宪法序言第二自然段），这一过程被我国宪法序言用"叙述历史的事实"④的

① 参见张梓太. 论国家环境权[J]. 政治与法律，1999(01)：23-29.
② 萨莱姆，韩小鹰. 评埃利安：《对自然资源的主权原则》[J]. 国外社会科学文摘，1983(09)：55.
③ 保罗·马达莱娜，翟远见. 金融危机现状下的"共用物"与环境[J]. 法律科学(西北政法大学学报)，2015(01)：190-200.
④ 刘荣刚. 彭真与 1982 年宪法的制定[J]. 人大研究，2004(09)：34-41.

方式加以追述。通过革命"消灭那种以社会上的绝大多数人没有财产为必要条件的所有制"①，最终，生产资料的私有制的社会主义改造完成，人剥削人的制度消灭，社会主义制度确立（宪法序言第七自然段）。中国人民已经当了中国的主人，人民掌握着国家权力，只有人民掌握了国家权力，国家利益与人民利益才不是对立的，而是和谐一致的②。《宪法》第1条、第2条③是对我国国家性质和主权归属的宪法决断。由此决定，真正的自然资源所有权主体为全体人民④。全民所有形态不是法律概念⑤，我国应当根据国有财产的自然属性以及社会使命之差异建构国家所有权分类行使的模式⑥。这就需要进行第二层次的配置。

（2）第二层次的配置：公有自然资源+公共自然资源

第二层次的配置是明示规定公有自然资源，即国家和集体所有自然资源，同时为公共自然资源提供规范空间。实现这一配置遵循的规则包括"（宪法规范+宪法解释）+法律规范+自然规律和习惯"。

第二层次配置之公有自然资源【国家+集体所有，产权性自然资源】

通过《宪法》第9条第1款，第10条第1款、第2款，设立了列举门类⑦自然资源和土地的公有制，确认国家和集体经济组织对自然资源的支配权。国家所有本身可以理解为一种规制工具和手段⑧，立法目的在于宣示全民所有以及加强管理与保护⑨。《宪法》通过规定"国家所有即全民所有"，将全民所有过渡为法律上的所有权⑩，赋予政府对国有财产进行合

---

① 马克思，恩格斯. 马克思恩格斯选集：第1卷［M］. 北京：人民出版社，2012：399-435.
② 杨化南. 我国宪法中公民的基本权利和义务［J］. 法学研究，1954（03）：26-30.
③ 第1条规定：中华人民共和国是工人阶级领导的、以工农联盟为基础的人民民主专政的社会主义国家。社会主义制度是中华人民共和国的根本制度。中国共产党领导是中国特色社会主义最本质的特征。禁止任何组织或者个人破坏社会主义制度。第2条规定：中华人民共和国的一切权力属于人民。人民行使国家权力的机关是全国人民代表大会和地方各级人民代表大会。人民依照法律规定，通过各种途径和形式，管理国家事务，管理经济和文化事业，管理社会事务。
④ 郭晓虹，麻昌华. 论自然资源国家所有的实质［J］. 南京社会科学，2019（05）：108-112.
⑤ 单平基. 自然资源之上权利的层次性［J］. 中国法学，2021（04）：63-82.
⑥ 黄军. 国家所有权行使论［D］. 武汉大学，2005：01.
⑦ 即矿藏、水流、森林、山岭、草原、荒地、滩涂。
⑧ 朱虎. 国家所有和国家所有权——以乌木所有权归属为中心［J］. 华东政法大学学报，2016（01）：14-26.
⑨ 王克稳. 论自然资源国家所有权的法律创设［J］. 苏州大学学报：法学版，2014（03）：14.
⑩ 崔建远. 自然资源法律制度研究［M］. 北京：法律出版社，2012：36-39.

理分配的资格①。国家所有权的根本价值旨趣是实现平等之自由，其制度实践源起于私有制的强剥夺性积弊②，健全自然资源国家所有权制度，首先必须从理念上重视国家所有权主体全民性的意义，从制度和程序上保障全民真正享有自然资源国家所有权③。这一配置属于产权性自然资源的配置。

对于国家和集体经济组织而言，对自然资源的支配方式可以选择，不同支配方式会明晰国家所有和集体所有本身的属性，属性的明确是"改革试错+立法固化"的结果，是一个持续不断的塑造过程，越来越具有科学性和适应性。

实践中，宪法未明确列举的自然资源的归属产生了诸多争议，比如乌木、"狗头金"、陨石、天然溶洞、气候资源等④。这些争议最终都归结于宪法已列举"自然资源"和"等"的解释。对此学者们尚存争议。

第一种观点是相对列举未尽⑤。认为"等"的表达，并非所有的自然资源都是"国家所有"⑥。宪法中公有制的客体，应该从生产资料的角度来解释⑦，采用此种"目的限缩"的宪法解释符合《宪法》第9条的条文精神。国家对水流等自然资源的民法"所有权"不能对抗普通民众的一般使用，经营目的的"特别使用"则须经过行政许可⑧。

第二种观点是将《宪法》第9条的"等"字理解为绝对列举未尽，即所

---

① 肖泽晟．宪法意义上的国家所有权[J]．法学，2014(05)：28-34.

② 黄笛．国家所有权治理法律程序论[D]．华中师范大学，2015：72-73.

③ 叶榅平．自然资源国家所有权主体的理论诠释与制度建构[J]．法学评论，2017(05)：146-154.

④ 参见朱虎．国家所有和国家所有权——以乌木所有权归属为中心[J]．华东政法大学学报，2016(01)：16；王建平．乌木所有权的归属规则与物权立法的制度缺失——以媒体恶炒发现乌木归个人所有为视角[J]．当代法学，2013(01)：92-97；李亚楠．捡到"狗头金"，到底该归谁[N]．人民日报，2015-02-09(011)；金可可．论"狗头金"、野生植物及陨石之所有权归属——再论自然资源国家所有权及其限度[J]．东方法学，2015(04)：99-112；杜晓．黑龙江出台条例设定太阳能风能探测开发门槛，专家称"条例"存设置行政审批之嫌[N]．法制日报，2012-06-20.

⑤ 朱虎．国家所有和国家所有权——以乌木所有权归属为中心[J]．华东政法大学学报，2016(01)：14-26.

⑥ 如蔡定剑教授认为宪法之所以将这些自然资源规定为"国有"，原因是"这些重要的自然资源是国民经济命脉的生产资料，是保证国民经济持续、稳定、协调发展的物质基础，是国计民生的基本保障，所以，必须以法律保护它们不受到任何侵犯"。参见蔡定剑．宪法精解[M]．北京：法律出版社，2006：193.

⑦ 涂四益．我国宪法之"公共财产"的前生今世——从李忠夏的《宪法上的"国家所有权"：一场美丽的误会》说起[J]．清华法学，2015(05)：85-110.

⑧ 李忠夏．"社会主义公共财产"的宪法定位："合理利用"的规范内涵[J]．中国法学，2020(01)：86-105.

有的自然资源只能是国家所有或集体所有，原则上是公有的①，这种方式有利于自然资源的管理使用、维护宪法权威与法制的稳定以及实现社会的公平正义。在这种国家所有权之下，自然资源"公产"与"私产"作区分，国家应保障公众对"公产"的习惯使用权与自由使用权，公众对国有自然资源范围的绝对性不必过于担忧。② 明确国家所有的自然资源，除《宪法》第9条所规定的九种自然资源，还包括法律中规定的"海域""无线电频""无居民海岛"③。地方政府以地方立法和行政执法的方式直接"宣布"法律明文规定属于国家所有之外的自然资源"归"国家所有④。

本书主张宪法中遵循公有制规则的自然资源门类是排除公共自然资源以外的绝对列举未定方式，即排除公共自然资源以外的自然资源，除法律规定为集体所有的以外，均属于国家所有。这种观点承认了不受产权规则支配的公共自然资源的存在，同时也最大限度地包容法律设置宪法列举以外自然资源国家所有的立法现状和现实需求，比如海域资源的国家所有。哪些自然资源可以纳入国家所有？对此，可以从两个层面解决：

其一，自然资源特征和功能是决定是否纳入国家所有的决定因素。《〈中共中央关于全面深化改革若干重大问题的决定〉辅导读本》作为国家政策权威解读，区分了"自然资源"和"自然资源资产"的概念。由此可见，并非所有的自然资源都做产权配置，只有自然资源资产才有可能成为公有自然资源。学者们也提出了多样化的判断标准，如主张以重要性、稀缺性、规模经营性为标准⑤，另有主张创设国家所有权需要考虑稀缺性、资源与公共利益的关联程度、成本与效益、公益与私益的平衡⑥。有学者则总结自然资源所有权生成受主权国家意志、公众生存保障性、开发利用效率和成本、社会形态等决定的四条规律⑦。上述观点都具有启发性。

① 关保英. 自然资源行政法新论[M]. 北京：中国政法大学出版社，2008：40.
② 欧阳君君. 论国有自然资源的范围——以宪法第9条为中心的分析[J]. 中国地质大学学报(社会科学版)，2014(03)：110-116.
③ 郭云峰，郭洁. 公产法定：国有自然资源资产分类调整的民法思考[J]. 中国人口·资源与环境，2020(04)：35-41.
④ 郭云峰，郭洁. 公产法定：国有自然资源资产分类调整的民法思考[J]. 中国人口·资源与环境，2020(04)：35-41.
⑤ 李忠夏. "社会主义公共财产"的宪法定位："合理利用"的规范内涵[J]. 中国法学，2020(01)：86-105.
⑥ 王克稳. 论自然资源国家所有权的法律创设[J]. 苏州大学学报(法学版)，2014(03)：87-100.
⑦ 郭云峰，郭洁. 公产法定：国有自然资源资产分类调整的民法思考[J]. 中国人口·资源与环境，2020(04)：35-41；徐军，王薇薇. 负外部性视野下的自然资源国家所有权[J]. 河海大学学报(哲学社会科学版)，2014(01)：75-79+92.

其二，宪法解释与法律保留是宪法国家所有自然资源范围的纳入形式。依据《宪法》第9条第1款和第2款规定，可以进入我国财产法秩序的自然资源资产的范围具有开放性，释宪机关或立法机关可以适时将新类型的自然资源纳入我国的财产法秩序并规定为国家所有。其宪法边界在于自然规律或者财产权制度所能承受的范围①。所规定的新自然资源要与宪法已列举的明确归属的自然资源具有宪法功能上的相当性。

第二层次配置之公共自然资源【非产权性自然资源】

公共自然资源是非产权性配置的自然资源，不特定多数人可以非排他性使用，是公众自由活动、相互交往以及与自然交往的地域、空间和舞台，是满足人们各类需求和发展的物质源泉和基本条件②。依据《宪法》第9条、第10条规定，国家所有与集体所有之间可以通过立法确定集体所有自然资源的方式加以划分，而公共自然资源范围则未有明确的指示。尽管宪法文本中自然资源列举+"等"的表达为公共自然资源留下了规范空间，但公共自然资源是否存在并非不证自明，其配置方式也成为第二层次配置需要解决的关键问题。

公共自然资源应当存在，学者们提出了以下四种论证理由：

第一，基于资源特性的论证。作为被支配的客体，自然资源的特性，包括赋存形态、功能、利用方式等决定了人类对其进行产权配置的方式和限度。正如诺斯所言，"当动植物相对于人类人口的需求还算丰盛的时候，就没有激励机制去承担因建立对动植物的产权所产生的费用。只有在稀缺增大的过渡时期内，才值得去承受建立和行使产权所必需的费用"③，欠缺稀缺性的自然资源没有必要进行产权配置。此外，产权配置无法满足人们对自然资源开发利用的需要时，也没有必要进行产权配置。比如有学者提出风能、太阳能等气候资源创设为国家所有必要性有待论证；水、大气、海洋等构成一切生物生存繁衍的基本条件，按其功能和作用必须设定为全民所有；不属于生物繁衍生存基本条件的自然资源可以采多元化的所有权结构；耗竭性资源设定为国家所有④。

第二，基于传统习惯的论证。公共自然资源在法律和思想史上都有久

---

① 程雪阳. 国有自然资源资产产权行使机制的完善[J]. 法学研究，2018(06)：145-160.

② 蔡守秋. 论公众共用物的法律保护[J]. 河北法学，2012(04)：9-24.

③ 转引自朱谦. 环境权问题：一种新的探讨路径[J]. 法律科学. 西北政法学院学报，2004(05)：96-103.

④ 详见王克稳. 论自然资源国家所有权的法律创设[J]. 苏州大学学报（法学版），2014(03)：87-100.

远的传统可追溯，习惯权利的存在也为公共自然资源的存在提供了证据，在法律未明确规定公共自然资源时，可以根据传统习惯加以确认①。罗马法中"为公共使用的财产"一直占有重要法律地位②。以"共有"来理解自然资源的归属，在思想史上更加源远流长③。习惯权利，由约定俗成的生活规则支撑④得到承认，并与正式的产权制度安排共存⑤。有学者对我国公共自然资源未被排除在国家所有之外，以及由此引发的问题提出了批评。指出，在我国，绝对的国家所有忽视了对私人资源利益的尊重和保护，并产生了严重的资源分配不公的情况⑥。

第三，基于个人权益的论证。个人使用公共自然资源被认为是天赋人权或者是维持人生存的必备权益。基于天赋人权思想，指出某些自然资源对人的生存不可或缺，必须保障每个公民对其自由利用⑦，这种权利是先验的。基于客观存在和应然权益的思想，指出，公众共用自然资源(公众共用土地)不是随意可以否定的东西，而是大自然恩赐的客观存在和公众不可或缺的基本需求⑧。

第四，基于国家角色与功能的论证。基于国家的政治主权者与法人机构体系的双重角色，强调国家作为主权者的公共性、全民性，并以此约束国家作为法人机关体系为自己配置"私人产权"的牟利冲动，从而为公共自然资源留下生存空间。例如有学者指出，在多样的国家定义中，有两种与法人的构成要素有关，其一是"全民"，或曰主权者；其二是政治机关体系，即国家机器⑨。并提出在立法活动国家主义倾向明显的时代与社会中，应对政府不当操纵立法，将那些原本从未形成私人所有权的财产及其公共管理关系放到国家所有权的项下，以及政治国家与国家法人角色互相

---

①　蔡守秋. 论公众共用自然资源[J]. 法学杂志，2018(04)：43-53. 该文系统论述了当代中国确定公众共用自然资源(公众共用土地)的正当性依据和法律形式，颇具启发性。

②　徐国栋. 优士丁尼《法学阶梯》评注[M]. 北京：北京大学出版社，2011：167.

③　参见王旭. 论自然资源国家所有权的宪法规制功能[J]. 中国法学，2013(06)：5-19.

④　夏勇. 人权概念起源：权利的历史哲学[M]. 北京：中国政法大学出版社，2001：16.

⑤　洪旗等. 健全自然资源产权制度研究[M]. 北京：中国建筑工业出版社，2017：66.

⑥　详见王克稳. 论自然资源国家所有权的法律创设[J]. 苏州大学学报(法学版)，2014(03)：87-100.

⑦　The Public Trust Doctrine in Natural Resource Law：Effective Judicial Intervention [J]. Michigan Law Review，1970，68(03)：471-566.

⑧　参见蔡守秋. 论公众共用自然资源[J]. 法学杂志，2018(04)：43-53.

⑨　张力. 论国家所有权理论与实践的当代出路——基于公产与私产的区分[J]. 浙江社会科学，2009(12)：25-33.

审借保持警惕①。还有学者从国体角度出发，认为基于执政党为核心的政治主权角色，"国家所有"的内涵就是政治性的、保障性的；基于以人大为核心的"一府两院"的国家形象，"国家所有"的内涵就是治理性的、赋权性的。②无论基于国家的哪种角色，或者角色的相互辅助与约束，国家功能的公共性都为公共自然资源的存在留下了空间。

公共自然资源配置方式有两种：

其一，排除——权益论。将公共自然资源排除于国家所有和集体所有的公有产权范围之外，承认民众不通过产权配置的方式利用公共自然资源的权益。有学者指出，具体的自然资源是否属于国家所有，依赖于法律对宪法上述条款的具体化和立法形成。③ 如果将"自然资源"一概解释为"国家财产"甚至"国家私产"，就会为相关部门收取使用费打开"方便之门"④。

其二，所有——义务论。承认国家的自然资源所有权，但将国家所有与私法中的财产所有权区分开来，强调国家为了全民所有，国家所有权具有社会的公共权力属性，肩负着保障公共福祉的义务。⑤ 我国采用产权模式配置自然资源，最初是为了追求自然资源开发利用效率，但却带来了生态环境破坏、资源浪费的负外部性，助长了一些人肆意牟取个人和集团利益、毁损和侵占国有财产的行为。⑥ 从宪法角度对"国家所有"条款进行规范分析的目的在于防止对"国家所有"的规制完全遁入私法，从而丢失公法上的监管与义务，⑦ 以此才能应对当前对自然资源治理中存在的公共性缺失，共同富裕目标实现、负外部成本内化及私人财产权保障困境叠加的担忧。

纳入国家所有，通过强化义务的方式来保障民众对自然资源使用的权益，在法律制度设计上又有两种路径。

一是基于公共信托。公共信托理论是美国法律的基石之一，自然环境

①　张力. 论国家所有权理论与实践的当代出路——基于公产与私产的区分[J]. 浙江社会科学，2009(12)：25-33.

②　韩秀义. 诠释"国家所有"宪法意涵的二元视角[J]. 法律科学：西北政法学院学报，2018，036(001)：47-56.

③　程雪阳. 中国宪法上国家所有的规范含义[J]. 法学研究，2015(04)：105-126.

④　周刚志. 自然资源"国有"需正确理解[J]. 国土资源导刊，2012(08)：18.

⑤　马俊驹. 国家所有权的基本理论和立法结构探讨[J]. 中国法学，2011(04)：89-102.

⑥　马俊驹. 国家所有权的基本理论和立法结构探讨[J]. 中国法学，2011(04)：89-102.

⑦　李忠夏. "国家所有"的宪法规范分析——以"国有财产"和"自然资源国家所有"的类型分析为例[J]. 交大法学，2015(02)：5-23.

领域的公共信托理论最早由密执安大学的萨克斯教授提出，他认为，环境资源就其自然属性和对人类社会的极端重要性来说，它应该是全体国民的"共享资源"，公民为了管理他们的共有财产可将其委托给政府，政府应当为全体国民包括现代人及其子孙后代管理好财产。① 实在法秩序中，形式上，公共信托由委托、受托、受益以及资产四要素组成；实质上，其由普通法所有权和衡平法所有权构成。②

公共信托理论和实践，也为我国不少学者所借鉴。认为我国自然资源设定为国家所有即全民所有，符合公共信托的基本精神。比如有学者指出，自然资源公有的观念贯彻了社会主义的理想。③ 应对自 20 世纪 90 年代以来的自然资源物权化倾向予以反思。④ 从公共信托的角度，我国应明确国家所有的公权属性、还原全民所有的财产权本质，并在此基础上实行资源属地化管理制度、完善我国资源配置的公众参与制度、加强法院对资源配置行为的审查。⑤

二是基于国家公物与国家私物的分类。承认自然资源国家所有，但利用公产、公物等法律概念，区分国家为全民利益而管理的物与国家为自我存续为目的而管理的物，两者适用不同的法律规则，分类治理，各为所需。

德国、法国这种分类调整的法律技术也为我国学者所借鉴。我国现行宪法中的"国家所有"这一术语和相关制度源自对马克思列宁主义理论的继承，但后者并不是要取消所有权制度，而是希望由国家来控制土地、矿产等自然资源的所有权来避免剥削和社会不公。法律学者要做的工作，不应当是质疑这种法秩序的正当性，而是要在尊重过往历史和现行法秩序的基础上，为其权利行使设定必要的规则，以确保"国家所有"这一项制度不脱离民主和法治的轨道。⑥ 目前人们对国家所有权客体利益的无序争夺，很大程度上源于国有化之后政府并未按照宪法的原则和精神完成对国

---

① The Public Trust Doctrine in Natural Resource Law: Effective Judicial Intervention [J]. Michigan Law Review, 1970, 68(03): 471-566.

② 王灵波. 公共信托理论在美国自然资源配置中的作用及启示[J]. 苏州大学学报(哲学社会科学版), 2018(01): 56-66.

③ 孙宪忠. 根据民法原理来思考自然资源所有权的制度建设问题[J]. 法学研究, 2013(04): 75-78.

④ 汪庆华. 自然资源国家所有权的贫困[J]. 中国法律评论, 2015(03): 120-129.

⑤ 王灵波. 公共信托理论在美国自然资源配置中的作用及启示[J]. 苏州大学学报(哲学社会科学版), 2018(01): 56-66.

⑥ 程雪阳. 国家所有权概念史的考察和反思[J]. 交大法学, 2015(02): 74-89.

有土地、自然资源和财产利益的初始分配任务①，解决之道在于分类管理，公私各回正轨。

本书认为，在我国，在现有宪法和法律框架之下，确立自然资源国家和集体所有权时，对于空气、阳光、气候、生态环境容量与功能、生物遗传资源等具有不可或缺价值的自然资源门类排除，是因为这些自然资源不具有稀缺性或可控性，且其上存在公共利用、福祉共享的传统，具有强公共性、强生态性和强伦理性，进行具体公共主体的排他性归属安排缺乏理论和实践支撑。采用非产权的方式配置这类自然资源具有合理性。民众对这类资源的利用而形成的权益，与个人生存、人格尊严等密切关联，不属于自然资源财产权利，不纳入宪法财产权保障。伴随环境约束的趋紧，国家基于国家环境保护、资源合理利用的宪法义务，可以设置利用规则，避免公地的悲剧，保障福祉的共享。

实现这一配置遵循的规则包括"宪法规范、宪法解释+法律规范+历史传统和习惯"。首先，可以通过宪法明确设置公共自然资源。我国宪法未明确设置，但可以通过宪法解释的方式加以明确，对《宪法》第9条第1款国家所有自然资源条文作"排除公共自然资源以外的绝对列举未定方式"的限缩解释。其次，可以通过法律中有关非国家所有自然资源的"特别提醒""但书""例外"等确定，排除有偿出让和特许的产权配置，承认私人使用权益。比如，《民法典》第325条的"但书"规定②，可以理解为认可某些可以免费使用的公众共用自然资源。最后，在宪法法律正式制度安排以外，可以依据历史传统和习惯加以认可。

(3)第三层次的配置

第三层次的配置是对公有自然资源的配置，即对国家所有和集体所有自然资源的配置。这类自然资源需要配置，是因为其具有稀缺性，同时具有公共性③。自然资源的配置事关重大公共利益和公民生存发展的宪法基本权利，需要采用法律保留的方式，依法授权，物权法定。需要说明的是，公共自然资源不需要进行产权配置，但国家和非排他性使用公共自然资源的公众具有对这类自然资源保护的义务，因此第三层次的配置是对公有自然资源的配置，具体包括合理利用自然资源的配置，国有和集体自然资源的配置(合并为利用性自然资源配置)。其配置方式是通过法律，包

---

① 肖泽晟. 宪法意义上的国家所有权[J]. 法学，2014(05)：28-34.
② 国家实行自然资源有偿使用制度，但是法律另有规定的除外。
③ 黄锡生，卢锟. 自然资源物权配置初探[J]. 时代法学，2007(06)：33-39.

括私法(民法典)和公法(自然资源专门法)共同加以规定。

需要注意的是，排污权、碳排放权等实质是公共自然资源中环境容量和生态服务功能资源的配置。这些"权"是基于环境容量和生态服务功能而设置的产权工具，属于总量控制下的计划指标，尽管具备经济价值且在司法实践中有得到认可①，但这些"权"是政府内化自然资源开发利用环境成本的规制工具，并非具备私有财产权益属性的自然资源财产权利，这些"权"的行使是对生态环境容量的占用甚至破坏，不能创造自然资源财产权利行使所产生的社会经济价值。是一种不得已而设定的"恶"，必须在资源环境承载能力允许的情况下科学设定，严格规范行使，其核心目标是排污管制。不适宜在这些"权"上算纯经济账，而是精算生态账。因此，本书未将其列入自然资源财产权利范围内研究。

第三层次配置之利用性自然资源【公权配置、契约与行政审批杂糅配置、市场配置】

第一，国家所有自然资源的配置。

国家所有自然资源配置方式的选择过程，是在倒逼机制下，由具体问题和实践压力逆向地推动社会治理体制的持续改革与不断完善②的过程。作为所有者，在选择所有权的实现形式时，其传统的出发点主要有两个，一是安全性原则，确保所有权的安全，即通常所说的保值；二是效率原则，通过生产资料的占有、支配和使用，能够带来更大的收益，即通常所说的增值③。基于对产权配置激励经济效益的认可，由政府主导，中国从计划经济到市场经济的转轨急剧而迅猛，随着一系列法律、政策的出台，市场机制与效率逻辑迅速成为经济社会生活的主导性逻辑④，国家所有自然资源的配置也经历了这一过程。

在计划经济时代，政府支配自然资源，资源的利用和管理集中体现为公有共用、国有国营，单位或者个人不拥有独立的所有权或者使用权⑤。这种配置方式下，不生成可以防御国家的私人自然资源财产权利。伴随经

---

① 温笑寒. 欠钱了，碳配额能抵债吗？揭秘"碳执行"首案[EB/OL]. (2022-02-25) [2022-02-26]. https：//www.cenews.com.cn/news.html？aid=231888.
② 李友梅. 当代中国社会治理转型的经验逻辑[J]. 中国社会科学, 2018(11)：58-73.
③ 吕政. 论公有制的实现形式[J]. 中国社会科学, 1997(06)：3-11.
④ 李友梅. 当代中国社会治理转型的经验逻辑[J]. 中国社会科学, 2018(11)：58-73.
⑤ 刘欣. 民法典视域下自然资源资产产权制度理论分析[J]. 中国国土资源经济, 2021, 34(08)：4-14+36.

济的转轨，市场在资源配置中发挥越来越重要的作用①，产权性自然资源配置秩序逐步形成。

配置公有自然资源依据和法律形式：

第一阶段，经由《民法典》第 246 条确立了国家所有财产由法律规定的规则，给《民法典》及其他法律设置国家所有自然资源产权提供了合法性依据；《民法典》第 247 条至第 252 条，确立了特定门类的自然资源国家所有权。据此，在民法层面上，国家主体得以对矿藏、水流、海域等自然资源享有私法上的支配权②，同时排除了私人主体在这些自然资源上的所有权③。但《民法典》仅规定了这些自然资源财产权利的类型，而未明确其物权内容。④ 其具体内容仍有待形成。

第二阶段，经由自然资源专项立法设立自然资源财产权益。自然资源财产权利是民法典所列民事权利清单中与行政法密切关联的权利类型，这些民事权利由行政法创设权利产生的规则，或者经过行政特许取得⑤。此外，《民法典》用益物权相当部分内容的关联规范被安置或衔接于《农村土地承包法》和《土地管理法》中⑥。这一公私衔接交融的现象，是现代行政调整利益冲突，配置有限资源的基本样态。⑦ 在我国，由于公有制和长期高度集中的计划经济体制，政府掌握了更多资源；社会主义市场经济的发展以国家的松绑、分配、保护乃至培育为条件，政府是承担更多任务的"强政府"；行政立法依据实际需求扩张等特殊情况，分配行政的观念尤其适于我国⑧。

第二，集体所有自然资源的配置。

集体经济组织对自然资源的配置与国家对自然资源的配置存在较大差

---

① 刘欣. 民法典视域下自然资源资产产权制度理论分析[J]. 中国国土资源经济，2021，34(08)：4-14+36.

② 黄薇. 中华人民共和国民法典物权编释义[M]. 北京：法律出版社，2020：74-77.

③ 详见朱虎. 国家所有和国家所有权——以乌木所有权归属为中心[J]. 华东政法大学学报，2016(01)：15-26.

④ 有学者指出，"没有内容的物权类型是虚幻的，没有类型的物权内容是盲目的，判断一项权利是否为法定的物权需要物权类型和物权内容的双重检测"。张志坡. 物权法定，定什么？定到哪？[J]. 比较法研究，2018(01)：50-62.

⑤ 王天华. 分配行政与民事权益——关于公法私法二元论之射程的一个序论性考察[J]. 中国法律评论，2020(06)：83-96.

⑥ 参见陈小君.《民法典》物权编用益物权制度立法得失之我见[J]. 当代法学，2021(02)：3-13.

⑦ 王世杰. 行政法上第三人保护的权利基础[J]. 法制与社会发展，2022(02)：82-99.

⑧ 参见王天华. 分配行政与民事权益——关于公法私法二元论之射程的一个序论性考察[J]. 中国法律评论，2020(06)：83-96.

异性。集体自然资源所有权作为公有制的实现形式之一，更多具有基本权利的面向①。集体经济组织不拥有国家所拥有的主权权力和规制公权，对于自然资源的配置依据的是基层自治权利。

其静态配置是通过法律的方式实现的。具体而言，《民法典》第 260 条明确了集体所有的不动产范围，其中第一项采用的是"法律设定"的限定模式；第 262 条规定了代表行使所有权的主体；第 263 条明确集体所有的民法财产权属性和权能，但需要依照"法律、行政法规规定"享有。表明集体自然资源所有权权利内容有待立法形成，且立法的规范形式限于法律和行政法规。在此基础上，集体组织通过集体同意和契约方式对其所拥有的自然资源依法加以配置，形成承包经营权、宅基地使用权和经营性土地使用权等自然资源财产权利，这些权利可以以法律允许的方式有限流转，具有对抗国家公权力的防御功能，同时也具有财产权价值，其相关的法律依据包括《民法典》《土地管理法》《农村土地承包经营法》《森林法》《草原法》《渔业法》《农业法》《水土保持法》《海域使用管理法》等。

第三层次配置之合理利用的自然资源【生存权、非财产权】

自然资源的合理利用包含两种情形：其一被称为一般性使用、自由使用等，是指个人为维持基本生存需要②、日常生活需要，按照物的自然状态和通常利用方式③，小型零散偶然享用④，在不妨碍他人以同样方式对国家所有的自然资源进行使用的情况下⑤，可以不必征得国家许可，无偿非排他性使用。其二是基于国家普通许可，在满足限制条件下无偿使用国家所有自然资源。依据《宪法》第 9 条第 2 款，自然资源的合理利用受到国家保障。借鉴自然资源分出物的自由原始取得的论述，自然资源合理利用形态也应遵循"为生存而合乎自然标准和节俭"的取得限度、"为他人保留足够好和同样多"的取得机会、不违反有关自然资源保护的禁止性规定与公序良俗、不对自然资源用益物权形成竞争性侵夺等限制性规则，这种合理利用的自由本身并非私法上的绝对权与财产性权利，而应作为人格性

---

① 刘连泰教授指出作为国家权力的土地集体所有与农民土地所有对应，目的是改造农民土地所有权；作为国家政策的土地集体所有服务于公共目标，即农民的社会保障、国家的城市化和粮食安全；作为基本权利的土地集体所有防御国家权力。作为基本权利的土地集体所有不冲击宪法文本中的公有制条款。作为基本权利的土地集体所有正在成型。参见刘连泰."土地属于集体所有"的规范属性[J].中国法学，2016（03）：106-124.

② 蔡守秋.论公众共用物的法律保护[J].河北法学，2012（04）：9-24.

③ 孙宪忠.国家所有权的行使与保护[M].北京：中国社会科学出版社，2015：135.

④ 蔡守秋.论公众共用物的法律保护[J].河北法学，2012（04）：9-24.

⑤ 黄笛.国家所有权治理法律程序论[D].华中师范大学，2015：72.

法益在个案中被保护①，是分配正义的体现②，同时也为社会主义国家性质所要求。

合理利用自然资源在我国自然资源产权改革的大政方针中存在栖息之处，例如国务院《关于全民所有自然资源资产有偿使用制度改革的指导意见》中"无偿使用"情形③，中共中央办公厅国务院办公厅印发的《关于创新政府配置资源方式的指导意见》中"农牧民从事农牧业生产必需的资源排除在外"规定④，表明产权性配置的自然资源具有有限性。此外，习近平总书记的"两山论"也表明，即使是具有经济价值可以产权方式配置的自然资源，其作为生态环境要素，也可具备公众享益的价值。

合理利用的自然资源通过法律配置，包括两类：其一，法律对自然资源权益在国家与个人之间的分配，即行政特许及有偿使用的豁免；其二，法律对自然资源权益在私人主体之间的配置，即使用权人排他性支配的豁免。详见表1.3。此外，还存在一些物权习惯，比如渔民互相尊重和承认的渔场化，牧民相互尊重的在传统牧场放牧的权利，内蒙古牧区的特殊用益物权形式"苏鲁克"，沿海无人岛上"祖宗岛"的习俗⑤。

表 1.3   国家专属自然资源的合理利用法律规定

资源门类	法律名称	条文	合理利用的方式	排除的规制或支配
水资源	水法	第48条	家庭生活和零星散养、圈养畜禽饮用等少量取水	取水许可，水资源费
矿产资源	矿产资源法	第35条	采挖零星分散资源和只能用作普通建筑材料的砂、石、粘土以及为生活自用采挖少量矿产	行政特许，有偿使用

① 参见张力. 自然资源分出物的自由原始取得[J]. 法学研究，2019(06)：50-69.
② 张力. 先占取得的正当性缺陷及其法律规制[J]. 中外法学，2018(04)：883-909.
③ 除国家法律和政策规定可划拨或无偿使用的情形外，全面实行有偿使用，切实增强使用者合理利用和有效保护自然资源的意识和内在动力。国务院关于全民所有自然资源资产有偿使用制度改革的指导意见[EB/OL]. (2017-01-16)[2022-07-01]. http://www.gov.cn/xinwen/2017-01/16/content_5160372.htm.
④ 区分全民所有和集体所有，明确国家对全民所有的自然资源的所有者权益。除具有重要生态功能及农牧民从事农牧业生产必需的资源外，可推动自然资源资产所有权和使用权相分离，明确自然资源所有权、使用权等产权归属关系和权责，适度扩大使用权的出让、转让、出租、担保、入股等权能。中共中央办公厅 国务院办公厅印发《关于创新政府配置资源方式的指导意见》[EB/OL]. (2017-01-11)[2022-07-01]. http://fgw.qinghai.gov.cn/ztzl/2020n_1045/jdybzn/dnfg/202206/t20220621_81702.html.
⑤ 参见孙宪忠. 中国物权法总论[M]. 北京：法律出版社，2018：117-118.

续表

资源门类	法律名称	条文	合理利用的方式	排除的规制或支配
海域资源	海域使用管理法	第23条	不妨害海域使用权人依法使用海域的非排他性用海活动	海域使用权人的排他性支配

(二)动态的实际获取路径

静态层面的配置，是对自然资源财产权利的规范形成，与民主价值相连接①；动态层面的配置，是实际可享用的自然资源财产权利的具体产生，需要行政机关的治理运作，具有鲜明的管理政策导向。

1. 自然资源使用权利的出让

对于国家所有的自然资源，国家通过公权配置、公权与市场杂糅配置和市场配置三种方式，产生具有财产价值的自然资源使用权利或者对其剥夺。这种配置显示了国家代表全民对所有的自然资源的公共的支配，且不能为了国家之经济的利益②，而是为了全民的利益。

公权配置是指国家各级行政机关以非竞争性手段使自然资源物权发生变动的行为，包括无偿划拨、政府定价、征收、征用以及收回使用权等方式。③

公权与市场杂糅配置是指政府使用招拍挂等竞争性方式选择使用权人，同时对使用权有一定的资质限制和准入门槛，进行审批登记，在此基础上颁发使用权证，即"协议/竞争性出让+特许+登记"，使部分不动产用益物权处于未定型状态④。比如，矿业权即是采用这种方式配置。市场配置则是采用竞争性有偿使用方式配置资源，对竞得人的产权进行物权登记，国有建设用地使用权便主要采用这种方式。由此生成防御公权力侵害的自然资源财产权利，这种自然资源财产权利基于对价，通常具有排他性、可转让性，其法律形态在《民法典》中被确定为自然资源用益物权。

当前，我国存在的竞争性和非竞争性出让审批双轨制，即公权与市场杂糅配置。一方面，采用自然资源类使用权出让审批。既满足和体现权利

---

① 黄泷一."物权法定原则"的理论反思与制度完善[J]. 交大法学，2020(01): 96-117.
② 参见[日]美浓部达吉. 公法与私法[M]. 黄冯明，译. 北京：中国政法大学出版社，2003: 78-79.
③ 黄锡生，卢锟. 自然资源物权配置初探[J]. 时代法学，2007(06): 33-39.
④ 黄泷一."物权法定原则"的理论反思与制度完善[J]. 交大法学，2020(01): 96-117.

的公共秩序本质，又对这种公共秩序提出了更高要求：为适应其相较民法物权的特殊性，需要将自然资源"合理使用"所暗喻的公共利益价值及其与私人利益的平衡目标融入权利机制之内①。另一方面，引入了竞争性出让制度。目前在全民所有的自然资源资产中，土地、矿产、水、海域海岛资源已建立了有偿使用制度，但其深度和广度也有差异，土地资源有偿使用制度体系相对比较完善，森林资源、草原资源、湿地等有偿使用制度尚待建立②（详见附录1）。其中竞争性出让将市场机制引入特许使用过程中，限缩行政机关的裁量权，非竞争性出让则是相对纯粹的政府管制方式③，其目的均是实现自然资源的合理利用。

对于集体所有的自然资源，集体经济组织通过民主决策，采用分配、承包经营、竞争性出让等方式加以配置，产生各类承包经营权、宅基地使用权、公益性建设用地使用权、经营性建设用地使用权等用益物权。

当前，自然资源配置方式仍在改革过程中，借助试点实验渐进式改革举措④，市场在自然资源配置中发挥作用的广度、深度都在拓展，自然资源使用权能越来越细分丰富，但仍处于未定型状态。

总体而言，在国有自然资源的配置过程中，政府对自然资源配置的支配力越弱，市场发挥功能越强，所生成的自然资源财产权利对公权力的防御功能越强；相反，政府对自然资源支配力越强，即便能够生成自然资源财产权利，该权利对国家公权力的防御功能也较弱，资源保护的要求越高。这些经配置而形成的自然资源财产权利的具体内容必须按照批准机关的文件及合同等解释。无论是哪种方式的配置，国家作为公法和私法上的所有者，仍然保留对自然资源一定的控制权⑤。相较国家所有自然资源，集体所有自然资源配置后产生的用益物权其私权利属性更好确认，但具体权能却受限较多。

---

① 张牧遥. 国有自然资源特许使用权主体新论[J]. 北方法学，2018(06)：78-89.
② 张玉梅. 统一行使全民所有自然资源资产所有者职责的思考[J]. 中国矿业，2022(02)：28-32.
③ 欧阳君君. 自然资源特许使用的理论建构与制度规范[M]. 北京：中国政法大学出版社，2016：227.
④ 目前的自然资源资产产权制度改革举措集中规定于《国务院关于全民所有自然资源资产有偿使用制度改革的指导意见》《关于统筹推进自然资源资产产权制度改革的指导意见》。
⑤ 邓玲. 自然资源治理的法理逻辑辨析[J]. 国土资源情报，2019(05)：3-7.

2. 自然资源使用权利的登记

自然资源开发利用的公法上的许可，造就了私法上的权利地位①，但这一权利地位还需要借助权证的方式加以确认或者公示，经由此技术手段，自然资源财产权利获得对抗或者排他的效力，从而阻断了所有权人与作为权利客体的自然资源之间的排他关联，而有利于使用权人借此权利依法充分开发利用资源，在实现自身经济收益的同时，通过履行有偿使用等公法义务，实现自然资源所有权益并确保不损害资源环境②。

依据《民法典》第208条、第209条规定，当前，我国不动产物权原则上实行登记生效主义，但是法律③另有规定的除外。基于此项规定，列举于《民法典》中的自然资源用益物权门类并未被物权登记全面覆盖。《民法典》中规定的取水权、探矿权、采矿权、使用水域养殖和捕捞的权利则是以行政许可予以认可，均需通过申请获得取水许可证、采砂许可证、采矿许可证、探矿许可证、养殖证、捕捞证。自然资源专门法中还规定了一些《民法典》中未列举，经许可而利用自然资源的权证，比如采伐许可证④、狩猎许可证。

登记对于自然资源财产权利的生成具有重要意义。一方面，通过登记和权证的发放，可以特定化自然资源。以采矿许可证为例，矿藏往往赋存于地下，具有不确定性，但采矿许可证上记载的有开采矿种、开采方式、生产规模、矿区面积、有效期限、有效期止、矿区范围、矿区拐点坐标、开采深度等信息。通过对矿区范围的圈定，对开采矿种的明确，使得采矿权客体具有了特定性，即确定了权利人行使权利的时空范围以及采掘资源的总量边界。这种特定性为建立排他性支配，生成权利奠定了基础。另一

①　王洪亮等. 自然资源物权法律制度研究[M]. 北京：清华大学出版社，2017：49.
②　刘欣. 民法典视域下自然资源资产产权制度理论分析[J]. 中国国土资源经济，2021（08）：4-14+36.
③　法律中关于登记的相关规定，在《不动产登记暂行条例》《不动产登记暂行条例实施细则》《土地管理法实施条例》《森林法实施条例》《矿产资源法实施细则》《城镇国有土地使用权出让和转让暂行条例》《林木和林地权属登记管理办法》《农村土地承包经营权证管理办法》《水域滩涂养殖发证登记办法》《海域使用权登记办法》等进一步细化。
④　《森林法》及《〈森林法〉实施细则》明确规定："农村居民采伐自留山和个人承包集体的林木，由县级林业主管部门或者其委托的乡、镇人民政府依照有关规定审核发放采伐许可证。"这种对私人所有之特定自然资源开发利用的行政许可，是为了环境保护等社会公共利益的需要，国家对私人所有的特定林木之采伐进行的限制，是所有权负有社会义务的一种具体体现。参见刘卫先. 论环境保护视野下自然资源行政许可的法律本质[J]. 内蒙古社会科学（汉文版），2014（02）：73-78.

方面，通过登记，可以公示赋权。拥有政府颁发的各种权证，是享有权益的权威证明，同时也具有公示的效果。然而，当前自然资源财产权利的登记还未统一，存在物权登记和审批登记两种模式，其中审批登记上自然资源财产权利证书和许可证书合体，在许可依法撤销、撤回等情形下，财产权利就很难保障。因此，必须认识到有限自然资源开发利用的行政许可是一种"赋予特定权利"的行政许可①，许可证赋予的自然资源使用权的私权属性和合法地位需要进一步明确②。

不动产登记制度与自然资源统一确权登记是生态文明体制改革的重要任务，中央层面已有了改革的顶层设计和机构整合准备。地方层面也在积极推进。本书的研究团队曾在宁夏回族自治区自然资源厅调研，了解到为了解决葡萄酒产业用地确权登记的实际问题，宁夏回族自治区自然资源厅全面摸清了全区葡萄酒产业用地的规模、权属、确权登记状况，产业对用地确权的需求，在此基础上，出台了专门的政策措施，细化了涉及国有林场、国有未利用地、集体承包经营以外土地上设置的土地经营权、林地经营权/林木所有权、林地经营权/林木使用权登记规则。③ 这一有益探索为国家层面不动产登记立法贡献了地方智慧。

三、小结：模糊的"自然资源全景图"与基于公有制的动静结合配置方案

我国宪法已设置了"自然资源"的概念，在"归属"与"利用保护"二元体系下，其规范内涵尚不明确，宪法文本中自然资源门类术语与当前的自然资源治理需求间存在疏离。法律及其配套法规对自然资源概念进行了渐进式立法塑造，自然资源术语的规范内涵和概念体系初具雏形。以现有法律规定为依据，结合管理政策和实践，我国当前进入实在法调整的自然资源门类主要包括土地资源、矿产资源、森林资源、草原资源、湿地资源、水资源、海域海岛资源、野生动物资源、野生植物资源、无线电频谱资

---

① 刘卫先. 论环境保护视野下自然资源行政许可的法律本质[J]. 内蒙古社会科学，2014（02）：73-78.

② 叶榅平. 自然资源国家所有权的理论诠释与制度建构[M]. 北京：中国社会科学出版社，2019：128.

③ 参见马倩，叶立，王震. 宁夏葡萄酒产业用地确权登记政策解析[J]. 中国房地产，2021（34）：52-55.

源、气候资源以及自然保护地为代表的作为各类自然资源集合体和自然资源保护的重要载体生态空间。法律中的自然资源概念设置存在碎片化、交叉重叠甚至冲突。新时代，生态文明入宪背景下，自然资源良法善治的实现急需对"自然资源"规范内涵进行源头厘定。法律中丰富多样且与实践贴近的自然资源及其门类的概念，可以为宪法中自然资源相关条款的"符合法律的解释"提供解释资源，在此基础上发挥宪法垂直整合法群的功能，实现部门法中关键概念的反思、整合与成长。

现行法秩序下自然资源财产权从"全民所有自然资源"到"自然资源财产权利"应采用三层次静态配置方案。第一层次的配置，主权之下对领土的支配。通过社会主义革命取得对自然资源的支配权，依据人民民主专政的社会主义国家的宪法决断获得合法性，确立了自然资源全民所有的宪法底线规则。这一层次的配置是通过革命和宪法决断实现的。第二层次的配置，通过宪法规范设立了公有制，确认公共主体（国家、集体经济组织）的支配权。对于国家和集体经济组织而言，对自然资源的支配方式可以选择，不同支配方式会明晰国家所有和集体所有本身的属性，属性的明确是"改革试错+立法固化"的结果，是一个持续不断的塑造过程，越来越具有科学性和适应性。宪法中遵循公有制规则的自然资源门类是以排除公共自然资源以外的绝对列举未定方式加以规定的。（《宪法》第9条、第10条）对于空气、阳光、气候、生态环境容量与功能、生物遗传资源等具有不可或缺价值的自然资源门类排除，是因为这些自然资源不具有稀缺性或可控性，且其上存在公共利用、福祉共享的传统，具有强公共性、强生态性和强伦理性，进行具体公共主体的排他性归属安排缺乏理论和实践支撑。民众对这类资源的利用而形成的权益，与个人生存、人格尊严等密切关联，不属于自然资源财产权利，不纳入宪法财产权保障。伴随环境约束的趋紧，国家基于国家环境保护、资源合理利用的宪法义务，可以设置利用规则，避免公地的悲剧，保障福祉的共享。这一层次的配置是通过宪法规范、宪法解释，法律以及遵循自然规律传统习惯的方式实现的。第三层次的配置，是对公有自然资源的配置，具体包括合理利用自然资源的配置，国有自然资源的配置和集体自然资源的配置。合理利用的自然资源通过法律配置包括两类：其一，法律对自然资源权益在国家与个人之间的分配，即行政特许及有偿使用的豁免；其二，法律对自然资源权益在私人主体之间的配置，即使用权人排他性支配的豁免。国家所有自然资源当前其配置方式是通过法律，包括私法（民法典）和公法（自然资源专门法）共同加以规定。集体经济组织不拥有国家所拥有的主权权力和规制公权，对于自然资源的配置依据的是基层自治权利，其静态配置是通过法律的方式实现的。

实际可享用的自然资源财产权利的具体产生，还需要动态层面的配置，需要行政机关的治理运作。国家和集体所有自然资源通过出让或者分配产生私主体利用自然资源的财产权利，并借助权证的方式加以登记确认或者公示，经由此技术手段，自然资源财产权利获得对抗或者排他的效力。

总体而言，在国有自然资源的配置过程中，政府对自然资源配置的支配力越弱，市场发挥功能越强，所生成的自然资源财产权利对公权力的防御功能越强；相反，政府对自然资源支配力越强，即便能够生成自然资源财产权利，该权利对国家公权力的防御功能也较弱，资源保护的要求越高。相较国家所有自然资源，集体所有自然资源配置后产生的用益物权其私权利属性更好确认，但具体权能却受限较多。

第二章　自然资源财产权利的规范内容

经由上文的分析可知，自然资源财产权利作为集合概念，其客体具有多样性和复杂性，单项的自然资源财产权利经由立法规范形成，通过国家或者集体经济组织的配置行为而最终成为私人主体现实享有的权利。我国宪法规定的社会主义公有制是自然资源财产权利形成的制度基因。在现有法律秩序下，在探讨自然资源财产权利的非征收性限制及其合宪性时，必须首先弄清的问题是：如何识别法律创设了一项自然资源财产权利？自然资源财产权利的规范内涵是什么？

一、自然资源财产权利的识别

(一)自然资源财产权利识别的初步判断

第一，依据不动产登记规则，赋予物权登记能力的权利可以判断为是一项财产权利。《不动产登记暂行条例》(2014 年颁布，2019 年最新修改)是为整合不动产登记职责，规范登记行为，保护权利人合法权益而专门制定的不动产登记规则。该条例第 5 条列举了可登记的不动产权利，其中包括自然资源财产权利。

第二，依据法律表述方法，法律直接表述为自然资源"权利"的可以判断为是一项财产权利。对此，有学者主张"只有民事法律明确以'权'字命名的才是权利，其他都是单纯的利益保护的问题"[①]。这种形式主义的解释属于严格的文义解释，其方法的适当性能够得到法律保留原则的部分支持。依据《立法法》，只承认"法律"中规定的物权制度；部门规章、地

---

① 参见方新军．权利保护的形式主义解释方法及其意义[J]．中国法律评论，2020(03)：62-73.

方性立法不能享有创设物权类型或者确定物权内容的权力①，但是否仅局限为"民法法律"仍有商榷余地。

从规定的法律效力形式来看，关于物权的种类和内容的法律规范属于民事基本制度，按照《立法法》的上述规定，应当由全国人民代表大会及其常务委员会制定，不能降由行政法规、部门规章、地方性法规、自治条例、单行条例和地方政府规章创设。物权法定主义并不禁止行政法规、地方性法规、部门规章、地方政府规章存在有关物权方面的规范，也不是完全否认设定物权时的意思自治，只是不允许法律以外的法律文件、法律行为创设物权的种类和内容②。

从规定的法律公法私法属性来看，有学者认可公法设定自然资源财产权利③，并认为立法表述上的差异和区别可以作为法律上区分物权性资源使用权与非物权性资源使用权的形式标准④。

这类形式性主张也遭到有力批评。认为这种观点尽管立基于立法关于"民事基本制度"只能制定法律的法律保留，具有说服力，但在分配行政的背景下，确实存在非民事法律、行政法规创设受法律保护的利益和权利的现实。⑤ 本书赞同批评的观点，认为前述"权利形式主义的解释方法"将自然资源财产权利依据局限于民事法律的观点过于狭隘，不符合以产权激励保护和效率的社会实践需求。权利形式主义的解释方法的确具有较强的参照性，但还未形成完整的终局判断。这种形式主义的解释方法除了在积极层面帮我们把自然资源财产权利识别出来，并不能在消极层面将所有未使用"权利"字眼的法设利益排除出权利的构造之外。依据这一判断，我们可以将尚未纳入物权登记，但在《民法典》中明确规定的探矿权、采矿权、利用水域养殖的权利和捕捞的权利纳入自然资源财产权利的范围。

（二）自然资源财产权利识别的二次判断

初步判断只能识别出经由法律规定的，定型的财产权利，针对未定型状态的权益，存在识别的困难。困境的法治根源在于，改革开放以来，中国在维持公有制的前提下逐渐向市场经济转型，实质物权法规范处于"公

---

① 孙宪忠. 中国物权法总论（第四版）[M]. 北京：法律出版社，2018：284.
② 崔建远. 土地上的权利群研究[M]. 北京：法律出版社，2004：64，69.
③ 王利明. 物权法论（修订本）[M]. 北京：中国政法大学出版社，2003：78.
④ 参见王克稳. 论公法性质的自然资源使用权[J]. 行政法学研究，2018(03)：40-52.
⑤ 王天华. 分配行政与民事权益——关于公法私法二元论之射程的一个序论性考察[J]. 中国法律评论，2020(06)：83-96.

私交错"的状态，部分不动产用益物权尚处于未定型状态①。

基于此，自然资源财产权利识别的困难主要来自于公法规定和行政特许产生的利益是否构成财产权利。然而，我国公法尤其是行政法迄今也都未形成清晰明确的"权利观"②。为此，有学者提出了基于公法义务规范与民法义务规范差异的公法权利识别的难题，指出不能基于国家义务规范的存在而直接推导出公法权利的存在③。还有学者在借鉴德国保护规范理论拓展行政诉讼主体的过程中，间接涉及行政实体权利存在的判断。"保护规范理论"确定原告资格基点在于规范确定的保护权利或者考虑利益的义务，进而推导出的起诉人的主观公权利，强调的是规范基础上的主观公权利存在④。有学者在对德国主观公权理论进行梳理的基础上，指出从基本权角度而言，立法者对多重利益的权衡又可被理解为宪法对于立法者的基本权委托，是宪法赋予立法者的形成自由，对个人权利的探求应在实证法中找到连接点⑤。

以上分析对自然资源财产权利的识别都具有启发意义，然而，对自然资源财产权利二次识别最具启发性的研究来自新财产权理论以及对行政特许产生权利的细致探讨。

现代社会，政府掌握了大量资源，出于公共利益保护或社会福利促进目的的政府供给日益成为私人主体财富或财富获取机会的重要来源，个人的人格尊严、生存与发展对政府依赖性从属性增强。基于政府资源配置而产生的"新财产"对于个人价值的保护日益重要，其发挥的功能与传统私人财产权保障人格自由和独立的功能相媲美，且对私人财产权产生了巨大冲击，因此应当把这些政府供给的新财富作为私人财产权保护，撤销这些新财富也要经过宪法规定的正当程序。⑥ 公共资源和自然资源的占有和使

① 黄泷一."物权法定原则"的理论反思与制度完善[J].交大法学，2020(01)：96-117.

② 赵宏.主观公权利的历史嬗变与当代价值[J].中外法学，2019(03)：648-667.

③ 徐以祥.行政法学视野下的公法权利理论问题研究[M].北京：中国人民大学出版社，2014：34-35.

④ 李泠烨.原告资格判定中"保护规范说"和"实际影响说"的混用与厘清——兼评东联电线厂案再审判决[J].交大法学，2022(02)：164-176.

⑤ 参见赵宏.主观公权利、行政诉权与保护规范理论——基于实体法的思考[J].行政法学研究，2020(02)：19-34；赵宏.主观公权利的历史嬗变与当代价值[J].中外法学，2019(03)：648-667.

⑥ [美]查尔斯·A.赖希.新财产权[M]//易继明.私法.武汉：华中科技大学出版社，2007.

用被认为新财产的一类。① 新财产权理论揭示了将分配行政下创设的自然资源开发利用的权益权利化的正当性和必要性。

但具体如何判断，还有赖于对政府资源配置行为，特别是对许可行为的分析。比如有学者基于普通许可与特许的区分的立场，将普通许可认定为赋予期待利益，本质是法律禁止的解除，是一种资质的获得；将特许认定为赋权，本质上是将国家所有权或经营权分离让渡给其他组织或者个人，形成私权利。对于普通许可是否达到权利标准，需要个案判断，认为捕捞许可证对应的是资质，只能定位到利益的阶段。伴随社会的发展，普通许可可能转化为特许使用，比如取水权，就存在自由使用、普通许可使用和特许使用三种方式并存的情形②。

上述研究给我们的启发是，自然资源财产权利除了通过外在形态判断，还应通过内在实质标准判断。权利实质上是意志、利益和行为的有机组合体。③ 自然资源财产权利是指，国家或者集体以公共利益保护和资源利用效率提升为目的，对其所有的自然资源采用公法、合意或市场途径配置，由私人或组织获取的以该项权利主体自主意志力支配的开发利用自然资源的利益。其实质是自然资源利益的授予，包括采掘性与非采掘性方式利用所产生的利益，而不仅仅是开发利用资格的授予。依据这一标准，确定某一项许可、特许是否是一项自然资源财产权利，需要对自然资源配置方式、配置所授予的资格和利益、权利人承担的义务、允许的自然资源开发利用的方式、支付的对价等进行具体分析，需要做个案的甄别。需要注意的是，认定一项权利是财产权利与认定一项权利是物权存在差异性，两者不可混同。

二、基于权利客体类型的自然资源财产权利内涵分析

自然资源财产权利是从权利客体的角度划分的一种权利类型，是松散的权利束集合，具有开放的结构，其中具体的权利形态多样，法治发育程

---

① 参见刘东霞. 行政法上的新财产问题研究[M]. 北京：中国社会科学出版社，2018：101-109.
② 杨曦. "静态"自然资源使用权立法观念之批判——兼论自然资源特许使用权的立法技术[J]. 学习与探索，2018(09)：85-91.
③ 程燎原，王人博. 权利论[M]. 广西：广西师范大学出版社，2014：23.

度不一。需要说明的是，本书对国家土地所有权和集体土地所有权①不做专门探讨，主要是考虑到这一领域有诸多争议，且主体虚置，而自然资源私人财产权益的实现重在"利用"。通过对法律中自然资源财产权利相关规定情况进行全面梳理，可以帮助我们厘清现行法中自然资源财产权利的权利种类和规范内涵，得以见其样貌。

（一）土地资源

我国土地资源归国家或者集体所有，以此所有权为权源设置了城乡分治的二元土地利用权利体系。在国家所有的土地上，存在国有建设用地、国有农用地和未利用地。在集体所有的土地上则存在农用地、集体经营性建设用地、宅基地、集体公益性用地、集体未利用地。法律在各类不同用途的土地上设置了相应的土地资源财产权利，相关产权制度的形成遵循改革试点、经验总结、政策改进与立法认可的路径依赖。其中备受关注的集体土地产权的拓展参见表 2.1，其权利权能丰富拓展的过程是农地价值向农村集体和农民释放的过程②。在此重点梳理《民法典》中明确规定的三项土地利用权利。

1. 建设用地使用权

"建设用地使用权"是《土地管理法》《民法典》中使用的实定法概念，两法规定存在差异。

《民法典》设专章规定了国家所有的土地上的建设用地使用权。《民法典》第 344 条规定了建设用地使用权的概念，沿用了《物权法》第 135 条规定。依据《民法典》规定，建设用地使用权可以在土地的地表、地上或者

---

① 有学者将集体土地所有权认定为基本权利。认为从集体土地所有权主体的宪法地位及其行使方式来看，集体土地所有权具有与私有财产权大体相当的基本权利性质。作为基本权利的集体土地所有权具有规范效力，只有依宪将集体土地所有权作为基本权利，才能理顺集体土地所有权的规范体系。该学者进一步指出，作为基本权利的土地集体所有正在成型，作为国家权力的土地集体所有与农民土地所有对应，目的是改造农民土地所有权；作为国家政策的土地集体所有服务于公共目标，即农民的社会保障，国家的城市化和粮食安全；作为基本权利的土地集体所有防御国家权力．参见刘连泰，刘玉姿．作为基本权利的集体土地所有权[J]．江苏行政学院学报，2015(01)：130-136；刘连泰．"土地属于集体所有"的规范属性[J]．中国法学，2016(03)：106-124。

② 其中农地改革的系统梳理参见房绍坤，周敏敏．中国共产党农地制度百年变革的规律、经验与模式[J]．求是学刊，2021(04)：1-13。

表 2.1　　　集体土地改革中农村土地资源财产权利形成路径

权利类型	重要的政策文件	改革重点	立法认可	设权赋能
土地承包经营权	2013 年《关于全面深化改革若干重大问题的决定》	赋予农民对承包地占有、使用、收益、流转及承包经营权抵押、担保权能，允许农民以承包经营权入股发展农业产业化经营	《农村土地承包法》第 36 条和《民法典》第 339 条	土地经营权流转权能
	2015 年《关于加大改革创新力度加快农业现代化建设的若干意见》	抓紧修改农村土地承包方面的法律，界定农地所有权、农户承包权与土地经营权之间的关系		
	2016 年《关于完善农村土地所有权承包权经营权分置办法的意见》	土地经营权由农户承包经营权派生而出，要平等保护经营主体依流转合同取得的土地经营权，保障其有稳定的经营预期		
宅基地使用权	2013 年《关于全面深化改革若干重大问题的决定》	改革完善农村宅基地制度，选择若干试点，慎重稳妥推进农民住房财产权抵押、担保、转让，探索农民增加财产性收入渠道	尚未定型	无
	2015 年《关于农村土地征收、集体经营性建设用地入市、宅基地制度改革试点工作的意见》	农村宅基地制度改革进入试点阶段。2016 年、2017 年试点范围拓展		
	2018 年《关于实施乡村振兴战略的意见》	完善农民闲置宅基地和闲置农房政策，探索宅基地所有权、资格权、使用权"三权分置"，落实宅基地集体所有权，保障宅基地农户资格权和农民房屋财产权，适度放活宅基地和农民房屋使用权		
	2020 年《深化农村宅基地制度改革试点方案》	积极探索落实宅基地集体所有权、保障宅基地农户资格权和农民房屋财产权、适度放活宅基地和农民房屋使用权的具体路径和办法，坚决守住土地公有制性质不改变、耕地红线不突破、农民利益不受损这三条底线，实现好、维护好、发展好农民权益；实质性启动宅基地"退出权"改革；探索打通宅基地与集体经营性建设用地的具体机制；探索闲置宅基地和闲置农房盘活利用的多种模式		

续表

权利类型	重要的政策文件	改革重点	立法认可	设权赋能
集体经营性建设用地使用权	2003 年《关于促进农民增加收入若干政策的意见》	积极探索集体非农建设用地进入市场的途径和办法	《土地管理法》第 63 条	集体经营性建设用地使用权流转权能
	2013 年《关于全面深化改革若干重大问题的决定》	在符合规划和用途管制的前提下，允许农村集体经营性建设用地出让、租赁、入股，实行与国有土地同等入市、同权同价		
	2014 年《关于全面深化农村改革加快推进农业现代化的若干意见》	加快建立农村集体经营性建设用地产权流转和增值收益分配制度		
	2015 年《关于授权国务院在北京市大兴区等三十三个试点县(市、区)行政区域暂时调整实施有关法律规定的决定》	进入试点阶段		
	2023 年《关于印发〈集体经营性建设用地使用权出让合同〉〈集体经营性建设用地使用权出让监管协议〉示范文本(试点试行)的通知》	深化试点工作，规范出让合同管理		

地下分别设立①。建设用地使用权设立的方式是出让或者划拨，其中出让包括协议出让和招标、拍卖等竞争性方式出让，除划拨外的出让采用合同规制，权利内容和期限在出让合同载明。建设用地使用权自登记时设立，由登记机构向建设用地使用权人发放权属证书。建设用地使用权人有权将建设用地使用权转让、互换、出资、赠与或者抵押，依法进行处分，其中划拨取得的建设用地使用权流转权能受到一定限制。《民法典》第 361 条通过转介条款，将集体所有土地作为建设用地的规制引致到土地管理的法律规定处理，由此实现了私法确认权利与公法设置调整的衔接。其中"土地管理的法律"包括但不限于《土地管理法》。

①　空间建设用地使用权尚存在较多争议，其法律规则有待完善，目前城市地下空间利用受到较多关注，而集体土地空间处于规则缺失的状态，且未受重视。

《土地管理法》设专章规定了建设用地，调整范围涉及国有土地和农村集体所有土地的临时使用、国有建设用地和集体建设用地的规制。其中经依法登记的集体经营性建设用地被赋予了依法处分权能，是《土地管理法》在 2019 年最新一次修改中对农村集体经营性建设用地改革成果的吸纳。这一规定部分弥补了集体土地使用权的权能缺损状态。此外，依据《土地管理法》规定国家所有和集体所有土地上临时使用的规则，临时使用未设定登记规则，不具有物权性质。

至此，国有建设用地使用权是所有自然资源财产权利中充分发育的权利类型，已形成了较为完备的产权规则，流转顺畅。集体建设用地相关权利则尚未定型，其中集体经营性建设用地的处分权能在 2019 年《土地管理法》修改中有了突破，集体公益性建设用地强化了公法规制；《民法典》物权编采用城乡分治的指导思想将集体所有土地排除在建设用地使用权的客体之外，将其法律问题"推脱"给其他法律调整，未正面回应中央提出的实行农村集体经营性建设用地与国有土地"同等入市、同权同价"的指导政策和改革方向①实属遗憾②。

2. 土地承包经营权

"土地承包经营权"是多部法律中明文使用的实定法概念。该项权利经历了从合同性质的债权保护，强化为物权性质的物权保护的演进过程③，至今仍承载解决农民基本衣食来源的价值诉求和社会保障功能，在当下更叠加了乡村振兴的使命，可以预见，制度设计变革上会更加注重财产增值功能。

《土地管理法》在其"土地的所有权和使用权"章中对农业土地以及荒山、荒沟、荒丘、荒滩等的承包方式、期限，以及承包后种植业、林业、畜牧业、渔业生产用途作了规定。该法中并未使用"土地承包经营权"概念，按照体系解释的方法，依章节分布为依据，可以认为该法将"土地承包经营权"作为土地使用权加以规范。《森林法》《草原法》《渔业法》《农业法》《土地承包经营法》《农业机械化促进法》《契税法》《乡村振兴促进法》

---

① 温世扬.《民法典》物权编的守成、进步与缺憾[J]. 法学杂志，2021(02)：56-69.
② 有学者对此提出批评，指出《民法典》物权编关于集体建设用地使用权的规则彻底让位于公法公权，私法私权更加边缘化，无所作为。陈小君.《民法典》物权编用益物权制度立法得失之我见[J]. 当代法学，2021(02)：3-13.
③ 参见陈华彬. 中国物权法的功用与时代特征[J]. 中国不动产法研究，2014，10(02)：3-23.

等基于管理的视角和保护土地承包经营权的目的进行了规定。

在民事法规定中，特别值得关注的是新增了"土地经营权"。《民法典》第 339 条、第 340 条、第 342 条规定了土地经营权及其权能，吸纳了《农村土地承包经营法》对土地经营权的规定，是对"土地承包经营权"改革实践成果的确认。这项创新有助于让土地经营权超越原来的集体经济和行政界限，向擅长规模经营的"能手"集中①，同时能够便利融资，兼顾了生存权和发展权。尽管已成为法定权利，但对于土地承包经营权、承包权和土地经营权三权之间的关系，土地经营权 5 年期限的区隔对待，土地经营权的产生方式学者们还存在争议，《民法典》土地经营权相关条款还存在较大解释和细化的空间。

至此，我们可以把法律中的土地承包经营权描述为：权利人依法对农民集体所有的，以及国家所有的由农民集体使用的土地之占有、使用、收益、处分的权利，其土地类型包括的耕地、林地、草地、水域、滩涂等农用地和荒地等，权利人有权按照承包合同的约定合法从事种植业、林业、畜牧业和渔业等农业生产活动。作为法定的典型的用益物权，其权利内容在《民法典》中得到较完备的规定，《农村土地承包法》对权利的产生、行使和保护作出了专门规定，《渔业法》将承包客体拓展至养殖水面和滩涂。土地承包经营权是农民的基础性权利②，当前法律关于土地承包经营权的内容形成，既注重保障权利的"长久不变"，稳定农地产权秩序，又在一定程度上回应借助市场机制盘活土地经营权的乡村振兴需求。

3. 宅基地使用权

"宅基地使用权"是多部法律中使用的实定法概念。宅基地使用权的产生有其历史背景③，并被赋予了农民社会保障的特定价值诉求，因而法律对于宅基地使用权取得、行使和转让的规定同其他建设用地使用权相比具有特殊性。

---

① 参见崔建远. 物权编对四种他物权制度的完善和发展[J]. 中国法学，2020(04)：26-43.
② 孙宪忠. 中国物权法总论第四版[M]. 北京：法律出版社，2018：168.
③ 中国土地改革时农民个人获得了土地和房屋的所有权，农村宅基地与房屋产权在新中国历史上一直是"房地合一"属农民所有，1956 年在农业社会主义改造的过程中，耕地以及大牲畜等无偿变为集体所有，但是宅基地的所有权仍然归于农民，从互助组→初级农业生产合作社→高级农业生产合作社→人民公社初期，这种制度未曾变动。1962 年中共中央八届十中全会通过《人民公社工作条例修正草案》(即人民公社"六十条")首次决定宅基地"归生产队所有"，至此宅基地收归集体所有。参见郭书田. "宅基地换社保"的三个前提[J]. 中国土地，2009(08)：21.

《民法典》设专章 4 个条文对宅基地使用权做了规定，仅对《物权法》的规定做了个别文字修改，规定了宅基地使用权的权利内容，对宅基地的取得、行使和转让以及宅基地灭失后的重新分配等事项做原则性规定。对宅基地使用权的取得、行使和转让则采用了转介条款的技术，指示适用土地管理的法律和国家有关规定。

依据《土地管理法》对宅基地所有权和使用权的规定，对宅基地分配规则、面积和用途、处分等都有明确限定，以实现宅基地具有保障农村村民实现户有所居的法定功能。在新时代乡村振兴的背景下其财产增值价值也开始凸显，《土地管理法》鼓励农村集体经济组织及其成员盘活利用，《乡村振兴法》鼓励社会资本投入。上述规定为宅基地使用权的发育提供了法律空间。

至此，"宅基地使用权"虽然是《民法典》明确规定的自然资源权利类型，但其权能仍有待发展。当前，新一轮宅基地所有权、资格权、使用权"三权分置"改革已在推进①，改革中理顺产权关系是关键，赋予农户更充分的宅基地用益物权是方向，这一改革是否能够成为立法完善的前奏尚需观察。

(二)矿产资源

法律中矿产资源财产权利形态清晰，即采矿权和探矿权，合称矿业权。2023 年《自然资源部关于进一步完善矿产资源勘查开采登记管理的通知》、《自然资源部关于印发矿业权出让交易规则的通知》、《财政部 自然资源部 税务总局关于印发〈矿业权出让收益征收办法〉的通知》，2019 年《自然资源部关于推进矿产资源管理改革若干事项的意见(试行)》是当前矿政管理的最新指导性文件，文件中强化了市场对矿业权配置的作用，全面推进矿业权竞争性出让，除协议出让外，对其他矿业权以招标、拍卖、挂牌方式公开竞争出让，同时进一步开放油气勘查开采市场。矿业权私有财产权属性的凸显正是与市场配置矿产资源功能的发挥程度正相关。当前，矿产资源国情调查主体工作基本完成②，《矿产资源法(修改)》已被列入全国人大 2023 年立法计划中初次审议的法律案之中，将为矿业权改变"权证"合一的困境，实现物权登记，理顺探矿权与采矿权关系，更好

---

① 2020 年 9 月，中央农办、农业农村部召开深化农村宅基地制度改革试点电视电话会议，在全国 104 个县(市、区)和 3 个地级市启动新一轮农村宅基地制度改革试点。

② 丁全利，周保铜．矿产资源国情调查主体工作基本完成[EB/OL]．(2022-03-22)［2022-03-22］．http：//www.mnr.gov.cn/dt/ywbb/202203/t20220322_2731270.html.

保障矿业权人的合法权益带来契机。

1. 采矿权

"采矿权"是多部法律中明文使用的实定法概念。法律对采矿权的权利内容与属性经历了从有意忽略，到模糊处理，再到明确规定的曲折变迁过程。采矿权法律制度的变迁与社会主义市场经济发展密切关联，在规范层面则反映出采矿权法律与宪法规范间动态影响的关系①。从表2.2中列举的用语可以看出，《矿产资源法》《民法通则》及1996年修正的《矿产资源法》对采矿权主体的规定明确区分了不同所有制背景，《物权法》淡化所有制区分是在1999年宪法基本经济制度做了修改之后，这也是采矿权制度适应市场经济需求，私有财产权彰显的必然趋势，《民法典》的规定则更具有一般性。

表2.2　　　　　　　　　法律关于采矿权主体的规定

法律名称	颁布时间(年)	采矿权主体
矿产资源法	1986	国营矿山企业、乡镇集体矿山企业、个人
民法通则	1986	全民所有制单位、集体所有制单位、公民
矿产资源法(修正)	1996	国有矿山企业、集体矿山企业、个人、外商
物权法	2007	单位、个人
民法典	2020	依法，组织、个人

至此，我们可以将法律中的采矿权描述为：采矿权是个人与组织享有的具有排他性的特许用益物权，采矿权人对国家所有的矿产资源享有占有、使用、收益的权利，即在特定矿区，开采一定的矿产资源，获得矿产品，并排除他人非法干涉的权利。采矿权人还可依法转让或放弃采矿权。虽然与传统的用益物权相比，国家公权力在采矿权的塑造上具有强势地位，且由于矿产资源的自然属性使得采矿权在权利客体、权能、效力等方面存在特殊性，但采矿权在法律上被定位为民法上的财产权已不存疑问②。需要特

---

① 对采矿权的权利属性和内容的梳理，参见宦吉娥．法律对采矿权的非征收性限制[J]．华东政法大学学报，2016(01)：41-55.

② 值得注意的是，学理上对采矿权作为民法财产权的主流观点仍有挑战。比如认为矿业权是一种与国家主权相联系的抽象的宪法性公权利，应立足社会本位。参见郗伟明．当代社会化语境下矿业权法律属性考辨[J]．法学家，2012(04)：89-102+178.

别要注意的是,现行法上,采矿权的这种《民法典》上明确的一般性规定与《矿产资源法》法上模糊处理的特别设置共存的制度性保障,由于采矿权"权""证"关系未理清①,欠缺物权登记等衔接机制,导致采矿权人很大程度上仅享有"用益物权"之名义,而不能获得民法物权之实质保障,而这恰恰是法律中与采矿权如影随形的"依法""合法的"限制性规定所产生的效果。

2. 探矿权

矿产资源属于国家所有,勘查矿产资源需要取得探矿权。探矿权是实定法中使用的概念。

1986 年颁布的《矿产资源法》规定,勘查矿产资源,必须依法登记。之后修改的《矿产资源法》规定国家实行探矿权有偿使用制度。勘查矿产资源,必须依法申请批准,或者通过协议、招标、拍卖、挂牌后登记取得,探矿权有期限,可以依法转让。矿产资源法律法规确立了较严格的探矿权排他性原则,只在油气领域允许例外②。2019 年 12 月 17 日自然资源部关于《中华人民共和国矿产资源法(修订草案)》(征求意见稿)公开征求意见的公告中,明确了对探矿权权益的保障。

至此,探矿权的权利属性在法律中并不彰显,有学者甚至认为自然资源特定化之行政许可实际上是一种国家委托行为③,但当前的改革趋势和法律修改的动向是强化其权利属性,加大保护力度。相比采矿权,探矿权规定较为简略,虽然与采矿权分别规定,但却适用平行的配置规则,未针对探矿权"用益"而采矿权"取用"的重大差异制定差异化配置规则。

(三)森林资源

《森林法》中明确规定,法律规定属于集体所有的以外的森林资源属于国家所有。我国法律中森林资源财产权利遵循两种设置逻辑,一种是基于《土地管理法》的农用地使用权逻辑;一种是基于《森林法》的森林资源要素使用权逻辑。两种逻辑的并行导致森林资源财产权利的法律设置产生

---

① 关于《矿产资源法》上"权"(矿业权)与"证"(行政许可)之间关系模式与弊端的有力论述,参见张璐《矿产资源法》修改中的"权证分开"问题研究[J]. 甘肃政法学院学报,2010(06):65-70.

② 参见国土资源部油气资源战略研究中心. 我国矿业权分级审批制度研究[M]. 北京:地质出版社,2016:03.

③ 刘卫先. 论环境保护视野下自然资源行政许可的法律本质[J]. 内蒙古社会科学,2014 (02):73-78.

了令人困惑的重叠、模糊与空缺并存的图景，实践中林权与地权重叠更是引发了的诸多冲突。《民法典》中未将森林资源使用权与其他自然资源财产权利，如海域使用权、采矿权、探矿权、取水权、利用水域养殖的权利和捕捞的权利并立，作出单独规定，更是加强了林权改革实践需求与民事法律权利制度供给疏离的窘迫。在此重点梳理《森林法》中明确规定的森林资源财产权利，兼及森林资源其他利用形态，并试图与《土地管理法》《土地承包经营法》相关规定连接沟通。

1. 法定权利

《森林法》第 16 条明确了国家所有的林地上可以设置国有林地使用权、森林使用权、林木使用权，这些权利具有不动产登记能力，且经批准可以处分。《森林法》第 17 条规定了林地承包经营权和承包林地上的林木所有权，及其流转。《土地管理法》第 4 条将林地作为农用地的一种，设置了用途管制，《民法典》延续了这一调整逻辑。《森林法》第 18 条规定林地经营权、林木所有权和使用权可以依法流转。《森林法》第 20 条规定了居民、集体或者个人获得林木所有权有的三种情形，以及营造者可以依法享有或者支配林木收益的两种情形。

森林、林木传统使用中的采伐行为受到《森林法》严格规制，比如设置了采伐许可证制度、林地用途管制制度等。其中，采伐许可证是对林地、森林、林木所有权和使用权的限制甚至是剥夺，备受瞩目的"石光银现象"正是这一问题的现实注释。对此，有学者指出，对林木所有权人而言，采伐许可应当理解为普通许可，行政机关在相对人满足许可条件时即予以许可，沟通和平衡个人所有权和社会公共利益之间的矛盾；对于林木使用权人而言，采伐许可应当理解为赋权性许可，其本质在于国家林业部门代表国家依法向相对人出让某种特权①。这种区分对待，更有利于保障营林者、林农的财产权益。

2. 森林资源的其他利用形态

森林资源具有多用途性，其综合利用包括木材、放牧、农业、矿业、石油和天然气开采、狩猎和钓鱼、娱乐、水土保持、野生动物保护和流域

---

① 参见高利红. 林业权之物权法体系构造[J]. 法学，2004(12)：94-96.

管理等①，其中野生动物栖息地和生物多样性、流域服务、碳库和风景优美的景观传统上被认为是对人类社会免费的，相应的产权制度尚不健全。因此，除了上述明确规定的以农业中林业为底色的自然资源财产权利以外，还存在对森林资源的其他利用形态，仅举以下几例：

建设占用林地。《森林法》第 37 条、第 38 条、第 52 条对此做了规定，区分矿产勘查、开采及其他各类工程建设占用，林业工程设施建设占用和临时占用三种程序。

采集、砍柴和放牧。依据《森林法》第 39 条第 3 款禁止性规定，可以反推出"在非幼林地，可以砍柴、放牧"。如果是森林使用权人在自己享有使用权的森林中砍柴、放牧，应可作为森林使用权的行使；如果是非权利人基于习惯使用，则仅涉及习惯权利，不属于自然资源财产权利。此外，《森林法实施条例》21 条的禁止性规定，可以反推出，在遵循法律规定的情况下，林权权利人可以依据操作技术规程，进行采脂、挖笋、掘根、剥树皮等采集林业资源的行为。值得注意的是，林业资源中的野生植物资源属于独立的资源类型，其采集不属于林权的当然内容，因而需要《野生植物保护条例》规定的行政许可②。

林下经济和森林旅游等。《森林法》第 49 条第 3 款对此做了规定。这一利用方式属于森林资源的开发利用范畴，原因在于森林景观与森林资源不可分离，是依附于森林资源之上而存在的③，是村民身边的"富源"。

森林碳汇。2021 年《国务院关于加快建立健全绿色低碳循环发展经济体系的指导意见》，提出要确保实现碳达峰、碳中和目标；同年中共中央、国务院印发的《关于完整准确全面贯彻新发展理念做好碳达峰碳中和工作的意见》发布。"碳中和"成为社会各界高度关注的热词，而全国碳市场启动上线交易为"双碳"目标的达成提供了重要抓手。森林碳汇功能较早受到重视，森林碳汇交易在实践中已经出现。2010 年 12 月，华东林业产权交易所成为全国首家区域林权交易平台、林业配套金融平台，并经国家林业局批准为全国首家林业碳汇交易试点平台。2014 年 10 月，华东林交所成功交易了全国首例农户森林经营碳汇项目：中国建设银行浙江省分行通过该所林业碳汇交易平台，以每吨 30 元的价格购买了临安市 42 户林农共计 23400 吨的首批碳汇减排量。参与签约的临安市昌化镇后营村

---

① ［美］Daniel D. Chiras, John P. Reganold. 自然保护与生活［M］. 黄永梅，段雷等，译. 北京：电子工业出版社，2016：392.
② 周珂. 林业物权的法律定位［J］. 北京林业大学学报（社会科学版），2008（02）：1-6.
③ 周珂. 林业物权的法律定位［J］. 北京林业大学学报（社会科学版），2008（02）：1-6.

村民朱福民承包经营的 130 亩毛竹林，仅出售碳汇 5 年，就可兑现 4000 元现金报酬。①

至此，森林资源财产权利尽管有着丰富的法定内涵，但权利种类与权能仍未充分发育。当前林权改革仍是进行时，一方面，林权改革负载着林业生产经营主体对森林资源的物质性利益需求②；另一方面，林权改革也承载着生态文明建设以及践行绿色发展的关键改革任务。然而现实却是，自中华人民共和国成立以来集体林地产权变化频仍、权利内容不清晰、屡受不公平征调而缺乏保障，刺激林农破坏性地、短视地开发森林资源：“林业三定改革”中，“分山到户”的林农获得林权后旋即伐光了山林，对林业生产和森林生境都造成负面影响③。我国现行森林资源产权制度是在计划经济的框架内设计的，具有明显的计划经济色彩，④ 不能反映非实物形态的要素在森林资源利用中的作用，难以涵盖诸如林业碳汇交易之类的新型森林资源利用方式，更难以承载绿色发展目标。权利设置逻辑有待吸收集体林权改革⑤和国有林场林区改革⑥的经验加以更新，解决现有森林资源权利体系的结构性缺陷，以更好满足生态文明建设、乡村振兴的需求。

（四）草原资源

法律规定的草原资源财产权利包括：全民所有制单位、集体经济组织的草原使用权，草原承包经营权等。与森林资源类似，草原资源使用权是否应当成为独立的自然资源使用权划归自然资源体系还存在争议。目前草原使用权是农地使用权的具体实现形式，划归农地使用权并属于用益物权体系⑦。长期以来，国有草原基本上实行的是以行政划拨、无偿、无期为特征的旧的使用制度。以个人对社会和国家的义务为核心，突出国家和集体对自然资源的垄断性支配和利用，忽视对私权的倡导和保护，因此，难

---

① 王绍据，陈令. 华东林交所通过林权抵押贷款、碳汇交易等，解决林权抵押贷款难、林农产品流转难，林子变票子、鼓起钱袋子[N]. 人民日报，2016-10-26(015).

② 吴萍. 我国集体林权改革背景下的公益林林权制度变革[J]. 法学评论，2012(02)：83-89.

③ 裴丽萍，张启彬. 林权的法律结构——以《森林法》的修改为中心[J]. 武汉大学学报(哲学社会科学版)，2017(06)：96-108.

④ 陈德敏. 资源法原理专论[M]. 北京：法律出版社，2011：210.

⑤ 参见张建龙，顾仲阳. 林农增收入生态受保护[N]. 人民日报，2016-11-29(002).

⑥ 参见顾仲阳. 明晰定位理顺体制[N]. 人民日报，2015-03-19(006).

⑦ 参见梁慧星. 中国物权法研究(下)[M]. 北京：法律出版社，1998：629-634.

以通过制度的设计刺激个人对财富的进取心，达成经济效益最大化的资源利用目的。以内蒙古自治区为例，自1947年内蒙古自治区成立到1958年人民公社化实现，草原实施民族公有制；1958—1982年，实施全民所有制，引发了草原移民潮、开垦潮、侵占潮，草原退化严重；之后开始实施全民与集体所有制，草畜双承包和草原有偿使用，逐步确立起草原资源财产权利的物权制度①。与耕地、森林资源不同的是，我国草原基础工作薄弱，制度体制不完善，草原保护、生态治理工作属于生态文明建设短板②，草原资源财产权利制度亟待健全。

《草原法》设专章规定了草原所有权和使用权制度，其中，草原承包经营权受法律保护，可以按照自愿、有偿的原则依法转让。按照不动产统一登记规则，集体土地(草地)所有权、草地承包经营权具有物权登记能力。草原使用权的具体权能内容，以及其与草原承包经营权的关系还需明确。

草原其他利用形式与森林资源类似，不再赘述。

当前，草原的规制改革正在从农业视域的家畜为重转向以草原生态为重。《草原法》2021年修改取消了在草原上开展经营性旅游活动审批，取消行政审批后，在草原上开展经营性旅游活动，涉及永久占用和临时使用草原的，通过矿藏开采、工程建设征收、征用或者使用草原审核和临时占用草原审批等其他审批事项审查把关。这一修改为草资源财产权利拓展至更为丰富的权利类型和更加饱满的权能体系的提供了契机。

(五)野生动植物资源(森林、草原除外)

我国野生动植物资源的产权体系尚未建立。目前，仅《野生动物保护法》第3条规定野生动物资源归国家所有。法定的自然资源财产权利是使用水域、滩涂从事养殖、捕捞的权利，其权利客体是水域、滩涂以及其中赋存的渔业资源。渔业资源是可供利用的水生动植物资源，属于野生动植物资源的范畴。因此本部分着重分析该项法定权利，另兼及其他利用形式。

1. 使用水域、滩涂从事养殖、捕捞的权利

使用水域、滩涂从事养殖、捕捞的权利也被简称为"养殖、捕捞的权

---

① 参见刘金龙.自然资源治理[M].北京：经济科学出版社，2020：231-232.
② 刘金龙.自然资源治理[M].北京：经济科学出版社，2020：222.

利"，"渔业权"，由《渔业法》规定①。传统渔业被认为是不确定区域的捕捞作业，但现在的渔业，基本上已经发展成为定置作业和确定水域的养殖作业。《民法典》将使用水域、滩涂从事养殖、捕捞的权利规定为用益物权。下文细分为养殖的权利和捕捞的权利阐述。

（1）使用水域养殖的权利

使用水域养殖的权利实际上是对水域利用的权利，其权利形态因为所利用水域权属的不同而呈现出不同的权利形态，需要具体分析。

承包经营权。《渔业法》规定了可以用于渔业生产的水域范围及其规划。《土地管理法》则规定养殖水面属于直接用于农业生产的土地即农用地的一种，集体所有的或者全民所有由集体经济组织使用的水域、滩涂，可以养殖用途承包经营。《海域使用管理法》另规定国家所有的海域也可用于养殖。依据上述《土地管理法》《海域使用管理法》的规定可知，通过承包的方式获得在农用地或者海域从事养殖业的承包经营权，法律将其作为对农用地和海域使用的权利加以规制。这类权利适用承包经营权相关法律规制。

养殖权。《渔业法》作为产业法，从管理渔业资源利用的角度，规定了养殖许可证取得。《渔业法》设专章对养殖业进行规制，涉及养殖权的设置和管理，但未使用"养殖权"的表述，对养殖权的权利内容和保护未进一步规定。《民法典》的规定明确了养殖的权利用益物权属性。

（2）使用水域捕捞的权利

捕捞的权利不仅仅涉及对水域的使用，还通过捕捞作业获取作业水域中的渔业资源。"渔业资源"是《渔业法》的法定概念，但该法未对"渔业资源"进行界定。从《渔业法》的适用范围，可以间接理解渔业资源应包括水生动物和水生植物。该项权利涉及野生动植物资源中渔业资源的利用。

依据《渔业法》第23条、第24条规定，国家对捕捞业实行捕捞许可

---

① 需要注意的是，有学者认为从《渔业法》的规定看，现行《渔业法》上只有养殖证和捕捞许可证的规定，并没有明确设定养殖权、捕捞权或结合性的渔业权，养殖证和捕捞许可证都只是普通的行政许可而非赋权性的特许，"使用水域、滩涂从事养殖、捕捞的权利"目前并无《渔业法》上的设定依据。王克稳．"使用水域、滩涂从事养殖、捕捞的权利"的行政法解析[J]．苏州大学学报（法学版），2020（04）：54-65．有学者指出，从法解释学的角度看，《渔业法》及其他法律未规定滩涂、水域的排他性使用权或养殖权，构成明知漏洞。对于明知漏洞，理想的解决方案是在未来立法或者修改法律时将其消除，该学者将渔业权的客体理解为水域，认为渔业资源未从水域中分离出来，肯定渔业权的私权属性，且认为其现实存在。参见崔建远．论争中的渔业权[J]．法商研究，2005（06）：51-63．

证制度。《渔业法》未使用"捕捞权"的表达，对捕捞权的权利内容和保护未进一步规定。《民法典》的规定明确了捕捞的权利用益物权属性。对此，有学者指出从生存权保障及事实物权的法律确认角度，主张将渔业权界定为渔民这一特定主体所享有的捕捞水生动植物并获得其所有权的法定物权，渔民以外的其他主体经营渔业的权利均来源于授权许可，① 另有学者指出养殖权、捕捞权为渔民原本就拥有的"权利"，是渔民的人权，应当采取行政许可制度而非特许制度赋予渔民养殖权、捕捞权②。本书认为，渔民对渔业资源的合理使用，可以不必征得国家许可，属于无偿非排他性使用国家所有的自然资源，不宜通过产权配置的方式获取③。事实上，渔业作为传统产业在我国面临竞争上的弱势，渔民尤其是个体的渔民根本无法参与现代化的产业竞争，渔民的经济地位甚至弱于农民④。

至此，使用水域、滩涂从事养殖、捕捞的权利仅在《民法典》中做了原则性规定，其权利属性在自然资源专门法中尚不彰显，更强调对权利的许可审批与管控。

2. 野生动植物资源的其他利用形式

法律调整并未覆盖所有野生动物和野生植物⑤。野生动植物资源多位于水域、森林、草原生态系统之中，受到相应法律的直接或者间接规制，对渔业资源，野生植物、野果树、野灌木、药材，野生动物等的利用往往未独立于水域和土地利用，而是相关资源利用权的有机组成部分。

野生动植物资源作为渔业资源、森林资源、草原资源利用以外的用途主要包括：狩猎、采集、观赏、药用、种质资源获取与培植等。其中，野生植物、野果树、野灌木、药材基本上处于自由采取的状态，适用民法上的先占原则，由捷足先登者获取这些野生植物或果实⑥。狩猎则采用猎捕

---

① 韩英夫.渔业权的物权结构及其规范意涵[J].北方法学，2021(01)：46-54.
② 参见崔建远.准物权研究[M].北京：法律出版社，2012：97.
③ 参见本研究"第三层次配置之合理利用的自然资源"部分。
④ 孙宪忠.中国渔业权研究[M].北京：法律出版社，2006：02.
⑤ 《野生动物保护法》调整珍贵、濒危的陆生、水生野生动物和有重要生态、科学、社会价值的陆生野生动物。珍贵、濒危的水生野生动物以外的其他水生野生动物的保护，适用《渔业法》等有关法律的规定。《野生植物保护条例》调整原生地天然生长的珍贵植物和原生地天然生长并具有重要经济、科学研究、文化价值的濒危、稀有植物。药用野生植物和城市园林、自然保护区、风景名胜区内的野生植物的保护，同时适用有关法律、行政法规。
⑥ 黄锡生.自然资源物权法律制度研究[M].重庆：重庆大学出版社，2012：229.

证制度，对驯养繁殖野生动物建立了规制①，建立了种质资源保护制度，设置了植物新品种权、中药品种保护权等。这些领域的财产权利是否存在，属于何种性质尚存较多争议。基于资源自身的伦理性和公共性，有些利用形式甚至与产权设置不兼容。比如，对遗传资源的主权权利的存在今天已在国际法中得到充分承认，但是，这些资源在产权方面的法律地位尚不明确②。有学者指出，基因资源不适用传统所有权的保护。基因资源固然与遗传材料这一物质载体有关，但产生基因财产意义的不是遗传材料而是附着于其上的遗传信息③，基因信息权是生物技术知识产权的在先权利，也是生物体(遗传资料)所有权的类似权利④。在美国，从人体中分离出来的天然产品的专利引发了涉及征用条款的额外问题，同时也引发了复杂的法律和道德问题，对人体基因材料的专利本身可能构成征收⑤。现行的知识产权制度和物权制度对遗传资源信息的保障有所缺失⑥。此外，还存在是否成立知识产权的问题。《民法典》第123条第2款第7项、第876条规定了"植物新品种权"，该权利由《植物新品种保护条例》创设，知识产权属性被广泛认可。《中药品种保护条例》创设了"中药品种保护权"，但其权利性尚存疑，其特殊性在于"中药品种"本身，中药品种保护所意味的对中药生产企业的筛选、扶持是为了公益，而非特定中药生产企业的利益(私益)；中药品种的"处方组成、工艺制法"作为智力成果有特殊性⑦。

---

① 2020年12月18日，最高人民法院、最高人民检察院、公安部、司法部《关于依法惩治非法野生动物交易犯罪的指导意见》出台。其第9条规定，在认定是否构成犯罪以及裁量刑罚时，应当从涉案动物是否系人工繁育、物种的濒危程度、野外生存状况、人工繁育情况等八个方面，综合评估案件社会危害性，作出妥当处理，确保罪责刑相适应。该司法解释兼顾了民生与野生动物资源保护，放松了对驯养繁殖野生动物资源利用的规制。

② Carlos M. Correa Carlos, Correa C. M. Sovereign and Property Rights over Plant Genetic Resources[J]. Agriculture & Human Values, 1995, 12(04)：58-79.

③ 吴汉东. 关于遗传资源客体属性与权利形态的民法学思考[J]. 月旦民商法杂志, 2006(12).

④ 吴汉东. 财产权的类型化、体系化与法典化——以《民法典(草案)》为研究对象[J]. 现代法学, 2017(03)：31-41.

⑤ Samantak Ghosh. The Taking of Human Biological Products [J]. California Law Review, 2014, 102(02)：511-542.

⑥ 吕小容. 环境法视角下的遗传资源信息保护[J]. 中国环境管理干部学院学报, 2019(06)：34-37.

⑦ 王天华. 分配行政与民事权益——关于公法私法二元论之射程的一个序论性考察[J]. 中国法律评论, 2020(06)：83-96.

（六）水资源

水资源归国家所有，对水资源的开发利用需要国家配置。取水权是明文规定的实定法概念。

1988 年颁布的《水法》对取水权做了规定。当时主要是从资源配置和行政管理的角度规范取水权制度。修改后的《水法》进一步明确了国家对水资源实行有偿使用制度，并完善了取水许可制度。《水法》对取水权能否转让未作规定，实践中对取水权转让有积极探索①。《民法典》沿用《物权法》的规定，仅作原则性衔接性规定。除取水权外，水资源的利用还有多种形态，如航运水权、竹木流放水权、水能利用权、排水权等，但均未形成定型的产权制度。尽管地方性法规《宁夏水资源管理条例》中提出了"水资源使用权"的概念，作出了有益的尝试，但当前水资源利用权还未法定化，取水权与水资源利用权的关系还有待厘清；实践中水流产权确权试点过程中，部门之间争议分歧很大，证书发放种类繁多，个别还进行了抵押贷款，还处于未定型阶段。

至此，取水权指的是汲取工业性用水的权利。取水权依据《水法》取得，其权利行使规则也经由专门法调整，权能仍在发育中，属于受公法强限制的用益物权。水资源权利体系尚需优化建构。

（七）海域资源

国家是海域所有权的唯一主体，单位和个人使用海域，必须依法取得海域使用权。

2001 年《海域使用管理法》颁布，从法律上确立了海域使用权制度。《民法典》第 328 条沿用了《物权法》第 122 条海域使用权的规定，采用的是原则性规定的方法，仅明确了其用益物权的属性。海域使用权的取得、登记、行使、管理等由《海域使用管理法》专门调整。

至此，海域使用权是一项综合性的权利，其利用方式多样，包括养殖用海、旅游娱乐用海、工矿用海、海洋工程用海、港口航运用海、排污倾

---

① 从 2000 年起，我国一些地区相继开始了对水权交易的实践探索。义乌的区域水权交易是起点，随后，甘肃、内蒙古、宁夏、福建等地也相继开展了不同形式的水权交易。水利部 2014 年 6 月印发《关于开展水权试点工作的通知》，2016 年 4 月印发《水权交易管理暂行办法》，规范了水权交易类型，对可交易水权的范围、交易主体和期限等作出了具体的规定。2016 年 6 月 28 日，中国水权交易所正式开业运营。参见石玉波，张彬. 我国水权交易的探索与实践[J]. 中国水利，2018(19)：4-6.

倒用海、围海造地用海、海洋再生性资源的利用，包括潮汐能等。海域使用权与土地使用权具有类似性，是典型的用益物权形态，对海域的使用属于非对物采掘方式的使用。《民法典》未采用综合性土地使用权概念下，按照土地用途产生的不同法律关系规定具体种类土地使用权的总分式立法体例。此外，《海域使用管理法》界定了海域的范围，即中华人民共和国内水、领海的水面、水体、海床和底土，这一范围与《湿地保护法》中湿地①的概念有重叠之处，同时又与沿海已经由农村集体经济组织或者村民委员会经营、管理的养殖滩涂相重叠，实践中滨海滩涂的归属和使用引发了较多纠纷②，这一实践困境也表明尽管《民法典》明确规定了海域的国家所有权和使用权，但定分止争的效果尚未达到。

三、小结：自然资源财产权利识别、体系化与类型化

自然资源财产权利是指，国家或者集体以公共利益保护和资源利用效率提升为目的，对其所有的自然资源采用公法、合意或市场途径配置，由私人或组织获取的以该项权利主体自主意志力支配的开发利用自然资源的利益。其实质是自然资源利益的授予，包括采掘性与非采掘性方式利用所产生的利益，而不仅仅是开发利用资格的授予。依据实证法权利观理解，自然资源财产权利是从权利客体的角度划分的一种权利类型，是松散的权利束集合，具有开放的结构，其中具体的权利形态多样，法治发育程度不一。对自然资源财产权利的识别可以采用"两步判断法"，初步判断，通过法律规范识别出具体的自然资源财产权利类型，即赋予物权登记能力的权利可以判断为是一项财产权利；法律直接表述为自然资源"权利"的可

---

① 《湿地保护法》（2021年）
　　第2条规定："在中华人民共和国领域及管辖的其他海域内从事湿地保护、利用、修复及相关管理活动，适用本法。本法所称湿地，是指具有显著生态功能的自然或者人工的、常年或者季节性积水地带、水域，包括低潮时水深不超过六米的海域，但是水田以及用于养殖的人工的水域和滩涂除外。国家对湿地实行分级管理及名录制度。江河、湖泊、海域等的湿地保护、利用及相关管理活动还应当适用《中华人民共和国水法》、《中华人民共和国防洪法》、《中华人民共和国水污染防治法》、《中华人民共和国海洋环境保护法》、《中华人民共和国长江保护法》、《中华人民共和国渔业法》、《中华人民共和国海域使用管理法》等有关法律的规定。"

② 参见张清勇，丰雷. 谁是中国沿海滩涂的所有者？——滩涂所有权的制度变迁与争议[J]. 中国土地科学，2020（09）：24-31；董加伟. 论传统渔民用海权与土地使用权的冲突及协调——兼论滨海滩涂的法律性质归属[J]. 中国土地科学，2014（11）：39-44.

以判断为是一项财产权利。初步判断只能识别出经由法律规定的、定型的财产权利，针对未定型状态的权益，还应通过内在实质标准判断做二次判断，即对自然资源配置方式、配置所授予的资格和利益、权利人承担的义务、允许的自然资源开发利用的方式、支付的对价等进行具体分析，做个案的甄别。

当前，我国实在法上，自然资源财产权利基本形成了以土地和自然资源、城市与乡村、陆地与水域等多重二元治理结构基础上的松散权利群。具体包括：建设用地使用权(分层设置)、土地(林地、草地)承包经营权(土地经营权)、宅基地使用权、集体建设用地使用权、探矿权、采矿权、林地使用权、森林林木所有权和使用权、草原使用权、使用水域滩涂养殖捕捞的权利、取水权、海域使用权。

自然资源财产权利应当进一步体系化。借助自然资源财产权利体系化建构，可以反向促成自然资源财产权利具体种类和权能的充分发育。在法典化的时代，自然资源财产权利的体系化，是自然资源法典、环境法典和行政法典等涉自然资源法治的不同领域部门法典成型的基石性工作；自然资源财产权利的系统全面保障，是建成富强民主文明和谐美丽的社会主义现代化强国的助推器。应当基于自然资源整体生态性和经济社会性体系化：其构建的制度基因是宪法上自然资源公有制；构建的核心载体是部门主导的各历史阶段形成的管理色彩浓厚的自然资源专门法，体系化整合的契机则在于中央领导下，政府层面自上而下推动的自然资源资产产权制度改革经验的汇聚，以及自然资源专门法的修订，《民法典》在自然资源治理领域效力的辐射和彰显等；构建的路径通道在于自然资源专门法体系化更新修订基础上的自然资源法典化；构建的产权结构在于物权、知识产权与信息权的综合运用，打破物权形式及物权性质之争的思想藩篱。

依据自然资源财产权利的成熟度，可将自然资源财产权利划分为充分发育、发育、欠成熟与未定型四类(划分情况参见表2.3)。成熟度的判定标准在于权能是否完备，属性是否清晰，保障路径是否通畅，其实质在于权利人独断的支配力的赋予程度，以及自然资源开发利用行为中资源、投资和交易产权行为是否齐备。自然资源财产权利本身明晰度越高，其能够获得的利益就越有保障，相关的限制措施就越方便识别；相反，如果权利本身尚未充分发育，其保障价值和密度必然会打折扣。需要认识到的是，自然资源财产权利类型及权能的拓展是一个渐进的过程，除了立法的明确规定，行政机关及司法机关公权行使行为也会对其形成塑造的作用。

表2.3   我国自然资源财产权利的成熟度区分

成熟度	充分发育	发育	欠成熟	未定型
权利类型	国有建设用地使用权	探矿权 采矿权 农户承包经营权 荒地承包经营权	取水权 海域使用权 林地承包经营权 草地承包经营权 林地使用权 草地使用权 森林和林木所有权使用权 宅基地使用权 使用水域滩涂养殖捕捞的权利	国有农用地使用权 分层设置的空间建设用地使用权 承包经营权分离的土地经营权 集体建设用地使用权 遗传种质资源相关权益 生态服务功能产权
资源门类	土地资源	矿产资源 土地资源	水资源(含水能资源) 海洋资源(含海域资源) 森林资源(含林地、林木、森林、林下动植物微生物) 草原资源 土地资源(含水域滩涂) 野生动植物资源(含渔业资源) 湿地资源	土地资源(立体空间) 野生动植物资源 生态空间

　　按照自然资源的利用方式，可以分为对物采掘类自然资源财产权利和非对物采掘类自然资源财产权利。对物采掘与非对物采掘的区分实际反映了人类对自然资源的两种基本利用方式：一是非对物采掘，这种利用方式下实际是将自然资源作为承载空间加以就地利用。基于这种方式产生的自然资源财产权利具有用益物权的属性，对其属性较少产生争议。用益的关键在于对水域、土地和空域的支配管领、利用权能和基于权利行使所获取的收益权能(孳息)。对土地、海域、水域自然空间的利用属于非对物采掘类。具体的权利形态包括土地使用权(包括建设用地、农用地和荒地上设立的各类土地使用权、承包经营权、土地经营权、地役权)、海域使用权、探矿权、使用水域滩涂的养殖权，以及尚未成型的水域、空域使用权。二是对物采掘，这种利用方式下实际是对自然资源的复合利用，首先是对资源本体的取得，将其转化为资源产品以实现收益。其次在取得本体之时也不可避免地需要使用资源赋存的空间。基于这种方式产生的自然资源财产权利的属性存在较多争议。利用的关键在于取得权能和处分权能

（原物）。对矿产资源、水资源、野生动植物资源的获取属于对物采掘类。具体的权利形态包括采矿权、取水权、捕捞权、采集权、采伐权、狩猎权等。相比之下，典型的非对物采掘利用程度较对物采掘利用程度相对弱，对自然资源本体的介入支配处分需求相对小，相应地改变、折损、破坏乃至耗竭的可能性相对小。法律对其施加的非征收性限制的诉求应有所区别，在做合宪性判定时审查方向也当有一定侧重。此外，基于自然资源财产权利的产生机理，自然资源财产权利有不同的设置目标对自然资源财产权利的差异化考察对于合宪性判断中财产权内容的形成、财产权限制的目的正当性的判决也具有意义。

第三章 自然资源财产权利的宪法地位

自然资源财产权利作为民法上财产权的一种特殊类型，具有高财产价值和高社会关联性，落入宪法财产权的保护范围，且具备特殊的保护价值。

一、宪法对私人财产权的保护

(一)宪法为何保护私人财产权：目的、理念与功能的变迁

财产存在久远，财产权制度的确立与自然资源①、地产密切相关，在财产权确立的过程中存在不同的路径，展现出市场、社会与国家政权间不同关系，从而也赋予了财产权制度不同目的。比如英格兰的社会财产权关系，土地在佃农(他们日益按照市场条件支付经济租金)那里得到程度空前的利用，而无法使用政治建构的财产权的地主逐渐开始依靠佃农在生产和竞争方面的成功，占有者和生产者依靠市场维系自己的生存和地位，因此他们服从竞争和利润最大化的指令，以及持续改进劳动生产率的需要②，又如法兰西的政治建构的财产权形式，统治阶级仍然极度依赖政治建构的财产权，也就是依赖源于政治、军事和司法权力或"超经济"地位

---

① 约翰·G.斯普兰克林在论及财产权利的起源时说，野生动物上的财产权利在财产法中占有独特的地位，关于取得野生动物产权的法律原则可以说明那些影响美国财产法形成发展的政策，这些原则最终也被参照扩展到了处理包括水、石油、天然气等其他资源的所有权问题上。参见[美]约翰·斯普兰克林.美国财产法精解[M].钟书锋，译.北京：北京大学出版社，2009：23.

② [加拿大]艾伦·梅克辛斯·伍德.西方政治思想的社会史：自由与财产[M].曹帅，刘训练，译.南京：译林出版社，2019：11.

与特权的占有方式①，国家发展为一种政治建构的竞争性的财产权形式、一种主要资源、一种由国家官员通过税收（它被某些历史学家称为集中于中央的地租）手段进行直接占有的方式。一种复杂的官僚制得以发展，不仅是为了政治和行政目的，而且是作为一种为官员准备的经济资源，它使国家官职激增并成为一种私有财产形式②。显然，英格兰式的财产权，更强调个人自由和市场配置；法兰西式的财产权，无法摆脱义务责任和公权支配。

财产权也是最多聚集人类智识的研讨领域，自然法、宗教、自由主义、功利主义、社群主义等各种思想源流都关注财产权问题。

关于财产权的正当性与限制，存在三种广为人知的出发点：其一，立足于自然法，主张天赋人权，发展出对财产权保护与限制共存的理性态度：大量的基督教——斯多葛或新亚里士多德神学，在其中，权利仍然是一种延伸性权力，服务于自然法所施加的义务③。洛克以劳动作为财产权基础的自由主义思想④产生了深远的影响，他通过原初的生命权和自由权的要求，把财产权置于基础的地位⑤，提出劳动能够在自然的共有物中开始确立产权，同时为了满足需要而消费财产限制了财产权，照顾每个人的生存，蕴含了光辉的德性，也完美契合了自由资本主义时期解放和发展生产力同时彰显人本价值的时代需要。卢梭深刻地认识到财产权制度对文明社会的意义，但同时也对法律和私有产权的设定可能带来的人类不平等⑥保持警惕，用公意限制私有财产权的思想为后世为了公共利益，通过民主政治的形式限制私人财产这种"身外之物"，保护生命和自由这种人格的"身内之物"奠定了智识基础。其二，立足于社会连带关系，强调个人对于集体的义务：狄骥强调个人服从维持和发展集体生活的义务⑦，耶林努

---

① ［加拿大］艾伦·梅克辛斯·伍德. 西方政治思想的社会史：自由与财产［M］. 曹帅，刘训练，译. 南京：译林出版社，2019：14.

② ［加拿大］艾伦·梅克辛斯·伍德. 西方政治思想的社会史：自由与财产［M］. 曹帅，刘训练，译. 南京：译林出版社，2019：14.

③ ［美］弗朗西斯·奥克利. 自然法、自然法则、自然权利——观念史中的连续与中断［M］. 王涛，译. 北京：商务印书馆，2015：101-104.

④ 参见［英］洛克. 政府论（下篇）［M］. 叶启芳，瞿菊农，译. 北京：商务印书馆，1964：18.

⑤ ［英］彼得·甘西. 反思财产从古代到革命时代［M］. 陈高华，译. 北京：北京大学出版社，2011：05.

⑥ 参见［法］卢梭. 论人类不平等的起源和基础［M］. 李长山，译. 北京：商务印书馆，1962：141.

⑦ ［法］狄骥. 宪法论（第一卷）［M］. 钱克新，译. 北京：商务印书馆，1962：153.

力弥合个人权利与社会目的强调私有财产权既是权利又是义务①。其三，立足于公民共和主义，注重公民德性与审议。与自由放任主义的进路相对立，渊源于古希腊古罗马公民德性、麦迪逊传统的公民共和主义的视野超越了个体权利，存在追求公共之善的关切②。公民共和主义可以与社群主义区分开来，前者明确强调公民身份，亦即作为一个特定政治共同体成员的身份，而后者强调的只是更一般性的社群成员的概念③。

关于财产权的配置，柏拉图的美好城邦与公社所有极富理想性；而亚里士多德的论点基本上是功利主义的：私有财产具有好的社会意义、经济意义和道德意义④。柏拉图主义或是亚里士多德主义的财产思想在思想史的长河中都有着不断的回响：其一，立足于正义诉求，关注社会公平正义或者个人自由的保全。如罗尔斯对社会公平正义的孜孜追求，对社会弱势群体怀着"高贵的同情"；诺奇克、哈耶克和艾珀斯坦等对个人财产权与自由旗帜鲜明的捍卫。其二，立足于功利计算，关注财产权效率。如科斯发现权利的界限是市场交易的基本前提⑤，清晰界定的产权制度是社会财富和效益最大化的前提条件。波斯纳的法律经济分析法学极大影响了美国财产权的司法实践，基于财产经济价值的高低来确定是否值得保护的计算成为解决财产权冲突和限制的方法，经济效率优先于公平的考虑。

理念的吸纳塑造了宪法的品格和精神气质，社会的发展变迁也促使宪法之声不断地回应。18世纪财产权被承认为人民的基本权利，私法中的财产制度更多防御私人对财产的侵犯，而作为公民基本权利的重要内容，宪法规定的财产权则主要是为了防御公共权力而存在的⑥。随着社会的发展变化，图景变得复杂，比如在美国，20世纪初期，市场经济开始感受到国家经济管制的压力，源于普通法的正当法律程序理念被最高法院用来作为反制经济管制、维护市场经济的工具，在罗斯福总统的强势压制下，逐渐转向援用非经济性人权来支持各种经济和社会的管制立法，使得公私

---

① 朱晓喆.耶林的思想转型与现代民法社会化思潮的兴起[J].浙江学刊，2008(05)：19-26.

② Paul Craig, Public Law and Democracy in the United Kingdom and the United States of America [M]. Oxford：Oxford University Press，1991：335.

③ [英]迈克·费恩塔克.规制中的公共利益[M].戴昕，译.北京：中国人民大学出版社，2014：251.

④ [英]彼得·甘西.反思财产从古代到革命时代[M].陈高华，译.北京：经济科学出版社，2011：263.

⑤ [美]科斯.企业、市场与法律[M].盛洪等，译.上海：上海三联书店，1990：51.

⑥ 《宪法学》编写组.宪法学(第二版)[M].北京：高等教育出版社，人民出版社，2020：213.

法的冲突变成了宪法权利间的冲突，开始从宪法的高度进行垂直整合。在德国，19世纪末期，俾斯麦首相为对抗马克思掀起的劳工运动而建立了社会安全体系，1919年《魏玛宪法》上规定了私有财产和契约自由的界限，劳资关系和国家管制经济、保障社会安全的义务，1949年的基本法则在反思希特勒带来的惨痛教训的背景下强化了宪法的价值色彩，更通过宪法法院的运作实现宪法对公私法制的彻底渗透①。

宪法给予不同社会功能财产权的保障具有差异性②。G. S. 亚历山大教授在论述美国和德国财产权宪法地位不对称的问题时指出，在美国，尽管法院逐渐扩大了财产价值的保护范围，但基于财富最大化或者个人偏好满足的立场，通过严格审查而获得更多保障的财产权恰恰是商业性质的；而德国基本法上的财产权是康德式自由主义传统和市民共和主义的融合物，是"多阶的"，德国法院区分了功能主要是甚至完全是经济利益的财产价值与关系到所有者作为道德个体或政治个体的地位的非经济利益的财产价值，后者作为基本的宪法价值受到保护③。在后续的研究中，亚历山大明确提出以财产社会义务替代美国财产法中居于主流地位的法律经济学分析，且认为这一替代方案具有优越性④。

(二)我国宪法对私人财产权的保护

1. 我国宪法保护私人财产权的特殊必要性

在我国，私人财产权宪法保护的确立有一个过程，对私人财产权态度存在争议。有学者总结，我国在新的历史条件下对私有财产出现了左翼激进主义和右翼激进主义两种截然不同的思潮⑤。其实这两种思潮可以作为两个极端，更多的时候，针对不同的财产类型，不同的群体抱持着不同的态度，似乎有一个调节按钮可以在两个极端之间无限滑动，组合成各种实

---

① 参见苏永钦. 寻找新民法[M]. 北京：北京大学出版社，2012：340-341.
② 参见宦吉娥. 法律对采矿权的非征收性限制[J]. 华东政法大学学报，2016(01)：41-55.
③ 参见 Gregory S. Alexander，郑磊. 财产权是基础性权利吗？——以德国为比较项[J]. 公法研究，2007(00)：413-458；胡建淼. 公法研究(第五辑)[M]. 杭州：浙江大学出版社，2007：413-458. 对财产权多阶性或二元化的较早研究，参见胡锦光，王楷. 财产权与生命权关系之嬗变[J]. 法学家，2004(04)：28-32.
④ Alexander Gregory S. The Social-obligation Norm in American Property Law [J]. Cornell Law Review, 2009, 94(04)：745-819.
⑤ 李芳. 中国宪法财产权相关问题的哲学思考——基于马克思私有财产的概念[J]. 学术研究，2013(07)：9-14.

用主义的产权形态。在自然资源领域更是这样，因为土地制度变迁与社会秩序转型息息相关，土地问题始终是社会稳定与发展的重大问题①，比如在国有建设用地领域，市场化进程早已展开，而尽管有学者指出 1988 年宪法修改规定土地使用权可以转让，这是和包产到户、大包干联系着的②，但实际上农户承包经营土地、农村宅基地、集体经营性建设用地领域对于市场的态度一直都是小心翼翼。

在此背景下，我国宪法保护私人财产权具有特殊必要性。

一方面，从历史维度看，我国产权与产权的横向关系充分发育，早在战国末期就已有"排他性产权"，并于宋朝时期建立了较为完善的"排他性产权体系"，包括所有权、使用权、分配权、继承和转让权等，甚至衍生出发达的土地金融体系，但我国产权与政权、权利与权力之间的纵向关系没有规范和厘清，政府的公权力可以随意干预、侵犯私有产权，产权相对于国家的"独立性"未能建立③。这种欠缺"独立性"的产权结构构成了我国产权制度的历史基因，相应地，宪法作为可以约束公权力的权利守护者，对于私人财产权的保护来说是特别有必要的。

另一方面，我国当前奉行的是社会主义市场经济体制，经济领域改革转型已深入推进，伴随《民法典》的颁布，横向的产权关系更加明晰、救济途径更为充分，私人财产权面临的更为紧迫的威胁反倒来自于公权力。尽管改革文件中一再强调产权制度的确立和保护，如 2003 年《中共中央关于完善社会主义市场经济体制若干问题的决定》提出要建立健全现代产权制度，2016 年《关于完善产权保护制度依法保护产权的意见》提出加强产权保护的根本之策是全面依法治国，进一步完善现代产权制度，推进产权保护法治化，坚持对不同所有制经济实行平等保护，但公权力对私人财产权的侵害依然存在，其中包括立法中存在的不作为和欠缺合宪性的问题，亟待宪法出场。在自然资源领域，奉行自然资源权属确定的国家控制原则④，国家根据不同时期的具体规制目的，直接介入、调试和推动土地物权规范体系的变革⑤，国家构建自上而下渗透与统合社会的政治经济体

①　刘守英，颜嘉楠. 体制秩序与地权结构——百年土地制度变迁的政治经济学解释[J]. 中国土地科学，2021(08)：1-14.

②　于光远. 我所知道的建国后制宪修宪经过[J]. 党的建设，2004(04)：52-53.

③　参见邓大才. 通向权利的阶梯：产权过程与国家治理——中西方比较视角下的中国经验[J]. 中国社会科学，2018(04)：42-66+205.

④　张梓太. 自然资源法学[M]. 北京：北京大学出版社，2007：57.

⑤　汪洋. 土地物权规范体系的历史基础[J]. 环球法律评论，2015(06)：17-34.

制，控制土地权利，为国家工业化进行资本积累[1]，国家支配矿产资源[2]、水资源等自然资源，为社会经济发展提供保障。从这种土壤中生出的自然资源财产权利之花实际是脆弱的，需要宪法呵护，以抵御公权力或者自然资源所有者(往往也掌握着立法的制定权或者话语权；规制的制定权和执行权)的侵害。

2. 我国宪法私人财产权保护的目的与功能

(1)从《共同纲领》到1982年宪法(未经修改版)中私人财产保护条款分析

"财产""所有权"是我国宪法性文本中使用的术语。通过对宪法性文本中财产条款布局、结构和规范内容等(详见表 3.1)的分析，可以揭示我国历来的宪法性文本对于财产的规范态度，为正确理解我国现行宪法文本关于私人财产权保护规范的含义提供历史维度的参照。

第一，从权利的来源观上看，对于财产权利持实在法权利来源观。其句式表达有二：其一，对权利的确定设定了"合法"的限定，典型条款如1954年《宪法》第11条，1978年《宪法》和1982年《宪法》沿用了1954年《宪法》的规定；其二，对权利的保护设定了"依法"的限定，典型条款如1954年《宪法》第8~10条、第12条，1982年《宪法》沿用了1954年《宪法》的规定。

第二，从权利的内容上看，确立了权利具有特定阶级内容的范畴[3]。对公共财产采用"不得侵犯"的禁止性规范与公民义务规范叠加的方式加以保护，在1975年《宪法》和1982年《宪法》中还使用了"神圣不可侵犯"的加强表达。相比较而言，私人财产权的范围受限，侧重于合法生活资料财产所有权的保护，未设置不可侵犯条款。在1975年《宪法》中仅限定为"公民的劳动收入、储蓄、房屋和各种生活资料的所有权"，具备鲜明的维护社会主义公有制和按劳分配制度的阶级色彩。私人财产权条款的社会主义品格鲜明。

第三，从权利的规范分布上看，对公民生活资料所有权及其继承权利的保护一直都放在总纲之中，未进入公民基本权利章。结合条款所载的所

---

① 刘守英，颜嘉楠. 体制秩序与地权结构——百年土地制度变迁的政治经济学解释[J]. 中国土地科学，2021(08)：1-14.

② 王小华，崔熙琳. "三资"视角下的矿业权市场建设：我国矿业权市场建设十六年回顾[J]. 中国矿业，2015(01)：75-78.

③ 韩大元. 1954年宪法与新中国宪政[M]. 长沙：湖南人民出版社，2004：438.

有制、分配制度的规范语境，可以发现私人财产权利"是主权者通过宪法和法律对共同体内部的各种资源进行分配的产物"①，并非天赋。考察规范的变迁历程，发现其与我国社会主义革命与改革的进程相契合，私人财产制度的安排，宪法对私人财产保护范围和权利人范围的划定，服务于特定历史阶段的国家任务和目标，私人财产权利的保障具有工具性，其基本权利的属性尚不明晰。以至于有学者指出制宪者不是将私人财产权作为基本权利性质加以规定，是经济制度中的所有制条款②。还有学者虽然承认其为权利，但基于"比例平等原则"，认为财产权是"非基本权利"，涉及一个社会与国家的"共荣"及机会平等原则的落实，不同于关涉到了一个社会与国家的"共存"及结果平等原则落实的基本权利③。

表 3.1　　从《共同纲领》到 1982 年《宪法》文本中财产保护条款

名称	私人财产条款	公共财产条款
共同纲领	总纲 第三条　中华人民共和国必须取消帝国主义国家在中国的一切特权，没收官僚资本归人民的国家所有，有步骤地将封建半封建的土地所有制改变为农民的土地所有制，保护国家的公共财产和合作社的财产，**保护工人、农民、小资产阶级和民族资产阶级的经济利益及其私有财产**，发展新民主主义的人民经济，稳步地变农业国为工业国。 第四章　经济政策 第二十七条　土地改革为发展生产力和国家工业化的必要条件。**凡已实行土地改革的地区，必须保护农民已得土地的所有权**。凡尚未实行土地改革的地区，必须发动农民群众，建立农民团体，经过清除土匪恶霸、减租减息和分配土地等项步骤，实现耕者有其田。	总纲 第三条　中华人民共和国必须取消帝国主义国家在中国的一切特权，没收官僚资本归人民的国家所有，有步骤地将封建半封建的土地所有制改变为农民的土地所有制，**保护国家的公共财产和合作社的财产**，保护工人、农民、小资产阶级和民族资产阶级的经济利益及其私有财产，发展新民主主义的人民经济，稳步地变农业国为工业国。 第八条　中华人民共和国国民均有保卫祖国、遵守法律、遵守劳动纪律、**爱护公共财产**、应征公役兵役和缴纳赋税的义务。 第四章　经济政策 第二十八条　国营经济为社会主义性质的经济。凡属有关国家经济命脉和足以操纵国民生计的事业，均应由国家统一经营。**凡属国有的资源和企业，均为全体人民的公共财产，为人民共和国发展生产、繁荣经济的主要物质基础和整个社会经济的领导力量。**

---

① 陈明辉.中国宪法的集体主义品格[J].法律科学(西北政法大学学报)，2017(02)：34-43.

② 参见王广辉.宪法财产权规范的经济制度性质[J].中国法律，2012(03)：13-15+72-73.

③ 参见韩秀义.诠释"国家所有"宪法意涵的二元视角[J].法律科学(西北政法大学学报)，2018(01)：47-56.

续表

名称	私人财产条款	公共财产条款
1954年宪法	总纲 第八条　国家依照法律保护农民的土地所有权和其他生产资料所有权。 国家指导和帮助个体农民增加生产，并且鼓励他们根据自愿的原则组织生产合作、供销合作和信用合作。国家对富农经济采取限制和逐步消灭的政策。 第九条　国家依照法律保护手工业者和其他非农业的个体劳动者的生产资料所有权。 国家指导和帮助个体手工业者和其他非农业的个体劳动者改善经营，并且鼓励他们根据自愿的原则组织生产合作和供销合作。 第十条　国家依照法律保护资本家的生产资料所有权和其他资本所有权。 国家对资本主义工商业采取利用、限制和改造的政策。国家通过国家行政机关的管理、国营经济的领导和工人群众的监督，利用资本主义工商业的有利于国计民生的积极作用，限制它们的不利于国计民生的消极作用，鼓励和指导它们转变为各种不同形式的国家资本主义经济，逐步以全民所有制代替资本家所有制。 国家禁止资本家的危害公共利益、扰乱社会经济秩序、破坏国家经济计划的一切非法行为。 第十一条　国家保护公民的合法收入、储蓄、房屋和各种生活资料的所有权。 第十二条　国家依照法律保护公民的私有财产的继承权。	总纲 第七条　合作社经济是劳动群众集体所有制的社会主义经济，或者是劳动群众部分集体所有制的半社会主义经济。劳动群众部分集体所有制是组织个体农民、个体手工业者和其他个体劳动者走向劳动群众集体所有制的过渡形式。 国家保护合作社的财产，鼓励、指导和帮助合作社经济的发展，并且以发展生产合作为改造个体农业和个体手工业的主要道路。 第二章　国家机构 第五十八条　地方各级人民代表大会在本行政区域内，保证法律、法令的遵守和执行，规划地方的经济建设、文化建设和公共事业，审查和批准地方的预算和决算，保护公共财产，维护公共秩序，保障公民权利，保障少数民族的平等权利。 第三章　公民的基本权利和义务 第一百零一条　中华人民共和国的公共财产神圣不可侵犯。爱护和保卫公共财产是每一个公民的义务。

续表

名称	私人财产条款	公共财产条款
1975年宪法	**总纲** 第九条 国家实行"不劳动者不得食"、"各尽所能、按劳分配"的社会主义原则。 **国家保护公民的劳动收入、储蓄、房屋和各种生活资料的所有权。**	**总纲** 第八条 **社会主义的公共财产不可侵犯。**国家保证社会主义经济的巩固和发展，禁止任何人利用任何手段，破坏社会主义经济和公共利益。
1978年宪法	**总纲** 第九条 国家保护公民的合法收入、储蓄、房屋和其他生活资料的所有权。	**总纲** 第八条 **社会主义的公共财产不可侵犯。**国家保障社会主义全民所有制经济和社会主义劳动群众集体所有制经济的巩固和发展。 **国家禁止任何人利用任何手段，扰乱社会经济秩序，破坏国家经济计划，侵吞、挥霍国家和集体的财产，危害公共利益。** 第三章 公民的基本权利和义务 第五十七条 公民必须爱护和保卫公共财产，遵守劳动纪律，遵守公共秩序，尊重社会公德，保守国家机密。
1982年宪法	**总纲** 第十三条 国家保护公民的合法的收入、储蓄、房屋和其他合法财产的所有权。 **国家依照法律规定保护公民的私有财产的继承权。**	**总纲** 第十二条 **社会主义的公共财产神圣不可侵犯。** **国家保护社会主义的公共财产。禁止任何组织或者个人用任何手段侵占或者破坏国家的和集体的财产。** 第二章 公民的基本权利和义务 第五十三条 中华人民共和国公民必须遵守宪法和法律，保守国家秘密，**爱护公共财产**，遵守劳动纪律，遵守公共秩序，尊重社会公德。

综上所述，通过对宪法本文中财产保护条款及其分布的梳理，从句式的表达、规范内容和条款的分布而言，可以发现我国宪法上的私人财产权是实证法上的权利，受限的权利，具有社会主义的品格，服务于国家目标

和共善的实现，个人财产权是否受到保障以及保障的程度，与国家采取的政策及其所蕴含的价值取向密切关联①，宪法文本对于财产，包括公共财产和私人财产保护持着一个延续稳定的非均衡保护的规范态度。

（2）现行宪法财产权保护条款的规范内涵：基于《宪法》第 13 条第 1 款、第 2 款的分析②

我国《宪法》第 13 条第 1 款规定："公民合法的私有财产不受侵犯"，仅从该条的措辞看，是采用了一种自由主义式的观念的表达③。但从体系解释的角度会有不同的结论：在宪法规范体系内部，《宪法》第 1 条第 2 款社会主义原则、大量的社会权条款、《宪法》第 51 条概括限制条款、《宪法》第 53 条爱护公共财产、尊重社会公德的义务隐含着要求私人财产承担更多社会责任的内容，蕴含辅助经济生活中的弱者，维护社会正义和社会平衡的精神。④ 总纲中基本国策与方针条款，也明确了国家发展生产力，提高人民福利水平，建立社会保障制度，同时要保护环境资源，保护名胜古迹和历史文化遗产等任务，这些任务的完成，一方面需要发挥生产资料的私有财产权"保护投资者个人和增强社会整体生产力"⑤的功能，另一方面也需要对私有财产权施加限制，而且这些限制是私有财产权人必须承受的。在宪法与部门法之间，除了强调宪法规范对部门法的控制外，同时还要吸收部门法规范所反映的社会现实以丰富宪法内涵。如果我们将目光投向财产权相关的法律规范，我们会发现部门法中已依据宪法基本国策及方针条款对国家任务的规定建立起了覆盖较全面的法群，比如对应环境保护的宪法规定，已订立了以《环境保护法》为基本法的环境资源保护法群，这些法律中明确赋予私人财产权以"生态义务""信息义务"。以此法律群为载体部分反映的社会现实的内容应该被宪法解释吸纳，否则以宪法规范整合部门法规范只是自欺之论。综上所述，我国宪法中的私有财产权承载着确保每个人合乎尊严地生存与发展的社会约束，并非自由主义下强调个人自由的财产权，同时也并非无条件服从于公共利益的需要。

《宪法》第 13 条第 2 款规定："国家依照法律规定保护公民的私有财产权和继承权。"对本款的理解，需要明确以下两点：第一，我国宪法中

---

① 王广辉. 宪法财产权规范的经济制度性质[J]. 中国法律，2012（03）：13-15+72-73.

② 本处论述部分内容参照宦吉娥. 法律对采矿权的非征收性限制[J]. 华东政法大学学报，2016（01）：41-55.

③ 张翔. 财产权的社会义务[J]. 中国社会科学，2012（09）：100-119+207-208.

④ 参见张翔. 财产权的社会义务[J]. 中国社会科学，2012（09）：100-119+207-208.

⑤ 加藤信雅教授通过文化人类学的方法得出所有权产生的原因正在于此。详见[日]加藤信雅."所有权"的诞生[M]. 郑芙蓉，译. 北京：法律出版社，2012.

的财产权是实定法上的权利，并非个人固有的、不可侵犯的自然权利。在这种实证主义概念化方法下，财产权的内容有待法律形成，① 如何促使公益的增进及维持之，以及调和其与私人的基本权利之关系，都是宪法赋予立法者的形成权。② 同时，对私有财产权的限制应受到法律保留原则的约束。第二，结合第 13 条第 1 款内容，法律对财产权内容与限制的规定仍应受到宪法的约束。立法者对财产权内容的建构，也可能构成对财产权的限制。立法者不得作出损害私有财产权本质内容的非征收性限制，即不能剥夺财产权人基于财产的享有和使用而获得的合乎尊严的生存与发展的权利。在各种不同类型的财产中，越接近于这一内核的财产受到宪法的保障密度越高，其抽象的重要性就越强，③ 在作比例原则的衡量时，就越有可能得到保护，公共利益对于私人财产权并不享有绝对的优先地位。事实上，越注重财产与人的生存与人格尊严的关联，对财产的社会关联性便越重视，单纯的经济利益受到限制的可能性越大，私人财产权反而能够获得宪法保障的坚固根基；越注重个人的财产自由，通过自由化的市场竞争追求经济利益的最大化，则越倾向于忽视经济上弱势群体或与人格密切关联但价值较小的重要财产利益，作为市场失灵的矫正，各种限制财产权的社会性、经济性规制最终也会出现。

二、自然资源财产权利落入宪法财产权保护范围

(一)宪法财产权的保护范围

从比较法的视野看，宪法所保障的财产权范围呈现逐步扩大的趋势，已经扩张至"一切具有财产价值的私法上的权利"④和某些具有财产价值的公法上的新财产权利。这种扩张既需要一定的宪法文本基础，也需要宪法

---

① 韩大元教授指出，宪法对私有财产权的保障是一种原则的确认，为保护私有财产权提供了统一的立法基础。如果没有相应的立法，财产权保护原则也会失去存在的意义。宪法修正案对私有财产权的规定是重要的，但更重要的是通过法律和制度实现财产权价值，并对财产权受侵害时给予有效的救济。参见韩大元. 私有财产权入宪的宪法学思考[J]. 法学, 2004(04): 13-17.

② 陈新民. 德国公法学基础理论(下册)[M]. 济南: 山东人民出版社, 2001: 349.

③ 何永红. 基本权利的宪法审查 以审查基准及其类型化为焦点[M]. 北京: 法律出版社, 2009: 47.

④ 参见房绍坤, 王洪平. 公益征收法研究[M]. 北京: 中国人民大学出版社, 2011: 9-15.

解释的理论和实践发挥功效，更需要政治家的远见卓识与强力推动。正如有学者指出的，要准确界定基本财产权的保护范围，需对法律上形成的保护范围和事实上形成的保护范围作出区分①。宪法对财产权保护范围的拓展过程，是宪法关注个人的生活和幸福，争取融入权力受众心灵②，实现立宪民主社会永续发展的现实主义选择的过程，同时也是"以解决政治冲突为基本功能的政治宪法向以利益协调为主要特征的经济宪法转变"③的过程。

在德国，最初宪法上受保障的财产权实为"所有权"，"所有权"的用语已在德国民法的物权篇内予以规定。基本法中采纳了扩张的财产权概念，所有具有财产价值的私权利，包括所有权、智慧财产权、债权及其他私法的权利皆可归入基本法的保障范围。在现代商业社会，"已成立且运作的"企业及营业权也被视为财产受到宪法的保护。对于公法权利，在《魏玛宪法》时代，认为是由国家依立法所产生，不具有宪法财产权保障之要件。然而，基本法公布后，联邦法院则持私法与公法上有财产价值的权利"一视同仁"加以保护的态度；联邦宪法法院则采用了公法权利有限纳入的态度，只局限于国民因自己劳务给付或资本（财产）投入而产生公法权利之请求权，避免人民随意向国家提出请求赔偿或补偿④。在澳大利亚，《宪法》第51条第31项的"取得财产"条款是宪法中财产权保护条款，同时也具有为联邦取得州和公民个人财产的权力提供依据的功能。高等法院对该条中"财产"的解释持充分拓展保护范围的态度，认为"宪法使用的语言非常清楚，它说到财产的取得。它并没有被限制在通过特定的某些方法而取得，或特定类型的利益，或特定类型的财产。它延伸到对任何财产中的任何利益的取得"⑤，"财产"的实质内容就是财产所产生的那些好

①　杜强强．基本权利的规范领域和保护程度——对我国宪法第35条和第41条的规范比较[J]．法学研究，2011(01)：3-14.

②　有学者指出，当前西方立宪主义所面临的矛盾状态的原因在于权力运行过程的功能安排与融入人民心灵之间的割裂。传统上认为，成文宪法是一种国家意志形成的机制，对权力运行中的社会政治现实是中立的，认为只要给人民一部好的宪法，他们就能按照自己的利益来使用它。实际上则难以达到这一效果。社会经济模式的精心选择需要一套相匹配的宪法权力运行机制，否则人民会疏远他们的宪法。宪法是中立的观点看起来是高度可疑的。参见[美]卡尔·罗文斯坦．现代宪法[M]．王锴，姚凤梅，译．北京：清华大学出版社，2017：114-115.

③　赵世义．经济宪法学基本问题[J]．法学研究，2001(04)：32-41.

④　参见陈新民．德国公法基础理论（下册）[M]．济南：山东人民出版社，2001：407-410.

⑤　朱应平．澳大利亚宪法权利研究[M]．北京：法律出版社，2006：96.

处，即使是部分取得"权利束"中的好处，也构成取得财产①，法律取消普通法上的"诉讼产"也构成剥夺财产②。在美国，财产权受到宪法正当法律程序条款保护，在文本语言表达上，使用的是一般性"财产权"用语。在实践中，采用实用主义的进路，权利被理解为保护重要的人类利益的工具，与思考国家基本承诺关联③，20 世纪 70 年代以后，宪法保护的财产权范围也由较狭窄的财产法上的财产拓展至包含社会福利、政府职位和经营许可等依赖国家配置的"新财产"④，突破了早期天赋的消极意义的自由权范畴的财产权保护范围。

论及我国宪法财产权保护的范围，首先需要论及受宪法保障的财产权利的私人"主体范围"和"标的"。比较历史上的宪法性文件和宪法文本，我国现行宪法使用了文义上最具有一般性和包容性的表达，使得全体公民的各类财产权利进入宪法保护的范围。借助宪法中对个体经济、私营经济合法的权利和利益的保护条款(第 11 条)、国有企业自主经营权条款(第 16 条)、集体经济组织独立进行经济活动的自主权条款(第 17 条)以及外国的企业和其他经济组织或者个人合法的权利和利益受我国法律保护的条款(第 18 条)，宪法私人财产权保护的主体范围也拓展到了经营性的企业、集体和组织，包括外资企业、其他经济组织和个人。除宪法文本以外，还需要考虑到我国立法、行政和司法在塑造财产权利中的实际情况，区分私人财产权利和财产性利益，私人财产权利属于宪法财产权保护范围，财产性利益也可能受到宪法保护，但不一定是基于宪法中的财产权，更多按照行政法律或者习惯传统处理。

表 3.2   我国宪法保护的私人财产权权利"主体范围"和"标的"的变迁

名称	财产范围	主体
共同纲领	经济利益及其私有财产	工人农民小资产阶级 民族资产阶级
	土地的所有权	农民

---

① 朱应平. 澳大利亚宪法权利研究[M]. 北京：法律出版社，2006：97.
② 朱应平. 澳大利亚宪法权利研究[M]. 北京：法律出版社，2006：99.
③ [美]凯斯 R. 桑斯坦. 罗斯福宪法第二权利法案的历史与未来[M]. 毕竞悦，高畋，译. 北京：中国政法大学出版社，2016：190.
④ Charles A. Reich. The New Property[J]. The Yale Law Journal，1964，73(05)：733.

续表

名称	财产范围	主体
1954 年《宪法》	土地所有权和其他生产资料所有权	农民
	生产资料所有权	手工业者 其他非农业的个体劳动者
	生产资料所有权和其他资本所有权	资本家
	合法收入、储蓄、房屋和各种生活资料的所有权 私有财产的继承权	公民
1975 年《宪法》	劳动收入、储蓄、房屋和各种生活资料的所有权	公民
1978 年《宪法》	合法收入、储蓄、房屋和其他生活资料的所有权	公民
1982 年《宪法》	合法的收入、储蓄、房屋和其他合法财产的所有权 私有财产的继承权	公民
1982 年《宪法》（2018 年修改）	合法的私有财产 私有财产权和继承权	公民

（二）自然资源财产权利属宪法财产权保护范围的判定

对于一项权利是否属于我国宪法财产权保护范围，有学者提出两步骤判断方法：第一步，应当审查一项权利是否含有经济利益内容。在确认一项权利具有经济价值之后，还应当在基本权利体系乃至整个宪法体系之内，继续第二步审查。在基本权利体系内，妥善处理基本权利的竞合。①在整个宪法体系之内，应考虑宪法在其他部分尤其是第一章总纲中的相关规定。本书借鉴此两步骤判断方法证明自然资源财产权利属宪法财产权的保护范围。

首先，自然资源财产权利具有经济价值，应通过第一步审查。自然资源财产价值不仅体现为资源产品所带来的直接的经济价值，依据"绿水青山就是金山银山"理论，还体现为其生态功能带来的间接经济价值，且这部分的价值具有不可替代性。当前政府对自然资源的管理已从实物管理转向资产管理，自然资源无偿使用和政府配置的范围会进一步收紧，自然资源财产权利的直接和间接的经济价值也会进一步凸显。

需要注意的是，我国自然资源财产权利的主体具有多样性，并不局限

①　参见谢立斌.论宪法财产权的保护范围[J].中国法学，2014(04)：119-132.

于个人，还包括企业、集体经济组织和其他经济组织等，自可以纳入《宪法》财产权的保护范围。但国有矿山、林草和其他国有自然资源经营主体是否可基于其自然资源财产权利防御国家侵犯尚存疑问。对此疑问，本研究认为这是一个不断演进的现实问题，是涉及国家性质与经济体制，国家经济、国防安全、社会稳定等多重因素交织在一起的复杂问题，同时也与政企分开的程度、企业组织形式以及不同所有制主体市场平等化程度密切关联，应充分尊重立法的政治形成空间①。同时也需要注意其获取自然资源财产权利的方式，如果是划拨或者无偿获取，则不具备防御功能，如果是按照自然资源有偿使用制度通过市场途径获取的，则应具备防御功能。

其次，对自然资源财产权利的干预与资源企业的营业自由权应有所区分。如果国家公权力干预的是自然资源开发利用经济组织或个人从事自然资源开发利用的经营自由，则适用营业自由权，此时虽然对自然资源财产权利人的财产权产生了限制的效果，但并不直接针对自然资源财产权利。如果国家公权力干预的是自然资源财产权利人依法享有的占有、使用、收益和处分的权能时，则应属于宪法财产权的保护范围。对自然资源财产权利的保障面向过去到现在的存续和价值，对营业自由的保障面向营业的未来期待利益。

最后，自然资源财产权利纳入《宪法》第 13 条私有财产权的保护范围之后，就具有对抗国家的防御权功能，并且不与宪法中自然资源的社会主义公有制相冲突。宪法自然资源国家所有权的规定并不是为了解决平等的资源开发利用主体之间的权益确认和冲突问题，而是具有主权宣誓、明确国体的用意，且为国家对资源权力和权利的配置提供正当性基础。就宪法与部门法关系而言，宪法可与每一部门法直接沟通，而不是只能借助"私法通道"，其沟通的方式既包括宪法直接对部门法规范内容的先在设置，也包括对立法形成自由的授予和容认，还包括广义的合宪性控制。自然资源国家抑或各层级公权力所有或支配管理的情况下，各国普遍都是通过设定行政特许或以行政合同等方式授予私人主体甚至是国家公法人主体自然资源开发利用的权利，在获得授权之后，他们作为民事主体从事民事活动，其所享有的财产权利受到财产法的保护，并在宪法财产权层面或强或弱地受到保护，以对抗国家公权力的侵害。因此，自然资源财产权利作为宪法财产权受到保护与自然资源社会主义公有制并不冲突。

综上所述，我国现行宪法保护的财产权范围是所有的具有财产价值的

<hr />

① 宦吉娥．法律对采矿权的非征收性限制[J]．华东政法大学学报，2016(01)：41-55.

财产权利，不局限于民法上的物权。自然资源财产权利具有财产价值，属于宪法财产权的保护范围。在宪法层面上关注自然资源财产权利的保护，其物权属性的证成并非紧要，是具有财产价值的财产权利即可。

三、自然资源财产权利特殊的宪法保护价值

自然资源财产权利与其他财产权利相比具有更强的社会关联性，财产的权利形态具有多样性复杂性，具有特殊的宪法保护价值。自然资源财产权利的宪法地位的考量，对于一般性私人财产权的宪法地位重新设定有启发意义，尤其是科学发展观、生态文明入宪之后，共同富裕更加强调和内涵升华，财产权利负载更多的社会义务。从财产的价值内涵而言，生态价值也具有了财产的形态。宪法对财产，既不能仅采纳美国式的以经济价值衡量为主导的功利观念，也不能仅采纳以德国式人性尊严为价值内核的位阶权利观念，而是同时具有了生态文明和社会维度的关怀。鉴于自然资源本身及其开发利用活动对个人、社会、国家乃至未来世代的多重重要性，需要强化对自然资源财产权利的保护强度，增强权利享用的品质；同时在保护自然资源财产权利的过程中，自然资源权利人也必须容忍更多社会限制，内化外部成本，公平分享资源福祉。需要实现自然资源财产权利保护与限制的双向强化，个人自然资源开发利用利益与社会利益的同向增长，迫切需要精细的宪法制度设计加以保障。自然资源财产权利特殊的宪法保护价值集中体现在以下三个方面：

（一）经济部门宪法与公益性的私人财产权利

在经济部门宪法的视域下，宪法对于财产权的保护成为观察一国宪制的着眼点。在西方国家，传统上专注于保护个体权利免受政府非法干预，但却由此很大程度上回避了牵涉公共目标的功能主义关切，所以以民主传统对于私人财产的公共维度的洞见更多地遭到边缘化或弱化[①]。现代社会，私有财产权社会化，反而易于遭到限制，是在权利位阶中处于较低密度保护基本权利。

---

① Robertson M., Liberal, Democratic, and Socialist Approach to the Public Dimension of Private Power[M]//McLean, J. (ed.). Property and the Constitution. Oxford: Hart Publishing, 1999: 246.

与普通财产相比,自然资源具有特殊性。在效用方面,自然资源通常是多功能的集合体,不同效用的功能之间往往存在竞争或互补的关系。在稀缺性方面,自然资源最显著的特征是人类增加自然资源供给的能力相对于需求的规模来说微不足道,必然导致同种功能在不同使用者之间,以及多种功能属性对同一使用者的竞争性使用。在价值形成机制方面,自然资源的再生产中人类劳动的作用和市场机制发挥的作用都是有限的,在对人类经济活动有意义的时间尺度上,自然资源的供给十分缺乏弹性①。因此,自然资源领域产权制度的生成需要一种更广义的不局限于经济价值的价值判断,同时也需要一种不局限于单独个人利益的关联性系统判断。

自然资源财产权利具有高度的社会关联性,是公益性的私人财产权利。自然资源本身的属性使其在根本上区别于一般的物,如何确定其权属不仅是权利本身的问题,对国民经济的健康发展及国家的稳定安全也会产生重大的影响。基于自然资源赋存的整体性和关联性,必须从全局的角度出发合理划定各种权利的边界。另外,有些自然资源涉及国防及国家的战略储藏;自然资源的多用途性,很多情况下对自然资源的开发利用存在生态效用与经济效用的冲突,并由此引发资源同时承载的社会公益和个人私益难以协调的问题。在自然资源权属制度的设计上,必须充分考虑传统和现实情况,确保国家决定性的控制地位②。在世界范围内,20世纪中期以后,为应对资源环境领域的系统性危机和风险,公共自然资源的范围持续扩大,排斥任何人包括国家在内对公共自然资源的排他性支配权,公共自然资源立法也因此呈现出公法和私法相结合的多元化趋势③。在我国,可持续的绿色发展与自然资源福祉的公平享益,不仅仅是资源高效利用和经济的高速增长,已成为当前自然资源资产权制度改革的诉求。

由此可见,作为私人财产权利的自然资源财产权利具有公益性。以非对物采掘类典型自然资源土地为例,土地权利的配置在人类历史上往往与政治秩序联系紧密。在西方城邦发展史中关键的立法者时代,雅典和斯巴达都经历了城邦因为财产情况变化而引发严重的内部纷争,富有的贵族阶层和贫穷的民众形成对抗之势,在这一矛盾之下,梭伦和来库古通过立法建立了各自城邦的优良秩序,而新的优良秩序建立在对土地等财产的重新

---

① 吴健. 环境和自然资源的价值评估与价值实现[J]. 中国人口·资源与环境, 2007(06): 13-17.

② 参见张梓太. 自然资源法学[M]. 北京: 北京大学出版社, 2007: 57-60.

③ 参见邱秋, 张晓京. 当代自然资源国家所有权制度发展的新趋势[J]. 湖北经济学院学报, 2011(05): 102-110.

合理分配基础上，并以此为依据，各城邦确立了各自的政治制度、民主制和混合政体①。我国历史上也同样如此，土地兼并与集中带来的民不聊生往往是王朝覆灭的前奏，而"均田地"又成为最具吸引力的革命目标。1976 年联合国关于住房的会议通过的一项决议说：土地，由于它具有独一无二的性质及其在人类定居方面所起到的关键作用，不能作为由个人控制并受市场压力与摆布的普通财产对待。出于类似的考虑，有关"山地""水""海洋""森林""矿藏矿产"等的财产制度对"总体性质的保护"都给予了关注，存在着一系列的范围与程度上各不相同的限制②。基于此，学界在关注自然资源财产权利是否能得到国家的良善保护的同时，另一种忧虑也在蔓延，如碎片化的自然资源财产权利未得到有效协调，会引发冲突，以及赋予财产性权利能够为权利主体提供一种强有力的依据用以反对减损这些权利价值的监管③。

(二)国家存续的物质基础与风险规制下的私人财产权利

"国家的本质特征，是和人民大众分离的公共权力"④，公共权力的存在，即意味着国家"是一种特殊的权力装置，能够使用越来越老练的制度性和社会的技术来控制人类行为"⑤，以应对国家生存的不稳定和国际环境中受到的外在武力威胁。

这种权力装置的运行需要借助国家法。拉德布鲁赫就曾说过，"如同雅典娜带着铠甲逃避宙斯一样，国家也一开始就披着国家法这个甲胄从历史生活的现实里探出头来，以便给其他所有法律赋予生命"⑥。通过法的方式运作之后，直接的自然资源之争就变成了法律上自然资源权力和权利之争，而这种法律上权力和权利的初始配置则由国家开展。

这种权力装置的运行，是一种特别的集体生活形式。耶利内克指出，国家是以有限地域为基础的人类个体的目的统一体。国家拥有自己的意志

---

① 参见李强. 财产权与正义[M]. 北京：北京大学出版社，2020：06.
② 参见[法]弗朗索瓦·泰雷. 法国财产法(上)[M]. 罗结珍，译. 北京：中国法制出版社，2008：78，414-421.
③ [英]艾琳·麦克哈格，巴里·巴顿. 能源与自然资源中的财产和法律[M]. 胡德胜，魏铁军，译. 北京：北京大学出版社，2014：14.
④ 马克思，恩格斯. 马克思恩格斯选集：第四卷[M]. 北京：人民出版社，1972：131.
⑤ [英]肯尼斯. 西欧的国家传统观念和制度的研究[M]. 康子兴，译. 南京：译林出版社，2015：30.
⑥ [德]拉德布鲁赫. 法学导论[M]. 米健，朱林，译. 北京：中国大百科全书出版社，1997：32.

机关，法制可以安排国家意志的形成，被视为一个人格人，这个人格人通过统一体展现出来，区别于人类个体并拥有特别权利或特别财产，国家能够出于共同的安宁和共同防御的目的使用个人的力量和财产①。斯门德则提出国家具有精神融合的本质，作为精神性、社会性现实的结构，其呈现为一种交互关系的体系，国家中的生活过程相当多的部分甚至根本性部分的意义在于不间断的自我更新，持续地赢得和团结其成员②。不论是基于国家人格体说，还是国家整合理论，国家都有了存续的正当理由和能力。而一国主权范围内的自然资源是维系该国家存续的物资储备，为了实现从资源储备向资源产品的转化，就需要进行自然资源财产权利的配置。这些资源产品可以直接用于军事战备、国防乃至维持国家机器运行的需求，也可以税收等形态间接构成国家财政的富源，为国家自身的维持运转和安全提供物质保障。

由此可见，国家不能承担自然资源领域治理失败的后果。风险社会的来临让问题变得更复杂。当前，自然资源领域的风险和不确定性在全球层面和地方层面都已显现，诸如气候变化、生物多样性减少、能源和资源的绝对与结构性短缺、资源争夺的冲突和战争等议题已不断涌现，自然资源产权制度，包括公有产权、私有产权乃至公共产权都成为应对这些风险的制度工具。私人自然资源财产权利面临国家基于风险预防而施加的诸多公法规制，成为风险规制下的私人财产权利。

（三）社会发展的物质保障与回应公平正义诉求的私人财产权利

在现代宪法发展史中，维护社会正义、扶助社会弱者的社会平衡理念不仅构成社会主义原则的宪法原旨，而且构成该原则发展变迁中始终不变的稳定内核。我国宪法所确立的社会主义原则实际上也以社会平衡理念为其规范内核。我国宪法明确规定了以促进有尊严的人类生活为目标，以社会平衡、共同富裕为要义的社会主义原则，对于整个法律体系都具有价值贯彻和规范诫命的意义③。

自然资源作为天然的富源，是社会福祉总体增量的天然物质基础，资

① ［德］格奥格·耶利内克.主观公法权利体系［M］.曾韬，赵天书，译.北京：中国政法大学出版社，2012：30-31.
② ［德］鲁道夫·斯门德.宪法与实在宪法［M］.曾韬，译.北京：商务印书馆，2019：18，24.
③ 张翔."共同富裕"作为宪法社会主义原则的规范内涵［J］.法律科学（西北政法大学学报），2021（06）：19-30.

源安全主要即是指资源经济发展和人民生活的保障程度①。但真正能够做到社会平衡、福祉共享，则依赖于自然资源财产权利的设置，只有在承认私有财产制度上，才能确保个人独立、自主、尊严以及社会经济之发展②。诺贝尔奖获得者阿马蒂亚·森在探讨免于饥饿的权利时，揭示出免于饥饿的关键是权利，而非粮食的总供给量，而一个人免于饥饿的权利来源于政治体系、经济体系和社会体系③。森的研究对理解自然资源财产权利配置对于社会主义目的达成的意义具有启发性。以土地资源和水资源为例：在工业文明时期，随着土地全面渗透到社会的各个领域，土地功能的多样化也推动着土地关系走向综合性。社会各方面都会把自身的诉求（如环境保护、人权、反贫困等）嵌入土地关系中，这就使得土地关系跨出了单纯的经济领域，向着综合性的方向迈进④。我国一直以来特别注重土地用途管制，尤其是耕地的保护，不动产法的价值目标更倾向于维持生存的合理分配⑤。水权也是国家介入水资源管理之制度，其目的系为达成水资源之效率配置，并在有计划之经营管理下，兼顾大量利（耗）用水资源之人与一般使用者间之公平性，因此水权制度本身，即带有管制大量利（耗）用水资源之行为及预防水资源利（耗）用群体过度增加水资源环境之负担的意涵存在，故水权制度之存在亦可谓系基于水权人之群体责任为前提⑥。

基于此，尽管普遍承认公法意义上的公民私人财产权的制度建构不以绩效价值为首要的价值选择，而以人权保护为要旨⑦，但是私人财产不受限制地行使显然有可能与他人正当的对尊严平等和充分社会参与上的民主期望发生抵触，对私人财产权的规制常常通过公共利益而得以正当化⑧。在我国，宪法上"私"的制度逻辑只能在"公"的框架之下才能展开，宪法

① 陈德敏. 资源法原理专论[M]. 北京：法律出版社，2011：77-81.

② 参见陈明璨. 财产权保障、土地使用限制与损失补偿[M]. 台北：翰芦图书出版有限公司，2001：03-04.

③ [印度]阿马蒂亚·森. 以自由看待发展[M]. 任赜，于真，译. 北京：中国人民大学出版社，2013：163.

④ 甘藏春. 土地正义：从传统土地法到现代土地法[M]. 北京：商务印书馆，2021：45.

⑤ 马俊驹，梅夏英. 动产制度与物权法的理论和立法构造[J]. 中国法学，1999（04）：74-85.

⑥ 辜仲明. 公课法制与水资源管理——财税法学发展之新兴议题[M]. 台北：翰芦图书出版有限公司，2009：104.

⑦ 罗亚海. 论公民私有财产权的宪法限制及其正当性[M]. 北京：中国政法大学出版社，2018：01.

⑧ [英]迈克·费恩塔克. 规制中的公共利益[M]. 戴昕，译. 北京：中国人民大学出版社，2014：17.

中诸多"公"的规定为之施加了内在和外在的限制①。自然资源财产权利已成为回应社会公平正义诉求的私人财产权利。自然资源财产权利的行使需要链接自然规律与法律规则，在人与社会的关系上保持理性，在人与自然、生命共同体的关系坚持整体主义。

四、小结：自然资源财产权利具有特殊的宪法保护价值

自然资源财产权利作为民法上财产权的一种特殊类型，具有高财产价值和高社会关联性，落入宪法财产权的保护范围。具有对抗国家的防御权功能，并不与宪法中自然资源的社会主义公有制相冲突。

自然资源财产权利与其他财产权利相比具有更强的社会关联性，财产的权利形态具有多样性复杂性，具有特殊的宪法保护价值。从经济部门宪法视角考察，自然资源财产权利为公益性私人财产权利；作为国家存续的物质基础，自然资源财产权利是风险规制下的私人财产权利；作为社会发展的物质保障，自然资源财产权利是回应公平正义诉求的私人财产权利。鉴于自然资源本身及其开发利用活动对个人、社会、国家乃至未来世代的多重重要性，自然资源财产权利负载更多的社会义务的同时，其自身的公益价值亦当认可，自然资源财产权利的保护，而不仅仅是限制，对公共利益的保障亦有重要价值。因此，需要强化对自然资源财产权利的保护强度，增强其权利享用的品质；同时自然资源权利人也必须容忍更多社会限制，内化外部成本，公平分享资源福祉。实现自然资源财产权利保护与限制的双向强化，个人自然资源开发利用利益与社会利益的同向增长，迫切需要精细的宪法财产权非征收性限制制度设计加以保障。

---

① 李忠夏."社会主义公共财产"的宪法定位："合理利用"的规范内涵[J].中国法学，2020(01)：86-105.

第四章 我国法律对自然资源财产权利非征收性限制的分析

在明确了自然资源财产权利落入宪法财产权保护的范围之后，接下来要厘清的问题是：我国法律①对自然资源财产权利作出了哪些非征收性限制，其限制内容、目的、手段及强度如何，是否设置了补偿机制。

一、自然资源财产权利非征收性限制的界定

自然资源财产权利的非征收性限制是指国家对自然资源财产权利施加的古典征收以外的各种公法限制，包括自然资源财产权利的内容形成和限制。

(一)自然资源财产权利的限制体系

从一般意义而言，权利受到限制是被普遍接受的。权利是一种意思力，旨在满足人的利益。因此，权利赋予权利人决定权，为其提供意思决定的空间，从而保障其自由领域和个人自由；从权利的目的(利益保护)出发，权利的范围和界限必须被确定，不得滥用和无限扩大②。在基本权利体系中存在位阶和功能分殊，生命权是基本前提，财产权是生存基础，

---

① 需要说明的是，由于自然资源种类多，相应的法规范体系繁杂，将各种效力层级的规范性文件中限制性规范进行全面梳理自然是最理想的状态，但囿于研究时限的约束，暂以其中最重要最源头最高效力的"法律"加以梳理，后续研究中再以此为线索向其他更低效力层级的法规范性文件拓展；另外也考虑到，其他效力层级的法规范性文件仍有"合法性"判断作为良善法治的重要保障。

② 参见参见[德]汉斯·布洛克斯，沃尔夫·迪特里希·瓦尔克. 德国民法总论(第41版)[M]. 张艳，译. 北京：中国人民大学出版社，2019：276-277.

人身自由则是逻辑起点①。

由于"社会不是以法律为基础的，这样的看法是法学的虚构。相反地，法律必须以社会为基础，必须体现由现行物质生产方法中所产生的共同利益和需要以反对单个人的任性行为"②。简单商品生产者的社会，私法的基本制度是为了稳定其生存条件；而资本主义社会，私法的辅助制度已经剥夺了物主技术上对其财产的处置权，其所有权，作为一个一般的法律假定，依然在后台隐而不显，在前台发挥作用的是特别法。当市场逻辑在较短时间内蔓延到社会生产和生活的诸多领域时，何以保证社会团结不被瓦解③，是财产权制度必须要回答的问题。国家开始积极参与经济管理，公法的辅助制度不断增加，通过直接地、有控制地且目标明地管理人与人的关系、人与自然的关系，已经成为人之主人的物就会再次服从于社会的控制，公法的辅助制度迫使私法制度背景化④。在发达的劳动力市场社会中，个体处境虽然分化出来了，但日益依赖于劳动力市场，进而依赖于教育、消费、社会法的调节或扶持、交通规则和商品供给，依赖于医疗、心理、教育的咨询和关怀等各种可能性与模式。所有这一切都指向一种特殊的控制结构，它针对"具有制度依赖性的个体处境"，并有待政治来(暗中)形塑和掌控⑤。

在此背景下，确认财产权的内在界限和公权力规定财产权的制约作用，成为现代宪法财产权制度的基本特征⑥。自然资源财富是自然基础、个人基础和社会基础⑦共同作用而产生的，公权力对自然资源财产权利的限制多种多样。本书对自然资源财产权利的限制作以下初步的划分(参见表4.1)。

① 汪进元，高新平．财产权的构成、限制及其合宪性[J]．上海财经大学学报，2011(05)：18-25.

② 马克思在科伦法院的辩护词，柏林1985年版，第15页；转引自[奥]凯尔森．共产主义的法律理论[M]．王名扬，译．北京：中国法制出版社，2004：16.

③ 李友梅．当代中国社会治理转型的经验逻辑[J]．中国社会科学，2018(11)：58-73.

④ 参见[奥]卡尔·伦纳．私法的制度及其社会功能[M]．王家国，译．北京：法律出版社，2013：270-276.

⑤ [德]乌尔里希·贝克．风险社会：新的现代性之路[M]．张文杰，何博闻，译．南京：译林出版社，2018：105.

⑥ 石佑启．论私有财产权公法保护之方式演进[J]．江汉大学学报(人文科学版)，2006(05)：73-79.

⑦ [英]霍布豪斯．自由主义[M]．朱曾文，译．北京：商务印书馆，1996：97.

表4.1 自然资源财产权利限制的体系

自然资源财产权利限制				
限制方式	古典征收	非征收性限制		
		内容形成①	社会义务	过度限制
是否补偿	补偿	不补偿	不补偿	补偿
合宪性控制	合宪性审查	合宪性推定	合宪性审查	合宪性审查

(二) 非征收性限制与古典征收

在比较法视野下，国家对公民财产权利的剥夺其正当性可以基于国家主权权能、社会连带关系以及降低交易成本等②，"古典征收"也被称为传统征收③。其主要特征为：(1) 财产征收之标的，只限于所有权及其他的物权。(2) 为了征收，所采取的法律手段是行政处分。(3) 征收私人财产权利，以公共福利为主要目的，要求必须有一个公共事业存在。(4) 征收必须给予全额补偿。④ 魏玛时代之后，负载社会义务的财产权受到公权力限制的方式日益多样化，古典征收的原理在应对实践争议时已不敷所用，"征收"超载运用，其概念反趋向混杂，以至于有了重返单纯、清晰的"古典征收"概念之呼吁⑤。

在我国，"征收"术语在宪法性文件和宪法文本中的使用具有变动性，先后采用过多种表述(详见表 4.2)，现行宪法中的征收术语是经由 2004 年《宪法》修正案确定的，之后一直未有变动。

---

① 自然资源财产权利作为特许物权，其权利内容必然包含诸如期限、区域、用途、开发利用对象和方法等限定，否则无法形成排他性，这些限定也是一种限制。这些内容需要立法、行政许可与合同加以明确，其实质是对自然资源财产权利的内容形成。

② 参见甘藏春．土地正义：从传统土地法到现代土地法 [M]．北京：商务印书馆，2021：352．

③ 毛雷尔将其称为"传统征收"．[德]哈特穆特·毛雷尔．行政法学总论 [M]．高家伟，译．北京：法律出版社，2000：664．

④ 关于公益征收概念的形成及其古典概念的兴起的梳理，参见陈新民．德国公法学基础理论(下册) [M]．济南：山东人民出版社，2001：420-422．

⑤ 早在魏玛时期，卡尔·施密特于 1929 年发表《征收概念之消逝》论文，对个案式的，完全没有系统的扩充征收的概念表示不满。基本法颁布后，杜力希 1954 年发表《重返古典征收之概念》，呼吁回到修正的古典征收概念，其修正之出在于：扩张征收之物至一切具有财产价值之权利；不要求公共事业的存在；区分财产剥夺和限制，征收是财产剥夺；主张立法征收属许可。参见陈新民．德国公法学基础理论(下册) [M]．济南：山东人民出版社，2001：431-433．

表 4.2

从《共同纲领》到现行宪法文本中的财产剥夺术语

文本名称	条文	剥夺术语	剥夺的财产	表述特征
共同纲领	第 3 条	没收	官僚资本	政治性革命话语
		改变	封建半封建的土地所有制	政治性革命话语
	第 28 条	应由国家统一经营	有关国家经济命脉和足以操纵国民生计的事业	政治性革命话语
1954 年《宪法》	第 8 条	限制利逐步消灭	富农经济	政治性革命话语
	第 13 条	征购、征用者收归国有	城乡土地和其他生产资料	规范性法律话语
1975 年《宪法》	第 6 条	征购、征用者收归国有	城乡土地和其他生产资料	规范性法律话语
1978 年《宪法》	第 6 条	征购、征用者收归国有	土地	规范性法律话语
1982 年《宪法》	第 10 条	征用	土地	规范性法律话语
	第 20 条	征收或者征用（并给予补偿）	土地	规范性法律话语
2004 年《宪法》修正案	第 22 条	征收或者征用（并给予补偿）	公民的私有财产	规范性法律话语

2004 年宪法修改后，学者们对宪法和行政法中的"征收""征用"概念作了重新界定。在行政法学界，传统上一般将征收界定为以强制方式无偿取得私人财产所有权；征用则是强制性地取得财产所有权、使用权并给予合理补偿①。2004 年宪法修改，"征收""征用"被赋予了新的内涵，部门法依据宪法做了修改。理论的重构也由此展开，如有学者提出征收是取得相对人的财产所有权；征用是取得财产使用权，均应补偿。② 另有学者提出以公益收用制度整合宪法架构下的征收征用，作为公益征收、公益征用以及公益限制的上位概念。③ 由此可见，征收概念的混杂在我国也存在。

事实上，我国在私有财产的保护和土地征收制度的规制上，走过了与西方国家不同的路径。西方国家走了一条从保护私有财产—严格限制国家的土地征收权出发，逐步向限制所有权的行使—放松土地征收权的限制的路径；而在我国，则从消灭私有制的社会革命出发，经过改革开放，确认保护私有财产的合法利益的路径。宪法授予国家土地征收权，应该是基于维护发展人民根本利益的考虑④。自然资源财产权利在社会主义公有制的支配下，其私人财产权利属性应当加以强调。基于此，本研究将"古典征收"理解为国家对公民财产及其权利的剥夺，将这种典型形态以外纷繁复杂的自然资源财产权利限制行为界定为"非征收性限制"。

(三) 古典征收与警察权、财产权社会义务

1. 警察权与准征收、管制性征收

美国宪法第 5 修正案和第 14 修正案分别许可联邦和州通过正当法律手续即可剥夺人民财产权利。依据警察权理论，警察权是联邦及各州拥有的管理人民的权力，在行使这一权力时，连带的也可以将人民的自由权及财产权等予以限制及剥夺。正当法律程序和拥有警察权成为美国联邦和州侵犯人民财产基本权利的正当化理由。早期的警察权是针对于人民基本权利"有害的行使"，不必给予任何补偿。随着社会结构的改变，国家任务范围日益庞大，国家使用警察权力，积极达成社会正义也成为必要。以至

---

① 参见石佑启. 征收、征用与私有财产权保护[J]. 法商研究，2004(03)：30-32.
② 参见石佑启. 征收、征用与私有财产权保护[J]. 法商研究，2004(03)：30-32.
③ 参见杨解君，顾冶青. 宪法构架下征收征用制度之整合——关于建构我国公益收用制度的行政法学思考[J]. 法商研究，2004(05)：39-48.
④ 甘藏春. 土地正义：从传统土地法到现代土地法[M]. 北京：商务印书馆，2021：352.

于警察权与管制被等同起来。如《布莱克法律词典》将管制界定为，依据主权者固有而又受宪法限制的警察权，立法机关和行政机关对个人自由和此产权施加限制，以保护公共安全、公共卫生、公共道德以及促进社会公共便利和普遍福祉①。

警察权急速膨胀且以"不补偿"为原则，会导致宪法财产权保障条款形同虚设，联邦最高法院对于警察权的认定对于财产权的保障至关重要。1922 年宾夕法尼亚煤炭公司案②后，法院通过对宪法征用条款的解释发展出管制性征用法，警察权与管制性征收各自的构成与区分成为关注的重点，联邦最高法院提出了多种尝试性解决方案③，然而，这一法律领域的主要特征是大量令人困惑且明显不相容的结果④，这些方案的目的在于应对急速膨胀的不予补偿的警察权对财产权利的侵害。"征收"的"公益+补偿"结构成为正当化和实现警察权的手段。

2. 财产权社会义务与准征收之侵害、类似征收之侵害

依照毛雷尔的论述，在德国，国家对财产侵害赔偿可以追溯到 18 世纪的开明专制主义先"牺牲请求权"，其作为一般法律原则、作为习惯法规则或者特别法的具体规则不断变化、延续⑤。19 世纪后半叶后，通过牺牲请求权和新制定的州宪法中的宪法财产保障确立了一个稳定的、明确界定的征收法律制度，即前文所称古典征收。

财产权社会义务是在魏玛时代开始的征收扩展的背景下出现的。德国《魏玛宪法》和基本法都规定财产权应有社会义务性，应为公共福祉需要，由立法者限制，属于不必予以补偿的、单纯的财产权限制行为。对于《魏玛宪法》，瑙曼认为其是当时最新宪法（1918 年 6 月 5 日的俄国布尔什维克宪法）的直接竞争对手⑥，瑙曼指出他想拥护的新的德意志国家既不应成为一个资产阶级个人主义的国家，也不应成为一个布尔什维克式的社会

---

① Black's Law Dictionary[M]. 5th ed., West Publishing Co., 1979：1041.
② Pennsylvania Coal Co. v. Mahon 260 U. S. 393(1922).
③ 管制性征收界定标准的演变的详尽梳理，参见刘连泰，刘玉姿等. 美国法上的管制性征收[M]. 北京：清华大学出版社，2017：8-46.
④ Joseph L. Sax, Takings and the Police Power [J]. The Yale Law Journal, 1964, 74：36-76.
⑤ [德]哈特穆特·毛雷尔. 行政法学总论[M]. 高家伟，译. 北京：法律出版社，2000：663.
⑥ [德]卡尔·施米特. 宪法学说(修订译本)[M]. 刘锋，译. 上海：上海人民出版社，2016：219.

主义国家，而应成为一个社会福利国家①。可见，财产权伴随社会义务的理念，与社会主义或者"社会国家"观有着密切联系②。

德国基本法延续了《魏玛宪法》关于财产权负有社会义务的理念，在《基本法》第14条③规定了三层次财产权保障制度。《基本法》第14条第3款规定的是应予补偿的征收。《基本法》第14条第1款和2款规定了财产权的内容形成和限制（财产权的社会义务），财产权的社会义务是不予补偿的单纯限制。按照联邦宪法法院的立场，第14条第3款中的征收，是指为了执行特定公共任务，通过特定主权法律行为，全部或者部分剥夺基本法规定的具有财产价值的法律地位的行为。④《基本法》第14条第1款规定的财产权内容和范围形成，作为一种限制，是指立法机关通过立法形成财产权内容和范围，从而原始性确立具体的主观财产权利。立法机关对财产权具体化的立法行为受到宪法《基本法》第14条第1款对私有财产的原则性确认的限制，又要遵守《基本法》第14条第2款规定的社会约束，同时还要遵守与此相关原则约束⑤。

基于财产权社会义务而实施的不附带补偿的单纯的财产权限制制度，尽管需要立法设定，但仍对于传统的财产权法秩序带来了变革。如果任由蔓延，则不利于个人自己空间乃至生存基础的保障，会使处于社会关联中的私人财产权保护被逐渐侵蚀。基于此，联邦最高法院和联邦宪法法院发展出了"准征收侵害"，准征收侵害是对财产的违法侵害，无论是从内容上还是从效果方面都可以视为征收，对该侵害如同征收那样予以补偿。此外，还存在"类似征收之侵害"，此时作出行为的依据是违反宪法的征收性法律，不适用征收补偿，对此可以请求行政法院撤销对财产侵害行为，或者接受侵害行为，到普通法院要求补偿。

---

① 参见［德］卡尔·施米特.宪法学说（修订译本）[M].刘锋，译.上海：上海人民出版社，2016：219.
② 张翔.财产权的社会义务[J].中国社会科学，2012(09)：100-119+207-208.
③ 第十四条　一、财产权及继承权应予保障，其内容与限制由法律规定之。二、财产权负有义务。财产权之行使应同时有益于公共福利。三、财产之征收，必须为公共福利始得为之。其执行，必须根据法律始得为之，此项法律应规定赔偿之性质与范围。赔偿之决定应公平衡量公共利益与关系人之利益。赔偿范围如有争执，得向普通法院提起诉讼。
④ ［德］哈特穆特·毛雷尔.行政法学总论[M].高家伟，译.北京：法律出版社，2000：673.
⑤ ［德］哈特穆特·毛雷尔.行政法学总论[M].高家伟，译.北京：法律出版社，2000：673.

3. 财产权限制与征收：扩张与分离的方案①

从比较法视角看，对财产权限制与征收的区分，大致存在"扩张的征收"和"二分法"两种不同方案。"扩张的征收"方案：承认财产权可以受到限制，在财产权过度限制时构成公用征收，公用征收虽然不同于古典意义的征收，但应当比照征收规则给予合理补偿。对于财产权的正当限制应认定为财产权的社会责任，不应给予补偿。② 这一方案也发展出了丰富的实践形态，如美国法院通过对宪法征用条款的解释发展出管制性征用法，相继采用"物理侵入""有害使用""价值减少"等判断标准区分征收和警察权，其中与采矿权相关的影响深远的重要案例是 1922 年宾夕法尼亚煤炭公司案③，该案中《科勒法》(Kohler Act)禁止任何给表层所有者造成损害的采矿行为，最高法院将该制定法视为对采矿公司利益的征收，霍姆斯大法官提出了著名的判断管制性征收的价值减少规则④，提出当管制走得太远，就会构成征收，应当给予补偿。在德国，联邦最高法院和联邦宪法法院也通过严重程度、特别牺牲、可承受度或者类似门槛的设定，逐步扩展征收的范围⑤。

"二分法"的分离方案：该方案由德国联邦宪法法院系列判决建立发展。在此方案下"征收"的概念被缩小，开启"财产权限制"之适用空间，系争管制不得导致财产权人之过度负荷，而造成不可期待性，至于是否应当补偿，则取决于财产保障与财产权之社会拘束性在个案中的衡量⑥。著名的水沙判决⑦明确宣示财产权限制与征收的分离。在该案中，联邦宪法法院认为，《基本法》第 14 条第 1 款第 2 句之内容与界限限定，并不会因为侵害强度逾越一个特定门槛，就转换成为《基本法》第 14 条第 3 款第 1 句意义下的征收；财产内容限制规定与立法及行政征收各自系属独立的机

---

① 本部分论述参照宦吉娥. 法律对采矿权的非征收性限制[J]. 华东政法大学学报，2016 (01)：41-55.
② 参见叶百修. 从财产保障观点论公用征收制度[M]. 北京：三民书局，1989：98.
③ Pennsylvania Coal Co. v. Mahon，260US 393(1922).
④ Pennsylvania Coal Co. v. Mahon，260US 393(1922).
⑤ 参见[德]罗尔夫·施托贝尔. 经济宪法与经济行政法[M]. 谢立斌，译. 北京：商务印书馆，2008：202.
⑥ 参见黄锦堂. 财产权保障与水源保护区之管理：德国法的比较[J]. 台大法学论丛，2008(03)：1-46.
⑦ BVerfGE58，300ff. 曾文远翻译，对此特别感谢。

制。财产保障(原则)维护着财产在具体所有者手中的具体存续①。故对其宪法上所保护之法律地位的剥夺只有在符合《基本法》第14条第3款所规定的条件下方能进行。在此种情形下存续保障变为一种价值保障,该价值保障旨在确立立法机关规定的赔偿给付②。有关内容限制的法律规范在其违宪时仍具有作为《基本法》第14条第1款第2句意义上之规则的法律特征,而且其并不转变为符合《基本法》第14条第3款要求的征收规范,③因此"关键在于对财产权侵害行为的形式和目的,而不是侵害行为的强度和范围"④。在"义务提交出版样品案"裁判中,联邦宪法法院在无补偿之财产权限制与补偿征收二分法之外,另外发展出"应予补偿之财产权限制"⑤。我国台湾地区学者较早时就对"不须"与"须"补偿的财产限制规定类型做了归纳,其中"不须"补偿的包括基于社会秩序维护所颁布措施以及警察法、建筑管理法、生态环保与古迹保存、地方政府"法定先买权"实施之相关规定四类,"须"补偿的包括于私人土地上架设高压电线、兴建地铁、于私人土地下采矿禁止之损失三类,指出判定财产权限制是否需要补偿的基准须与时俱进,作为财产权"社会化"的具体表征具有"从严"之势⑥。在美国,如果将准征收、管制性征收理解为警察权过度无偿限制财产基本权利的救济手段,实际上只是一种便利警察权行使,同时又适度兼顾私人财产权利的实用主义方案,存在不按照征收法理来刚性处理的空间。事实上,美国司法上的管制性征收制度并非宽泛地探讨"财产权特别牺牲"问题,而是侧重在实质、可操作的认定标准上,精细化地厘定财产权不同程度的限制及其界限⑦,超出警察权行使的财产权限制法理也在不断地丰富发展之中。

鉴于不断生长演进的权利哲学传统,不同的社会情势的需要,精微复

---

① 参见 BVerfGE 24, 367[400.];38, 175[181, 184f.]。转引自曾文元译文。

② 参见 BVerfGE 24, 367[397.];46, 268[285.]。转引自曾文元译文。

③ 参见 BVerfGE 52, 1[27f.]。转引自曾文元译文。

④ [德]哈特穆特·毛雷尔. 行政法学总论[M]. 高家伟, 译. 北京:法律出版社, 2000: 673.

⑤ 参见黄锦堂. 财产权保障与水源保护区之管理:德国法的比较[J]. 台大法学论丛, 2008(03):1-46. 关于"应予公平补偿的内容限制"案例与学理的评述, 还可参见[德]哈特穆特·毛雷尔. 行政法学总论[M]. 高家伟, 译. 北京:法律出版社, 2000: 675-678.

⑥ 参见陈明燦. 财产权保障、土地使用限制与损失补偿[M]. 台北:翰芦图书出版有限公司, 2001:19.

⑦ 佟彤. 美国司法上的管制性征收制度及其中国意义[J]. 盛京法律评论, 2021(01):133-156.

杂的法规范和政策制定与解释技巧等共同塑造了各国各具特色的财产权限制的规范与实践体系，任何截取片段的比较都会是鲁莽和片面的。本书仅从满足我国自然资源财产权利保障与限制的理论和实践建构需求的角度加以适当借鉴。上述两种方案中，对财产权的限制都受到合宪性审查，只是"扩张的征收"方案的难点在于如何区分社会约束与征收，分离方案的难点在于何时应当补偿。①

(四) 非征收性限制与征税

征税是对人民财产的免费强制剥夺，不遵循征收理念下国家强制购买私人财产的法理，受到税收法定原则以及财政宪法的约束，基于民主政治过程获得人民的概括同意而获得合法性合宪性。

纳税作为公民的基本义务，具有其不同于基本权利的独特逻辑结构和话语体系。纳税基本义务的意义不仅在于对公民纳税法律义务的宪法设定，同时作为宪法委托，构成立法者制定税收法的宪法依据，因而宪法上纳税基本义务具有不同于法律上纳税义务的本质特征和规范效力，其构成判断法律上纳税义务合宪性的标准。纳税义务的正当性基础并非基于国家对暴力的合法垄断进行的强制，而在于纳税人的同意，表现为由纳税人参与的民主机制，由税收立法的议会保留形成的征税者与纳税者之间的契约。如果没有宪法依据，法律甚至行政命令可以直接规定公民的纳税义务，征税权就会演变为缺乏制约的专断权力。因此，纳税义务法定的基础是纳税义务的宪定，税收法律保留的前提是税收宪法保留。

鉴于此，本书不将自然资源财产权利的税负问题列入非征收性限制专门探讨。但对基于自然资源有偿使用制度而支付的费用，放入自然资源财产权利的内容形成考察；对基于自然资源开发利用外部成本内部化的税费，放入对自然资源财产权利使用权能的限制中附带考察；对于调节极差收入的税收，作为对自然资源财产权利收益权能的限制附带考察；自然资源开发利用主体所负担的一般性税负则不予探讨。

---

① 需要注意的是，在一个并未明确被界定为征收之对于处分、收益权限的完全剥夺发生时，"分离观"仍无法提供清楚的归类基准，对此判决与学说又发展出以负担密度为基础的区别基准。参见 Matthias Herdegen：所有权与继承权之保障［M］//Peter Badura, Horst Dreier. 德国联邦宪法法院五十周年纪念论文集（下册）. 苏永钦 等，译. 台北：联经出版事业股份有限公司，2010：302-303.

二、非征收性限制的规范架构

(一)限制的法律载体

限制自然资源财产权利的法律载体,是由《民法典》和自然资源专门法中多重"转介条款"为沟通而建立起来的动态规范群。《民法典》将海域使用权,探矿权,采矿权,取水权和使用水域、滩涂从事养殖、捕捞的权利,土地承包经营权,建设用地使用权,宅基地使用权等自然资源财产权利规定于用益物权章,明确了其用益物权的属性和权利类型,同时又规定了"依法取得""依法享有"的转介条款,表明这类用益物权不独遵守《民法典》的约束,同时也指向了其他法律的约束。其权利取得和内容形成仍待自然资源专门立法的规定。此为一重转介。

《民法典》第 326 条对用益物权人行使权利做了"应当遵守法律有关保护和合理开发利用资源、保护生态环境的规定",并针对建设用地使用权专门做了"应当符合节约资源、保护生态环境的要求,遵守法律、行政法规关于土地用途的规定",表明所有用益物权的行使都需要遵守法律中资源合理利用和保护生态环境的规定,同时建设用地使用权还特别明确了"节约资源"和"用途管制"的要求。用益物权人权利的行使受到法律中资源保护和生态环境保护法律的约束,使得有关保护生态环境和合理开发利用资源的法律规定引入民法秩序中来,从而"转介"公法行为规范成为物权权能的"限制"①,此为二重转介②。

当我们将目光流转至自然资源专门法时,又发现这类法规侧重资源开发利用行为的规范,其又设定了"依法"开发利用自然资源的转介条款,从而将更为广泛的规制措施引入该类自然资源开发利用行为的规制之中,诸如安全生产与劳动保护、生态环境保护、公共卫生健康、产业政策、公共管理措施、国防公共设施保护等,此为三重转介。

由此,本书在中国人大网查询到全部现行有效法律目录及文本,在现行有效的 295 件法律中,甄选出 86 部与自然资源财产权利限制相关的法

---

① 参见苏永钦.寻找新民法[M].北京:北京大学出版社,2012:335.

② 民法学者对绿色原则的阐释,解释了转介条款发生作用机理。参见高圣平.民法典物权编的发展与展望[J].中国人民大学学报,2020(04):19-29.

律。这些法律经由上述"转介条款"的表面引致,从而粗糙拼合构成一个动态的规范群(详见图4.1),其中包含众多对自然资源财产权利的限制性规范。这些限制性规范置身于不同历史时期颁布的针对不同资源门类法律之中,有着较明显的部门立法诉求和价值倾向,尚未适应自然资源整体性治理的时代需求,有必要以"自然资源财产权利"整体作为限制的对象,对这些规范进行系统梳理,考察我国法律对自然资源财产权利限制的实况。

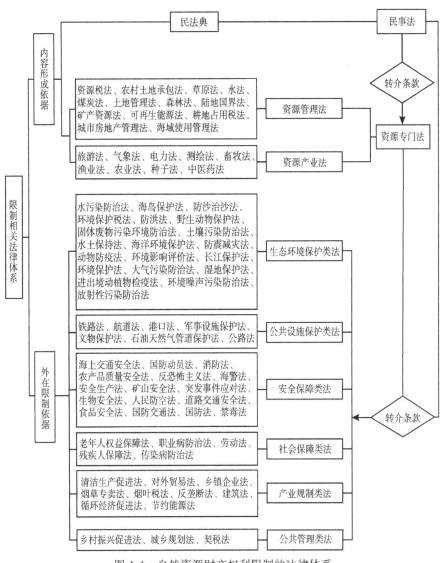

图4.1　自然资源财产权利限制的法律体系

(二)限制条款的识别

如上文所述，与自然资源开发利用相关的法律众多，条款数量颇巨，如何识别出这其中的非征收性限制条款，有必要加以交代。

第一，排除征收条款。我国现行法律中，征收可以用于两种含义，其一是本书中所指的古典征收意义上的征收，是基于公共利益目的，对公民财产权利的剥夺，同时附带补偿。我国《宪法》中规定了对土地的征收和对公民私有财产的征收。法律中也依照土地与财产二分，确立了征收法律制度。包括：《民法典》第117条、第243条、第244条、第327条、第338条，涉及对土地，包括承包地的征收，私有财产的征收，用益物权因不动产征收、征用而消灭或影响使用时的补偿；以及《草原法》第38条、第39条，《森林法》第21条，《土地管理法》第2条、第35条、第45~49条、第51条、第79条、第80条，《农村土地承包法》第17条，《煤炭法》第18条，《城市房地产管理法》第9条，《农业法》第71条，《社会保险法》第96条，《军事设施保护法》第14条，《铁路法》第36条，《电力法》第16条，《国防法》第51条等。这些条款属于征收脉络中的限制条款，在梳理时均加以排除。其二是传统行政法上使用的"征收"概念，即行政主体根据公共利益的需要，依据法律、法规的规定，以强制方式无偿取得行政相对人财产所有权的一种具体行政行为，涉及对税费的收缴。对此，需要区别对待，其中，在自然资源有偿出让环节征收的出让收益，是国家出让自然资源使用权的"对价"，本书将其放入内容形成加以考察；附带于环境、安全等社会规制措施的各种基金、费用、成本支出等的征收，本书将其作为相应的规制工具加以考察。其他税收条款在梳理时加以排除。

第二，自然资源财产权利的非征收性限制与自然资源财产权利人的其他权利义务条款的区别。对自然资源财产权利的限制是针对自然资源的占有、使用、处分与收益等权利的限制，以及财产权内容形成及行使中所需要具备的各项条件。在梳理时排除法律针对一般主体设置的义务条款，比如针对"任何组织和个人"的限制条款，同时排除法律对自然资源财产权利人其他基本权利限制的条款，比如营业自由、平等权、职业自由等，仅聚焦于自然资源财产权利的取得与行使。比如，矿业管制中的行业准入、企业设立、竞争、经营等环节的各种管制及通行的企业税收等不在本研究的讨论范围。

第三，不预先在规范层面抽象区分采矿权内容形成、社会义务和过度限制。鉴于自然资源财产权利内容形成有限制性因素，而社会义务与过度限制之间的区分均需要在个案加以判断，所以暂作为非征收性限制一并列出。

(三)限制条款的规范形式

法律对自然资源财产权利限制的规范形态包括：权利内容的形成规范；权利行使的限制规范，具体包括原则性规范、禁止性规范、义务性规范、附条件使用规范，与禁止性规范和义务性规范配套的法律后果规范，也需要加以考察。此外，对于国家公权力干预公民基本权利的授权性规范也应当纳入考察范围，原因在于，这种授权性规范为公权力干预公民基本权利提供了限制规范形成或者限制具体行为的指引，可能产生限制公民基本权利的实际后果。法律针对公民的倡导性规范也会对公民基本权利产生影响，只是干预影响的程度较弱，如果倡导性规范附加了相应的法律后果，则也应当作为限制规范加以考察，本书中暂不涉及。鉴于原则性条款通常都由法律规范加以贯彻，所以在探讨限制内容时，本书以禁止性、义务性和附条件性条款为关切。

法律采用规范形式的不同，会影响到法益减损的计算方法，间接影响到限制程度。禁止性规范多会涉及自然资源财产权利人法益的减损，一般较易确定；义务性规范多会增加自然资源权利人的成本，具有叠加性、持续性、变动性，通常不易核算。此外，法律也采用激励性措施对资源开发产生影响，一般而言并不构成财产权限制，但这种补贴设置资源的分配，如果法律变动，导致财政补贴、税收优惠、政府采购规模、价格等减少或降低，可能会令自然资源权利人产生其财产权保障的诉求①，只是本书中暂不涉及。法律对政府部门的规制授权性规定，实际上导致了政府管制自然资源财产权利的可能性和合法性，在本书中一并列出。在本书所整理的条款中，法律责任条款与义务性、禁止性条款并非一一对应，有些禁止性、义务性条款缺少法律责任条款，有些则援引其他法律中的罚则，法律责任条款的设置能反映出法律对自然资源财产权利限制的态度，欠缺法律责任条款的禁止性条款、义务性条款对自然资源财产权利的限制程度较弱，仅就财产权而言，行政法律责任中以停业、关闭、吊销权证为最重，

---

① 新能源领域已发生的案例，如德国联邦宪法法院 2009 年作出的关于《再生能源法》判决（BVerfGE122，374），该案中《再生能源法》在 2008 年修正后，宪法诉愿人应得补贴减少，已运转的生物质能电厂无法生存，便以《基本法》第 14 条第 1 项规定的基本权遭到侵害，并以《基本法》第 12 条第 1 项基本权当作备位理由，提出针对该修正法第 19 条第 1 项的假处分申请。详见司法院大法官书记处. 德国联邦宪法法院裁判选辑(十五)[M].台北：司法院，2014：39-55.

刑事法律责任则以没收财产为最重。

三、非征收性限制的目的、内容与手段

法律对自然资源财产权利的限制性规范可以分为两大类：第一类是自然资源财产权利的内容形成规范。法律规范对自然资源财产权利的生成条件和内容塑造本身即是对自然资源财产权利的内在限制。鉴于自然资源财产权利超出了其他私人财产权利，同时还具有自然资源公有制支配的制度基因和公益属性，法律对其内容形成有着更多基于公益目的限制性考量。"必须体现私益-公益平衡、效率-公平平衡、物权化-社会平衡"①。其法律依据具体包括作为权源的民事法规范，以及含括自然资源管理法和产业法的自然资源专门规范。第二类是自然资源财产权利的外在限制性规范，其中包括自然资源财产权利社会义务规范，同时也有可能存在对自然资源财产权利的过度限制乃至侵害规范。这些外在限制施加的目的可粗略地分为资源保护和利用、生态环境保护、系统性安全保障、公共设施和财产保护、社会保障、经济发展与产业结构优化、公共管理目标实现等。其限制内容可大致分为六类，即内容形成限制，综合性限制，对占有、使用、处分及收益权能的限制。

(一)限制目的

1. 基于立法目的条款的规范实证分析

我国法律中普遍设立立法目的条款，在甄选出的86部规定有自然资源财产权利限制条款的法律中(详见表4.3)，设置了立法目条款的法律共有83部，仅《资源税法》《契税法》《烟叶税法》3部法律未设置立法目的条款。鉴于立法目的条款是立法者用规范化的语句专门用来表述整个法律文本之目的的特定法条形式，具有明确立法活动的方向选择，作为立法论证的有效途径，作为法律解释的重要标准，以及作为公民守法的规范指南等重要功能，② 本书通过对上述83部条款的立法目的条款进行整体分析，以此作为判断这一法律集群对自然资源财产权利限制的目的的规范依据。

① 张牧遥. 国有自然资源特许使用权研究[M]. 北京：中国社会科学出版社，2018：161.
② 参见刘风景. 立法目的条款之法理基础及表述技术[J]. 法商研究，2013(03)：48-57.

表4.3 立法目的条款列举目的项的数量统计

目的项数	0项	2项	3项	4项	5项	6项	7项	8项	9项	10项
法律名称	契税法 烟叶税法 资源税法	食品安全法 传染病防治法 铁路法	矿产资源法 煤炭法 石油天然气管道保护法 环境影响评价法 防震减灾法 进出境动植物检疫法 耕地占用税法 环境保护税法 中医药法 农产品质量安全法 公路法 航道法 电力法 海警法 国防法 老年人权益保障法 国防交通法 人民防空法 反恐怖主义法 海域使用管理法 禁毒法	水法 农村土地承包法 城市房地产管理法 长江保护法 海岛保护法 陆地国界法 城乡规划法 放射性污染防治法 防沙治沙法 矿山安全法 防洪法 安全生产法 海上交通安全法 消防法 建筑法 旅游法 节约能源法 循环经济促进法 乡村振兴促进法 劳动法 职业病防治法 港口法 测绘法 残疾人保障法 国防动员法	草原法 湿地保护法 环境保护法 大气污染防治法 水土保持法 道路交通安全法 动物防疫法 渔业法 突发事件应对法 文物保护法 军事设施保护法 烟草专卖法 反垄断法 对外贸易法 乡镇企业法 专利法 黑土地保护法 野生动物保护法	森林法 可再生能源法 土地管理法 海洋环境保护法 固体废物污染环境防治法 噪声污染防治法 土壤污染防治法 气象法 清洁生产促进法 青藏高原生态保护法	水污染防治法 生物安全法 黄河保护法	畜牧法	农业法	种子法
总计	3	3	21	25	18	10	3	1	1	1

　　立法目的条款以"为""为了"作为标识语词，引领出按次序排列的若干"目的"规范语句，排列的顺序一般反映出立法者对于若干"目的"的次序考量，排列越靠前，其越重要和直接。因此，本书在对规范文本进行分析时，不仅考虑法条所列举目的的内容，同时还考虑其所处位置。

　　通过统计，可以发现立法目的条款列举目的项的数量从 0～10 项不等，其中 4 项、3 项和 5 项的法律数量依次排名前三，分别占 86 部法律总数量之比为 29.1%、24.4% 和 20.9%，三项总计占比 74.4%。由此可见，立法目的一般具有多重性，且以 3～5 项目的为常态。这表明在这一立法领域，立法者考虑了多元价值诉求，会面临价值衡平的难题，同时也意味着在对限制条款作合宪性判断，适用比例原则审查时，其限制条款目的正当性审查因为有立法目的条款的明文支持，会较容易通过审查。

　　在对目的项的数量做了分析之后，接下来结合位次来分析目的的具体内容（各部法律立法目的的排列位次及内容梳理详见附录2）。本书以排在第一位次的目的为例加以分析，排在第一位次的目的可以大致分为 9 类，其具体内容和分布情况如图 4.2 所示。具体而言：

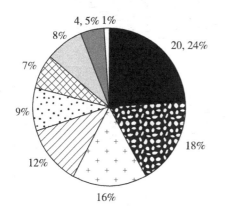

图 4.2　第一位次立法目的内容及规定法律数量分布

　　第一，以生态环境保护和与之密切关联的污染和自然灾害防治为第一位次立法目的的法律共 20 部，在所有包含自然资源财产权利的限制规定的法律中占比最大，初步表明立法基于生态环境保护的目的，对自然资源财产权利施加的限制为最主要和重要的限制领域。其规定的方式既包括整体性规定"加强保护"或者"保护和改善"环境或者生态环境，也包括针对某一环境要素或者生态系统的保护，如湿地、青藏高原生态、黄河流域及长江流域生态环境、野生动物、海岛及其周边海域生态等。防治的污染和公害则包括噪声污染、放射性污染、土地沙化、水土流失、地震、洪水等。此外还包括"促进"清洁生产。

第二，以保障安全为第一位次立法目的的法律共有 15 部，涉及国家、国防安全(5 部)，安全生产(2 部)，预防减少火灾(1 部)，预防、控制和消除职业病危害和传染病发生与流行(2 部)，预防和减少突发事件(1 部)，防范和惩治恐怖活动和毒品违法犯罪(2 部)，食品和农产品安全(2 部)。

第三，以加强管理为第一位次立法目的的法律有 13 部，其中"加强管理"的对象和领域包括土地、海域使用、城市房地产、城乡规划、建筑活动、港口、公路、海上交通、测绘、动物防疫活动，其中针对公路还包括"加强建设"的目的；"规范和保障"的是海警机构履行职责；"规范和加强"陆地国界工作；"实行"烟草专卖管理。

第四，以资源保护和利用为第一位次目的的法律有 10 部，涉及的资源门类包括草原、水资源、煤炭资源、可再生能源、渔业资源、种质资源、土地资源(包括专门保护的黑土地资源)、能源，需要特别注意的是，法律针对不同门类的自然资源使用了不同的动词，且有排序的先后，表明立法者的倾向性选择。从重保护到重利用的语词表达方式依次如下："保护"(黑土地资源)；"保护、建设和合理利用"(草原)，保护、增殖、开发和合理利用(渔业资源)，保护和合理利用(种质资源)，合理开发、利用、节约和保护(水资源)，合理开发利用和保护(煤炭资源)，合理利用(土地资源)，促进开发利用(可再生能源)。此外还规定了推动全社会节约能源、促进循环经济发展。这些规范用语的差异，实际上决定了立法对财产权利生成的空间，同时也决定了限制的可能性，一般而言，越重开发利用的资源门类，越可能形成产权，越重保护的资源门类，其开发利用将负载更多的生态义务。

第五，以产业和经济发展为第一位次立法目的的法律共有 7 部，需要"发展""巩固和加强""继承和弘扬""扩大"的包括矿业、农业、中医药、对外开放；"扶持和引导"乡镇企业持续健康发展；"规范"畜牧业生产经营行为；"预防和制止"垄断行为。

第六，其他立法目的。

以合法权益保护为第一位次目的的法律有 6 部，其所保护的对象包括旅游者和旅游经营者、劳动者、老年人、残疾人、专利权人。

以公共财产、公共事业和设施的保护为第一位次目的的法律有 7 部，保护对象包括石油、天然气管道，文物，军事设施，铁路运输和铁路建设，航道的规划、建设、养护、保护，发展气象事业和电力事业。

以理念、战略与体制的贯彻为第一位次目的的法律有 4 部，所实施的战略包括可持续发展战略、乡村振兴战略，所践行的理念包括绿水青山就是金山银山的理念，所巩固和完善的是以家庭承包经营为基础、统分结合的双层经营体制。

以维护秩序为第一位次目的的法律有 1 部，即为了维护道路交通秩序。

2. 限制目的类型化的学理思考

经过梳理，发现对自然资源财产权利作出限制性规定的法律中，立法目的规定繁杂多样，自然资源法治实践追求多元立法目的的实现。为达至这些目的，必不可少的是以权益保障为关切的合法性考量和以提高政府效能为核心的最佳性考量，只有两者形成互动与循环，才能实现法治政府与善治政府的耦合①。由此可见，多元目的最佳化达成极为重要，基于此，对立法目的条款进行逐法逐条考察后，还需进行整体性的类型化思考，有利于同向或者异向目的②的整体性观察和协调，同时便于为自然资源财产权利非征收性限制的合宪性分析形成较为程式化的目的正当性判断依据。本研究将立法目的分为三个大的类型：

保护公益。通过对目的条款的梳理，可以发现现行法律对自然资源财产权利的公益限制目的包括：第一，生态环境法益的保护，包括生态环境保护、污染防治和自然灾害防治。事实上，基于环境保护的需要而对物权制度进行的限制，已被视为物权制度不可或缺的重要组成部分。早在 20世纪 80 年代，马世骏、阳含熙、张树中等著名环境学者和生物学者联名呼吁保护自然环境和自然资源是刻不容缓的大事，认为社会主义制度创造了从整体和长远利益统筹国民经济发展的最大可能③。在德国，其《联邦自然保护法》及各州的自然保护法（如 1995 年 3 月 29 日之《巴登-符滕堡

---

① 朱新力，唐明良.法治行政与政府"善治"的互动与耦合[N].法治日报，2007-04-29；朱新力，唐明良.法治政府建设的二维结构——合法性、最佳性及其互动[J].浙江学刊，2009(06)：138-146.

② "同向目的"是指终极价值诉求一致，但针对对象有种属差异的目的群，比如环境保护、生态环境保护与某一环境要素或局域生态系统的保护，都属于对生态环境法益的保护。"异向目的"是指价值诉求不同但针对同一法律关系领域的目的群，比如针对矿业开发领域的效率与安全的目的。

③ 马世骏，阳含熙，张树中，郑作新.保护自然环境和自然资源是刻不容缓的大事[J].经济管理，1980(10)：28-29+39.

州自然保护法》)对在自然保护区和风景保护区内土地所有权的行使方式作了具体限制,"但自然保护行政机关所采取的对所有权的干预措施,有可能是如此强烈,以至于所有权之存在,仅徒有虚名(亦即仅为裸权),故而,此时成立应进行赔偿的征收;比如宣布一森林为自然保护区,并禁止任何经营性的使用"。① 在水资源领域,德国《水生态平衡法》之前,所有权人若为自用而引水、提高水位、排放废水等目的用水,仅在已考虑到下游人、上游人以及对岸人的利益时才允许行使。但该法施行后,所有权人以及沿岸居民使用水资源都带有极其重大的限制,即不得对水的性质,作有害之变更,不得严重减少水流量,等等。② 第二,自然资源保护和合理利用目的。合理利用自然资源是宪法层面的义务,也是环境保护法律层面的义务。当前,自然资源对可持续发展的制约性越来越强,经济发展的速度对自然资源提出的要求超出它所能持续供应的能力。③ 立法设置加强对自然资源保护和利用的目的具有必要性。已有学者通过研究证明,构建并加强法治建设在生态建设中的嵌入水平能够有效地提升生态治理的效率,同时,降低法治建设的成本也能够成为效率提升的重要保障。④ 需要注意的是,自然资源财产权利人依法所承担的自然资源保护和合理利用义务,会与自然资源财产权利人对所有者的义务⑤产生竞合,使这一目的具有双重正当性论证理由。此外,基于安全保障,秩序维护,强化管理,经济的可持续发展,公共财产事业和设施保护,理念、战略与体制的贯彻等目的因与国家任务和目标契合,也易于认可为公共利益。

衡平私益。主要体现在权益保护和产业发展领域。对于自然资源开发利用领域存在冲突的基本权利,国家基于对其中一方的保护义务而限制另一方的基本权利,其实质是国家对私人法益的衡平。比如限制矿业权人的财产权,为其设置劳动安全保障的经济负担,以保障矿业从业人员的生命健康权利。此时国家对于矿业从业人员的生命健康权利的保护义务强于对

① [德]鲍尔/施蒂尔纳.德国物权法(上册)[M].张双根,译.北京:法律出版社,2004:572-573.
② 参见[德]鲍尔/施蒂尔纳.德国物权法(上册)[M].张双根,译.北京:法律出版社,2004:607.
③ 谢高地,甄霖,鲁春霞,章予舒,肖玉,曹淑艳,刘春兰.中国发展的可持续性状态与趋势——一个基于自然资源基础的评价[J].资源科学,2008(09):1349-1355.
④ 刘纪鹏,许恒,杨璐."绿水青山就是金山银山"的福利经济学思考——从法治嵌入视角的分析[J].林业经济,2019(09):24-33.
⑤ 李显冬,唐荣娜.论我国物权法上的准用益物权[J].河南省政法管理干部学院学报,2007(05):99-104.

矿业权人财产权的尊重义务。新时代，我国社会的主要矛盾是人民日益增长的美好生活需求与不平衡、不充分发展之间的矛盾。这就意味着，为了实现国家经济与社会发展的目标，国家对分配正义负担着更为紧迫的职责。

防范风险。法律对自然资源财产权利限制的实质是公法规制，其功能除了衡平法益、保护公共利益外，还包括风险防范。尽管政府规制已经存在了几个世纪，但是在资本主义国家有关规制的法律和规划的迅速发展是从 19 世纪晚期开始的。规制的发展在某种程度上是由于城市化、技术的迅速发展、非人格化以及现代化导致的环境恶化，产生了大量因伤害和不公正导致的新风险。与之同步的是，科学的发展也促进规制的增加，因为科学能够提供有关风险的知识，特别是关于不可见的风险。但关于风险的知识并不会自动产生新的规制措施，从这个角度来看，规制是强烈的政治需求与政府对这些需求所作回应的产物①。在立法目的条款中，风险防范目的的标识语词是"防"，共计出现了 44 次，分布于 36 部法律之中，采用的规范用语包括"防""防治""预防""防御""防止""防控"，其所防范的风险主要包括环境污染和其他公害、各类事故、违法犯罪、公共卫生和健康、国防安全等风险，集中规定于生态环境类和安全保障类（包括应急）法律之中。

最后需要说明的，本书仅针对现行有效的法律作了平面化的静态文本梳理，实践中，立法目的的侧重会有隐性或者显性的变迁。因此，对目的及其优先位次的理解还有更为复杂的时间维度，需要结合个案，同时参照该法律的配套法规进一步判断。

(二)限制的内容和手段

基于现行法律规范，按照自然资源财产权利的权能和限制的规范方式，分以下六类分析限制的内容和方式：

1. 自然资源财产权利的内容形成

前文第一章论述了宪法规制下自然资源财产权利的形成机理，其中法律的静态规定发挥着重要的赋权功能，同时也具有限制功能。决定了何种自然资源以何种方式由何者获取，权利人是否需要支付对价，是否需要登

---

① [美]罗伯特·A. 卡根. 规制者与规制过程[M]. 刘毅，译. 北京：北京大学出版社，2011：231.

记，以及获得何种权利（权益）和是否具有期限。由此可见，内容形成对于财产权人享有权利的机会、内容和期限的明晰都至为关键，把自然资源财产权利的内容形成作为自然资源财产权利的内在限制，接受宪法层面对基本权利限制之限制约束极为必要。

我国现行有效的法律中，除《民法典》明确财产权类型外，对自然资源财产权利内容形成之条款还分布于 25 部相关法律之中，详见表 4.4。这些法律规范对自然资源财产权利的获取方式、权利主体、是否有偿、权能内容、期限乃至登记等做了或详尽或简略的规定，塑造了自然资源财产权利。除自然资源所有权私人取得的禁止外（林木除外），其限制性规定都针对各类自然资源使用权，主要包括以下方面：

第一，对获取方式、权利主体和权能的限制。尽管《土地管理法》将土地使用权的主体规定为"单位和个人"，具有普遍性，但土地财产权利的取得和取得主体具有较为鲜明的城乡差别，城市建设用地使用权产权形态完备，交易便利，对具有保障性的农村土地承包经营权、宅基地使用权以及农村经营性建设用地使用权等则有着较为严格的取得主体限制，非集体经济组织成员和户对农村土地承包经营的权利受到严格的用途限制，相应地，这些集体土地上的土地使用权权能多不完备，特别是处分权能受到较严格限制。除了城乡差别外，不同所有制主体获取自然资源财产权利的方式和资格也存在差别对待的情况，主要集中在矿产资源领域，包括能源矿产领域，私人主体对矿业权的获取受到较多禁限。

第二，期限的限制。自然资源财产权利具有期限性，如根据《农村土地承包法》规定，承包经营权的期限分别为，耕地 30 年，草地 30~50 年，林地 30~70 年，届满后可以再相应延长；《海域使用管理法》规定了按照用途确定海域使用权最高期限的制度①，并采用了申请续期制。其他诸类自然资源财产权利也分别有法定的最高期限、许可使用或者约定的实际期限，提前收回和续期等制度。期限制度对自然资源财产权利的限制在实践

---

① 第 25 条规定："海域使用权最高期限，按照下列用途确定：
（一）养殖用海十五年；
（二）拆船用海二十年；
（三）旅游、娱乐用海二十五年；
（四）盐业、矿业用海三十年；
（五）公益事业用海四十年；
（六）港口、修造船厂等建设工程用海五十年。"
第 26 条规定："海域使用权期限届满，海域使用权人需要继续使用海域的，应当至迟于期限届满前二个月向原批准用海的人民政府申请续期。除根据公共利益或者国家安全需要收回海域使用权的外，原批准用海的人民政府应当批准续期。准予续期的，海域使用权人应当依法缴纳续期的海域使用金。"

中引发诸多争议，特别是在续期环节，如城市住宅用地到期后自动续期是否应当免费①，闲置土地收回与公益性收回竞合如何处置②，矿业权续期审批与矿业权退出联结使用是否侵犯矿业权人利益③等。不能成功续期或者不能以合理的对价续期，实质上关系到自然资源财产权利的存续保障和核心价值保障，应当受到合宪性审查。

表4.4　　　　　　　自然资源财产权利内容形成条款

序号	法律名称	内容形成(表中数字为条款序号)					获取的权利（权益）
		获取方式	是否有偿	权能	期限	登记	
1	土地管理法	10,13,41,44,53,54,60,62,39	55	2		12	承包经营权 建设用地使用权 农村经营性建设用地使用权 宅基地使用权 土地使用权(总称) 未利用的土地开发者的合法权益
2	矿产资源法	3,16,18	5	6		12	探矿权 采矿权
3	草原法	10,13,14,26,40		12,15		11,48	草原使用权 草原临时占用权 新草品种 草原投资建设者的合法权益

---

① 相关讨论参见王利明. 我国民法典物权编的修改与完善[J]. 清华法学，2018(02)：6-22；杨立新. 住宅建设用地使用权期满自动续期的核心价值[J]. 山东大学学报(哲学社会科学版)，2016(04)：27-34；洪丹娜. 宪法视阈中住宅建设用地使用权自动续期的解释路径[J]. 法学论坛，2017(04)：132-140；赵哲，贾薇，沈栋荦. 城市土地使用权续期问题探讨[J]. 中国土地，2016(07)：23-24；叶剑平，成立. 对土地使用权续期问题的思考[J]. 中国土地，2016(05)：30-34；房绍坤，唐冉. 新《土地管理法》的进步与不足[J]. 东岳论丛，2019(10)：110-118+191.

② 相关讨论参见高飞. 建设用地使用权提前收回法律问题研究——关于《物权法》第148条和《土地管理法》第58条的修改建议[J]. 广东社会科学，2019(01)：239-247；渠滢. 双重补偿责任下的国有土地上房屋征收补偿范围重构[J]. 河北法学，2018(05)：107-116；陈小君. 宅基地使用权的制度困局与破解之维[J]. 法学研究，2019(03)：48-72；高慧铭. 闲置土地收回制度研究 基本权利滥用的视角[J]. 中外法学，2019(06)：1617-1629；王磊. 论我国土地征收征用中的违宪问题[J]. 法学评论，2016(05)：23-29.

③ 相关讨论参见赵淑芹，刘树明，唐守普. 我国矿业用地退出机制研究[J]. 中国矿业，2011(10)：1-5；董延涛，那春光，侯华丽，王传君. 自然保护区等禁采区内矿业权处置问题研究[J]. 矿产保护与利用，2016(02)：9-14；张博，利广杰. 自然保护区内矿业权退出面临问题及对策[J]. 中国矿业，2017(04)：1-3+27.

续表

序号	法律名称	内容形成(表中数字为条款序号)					获取的权利 (权益)
		获取方式	是否有偿	权能	期限	登记	
4	森林法	16,17, 20,43		18,51		15	林地和林地上的森林、林木的所有权、使用权 林地承包经营权、林木所有权 林地经营权、林木所有权和使用权 林木所有权 林木收益
5	水法	7,39,48	48,55				取水权 河道采砂权
6	农村土地承包法	3,5, 13~54		8,10, 16,17	21	24	土地承包经营权
7	城市房地产管理法	13,15, 42,43, 48,49, 50	16	32,18	3,14, 8,22	3,36	土地使用权 土地使用权抵押权
8	海域使用管理法	3,16~18, 20,22,32	21,33~36	23,27	25,29	6,19	海域使用权 填海形成土地的使用权
9	渔业法	11,12, 16,24					水域、滩涂使用、养殖许可权 捕捞许可权 水产新品种
10	防沙治沙法	26,34		28(2)			沙化国有土地使用权 沙化集体土地使用权 沙化土地治理者的合法权益
11	石油天然气管道保护法	38		38			抢修作业使用他人土地
12	乡村振兴促进法	12					农村新产业、新业态、新模式和新型农业经营主体权益

续表

序号	法律名称	内容形成(表中数字为条款序号)					获取的权利（权益）
		获取方式	是否有偿	权能	期限	登记	
13	湿地保护法	20		26		18	湿地临时占用权 符合湿地保护要求的生态旅游、生态农业、生态教育、自然体验等活动,适度控制种植养殖等湿地利用益
14	海岛保护法		31				无居民海岛开发使用权
15	野生动物保护法	21,22,23,25,28,29					野生动物、人工繁育野生动物出售利用 国家保护野生动物特许猎捕 有重要生态、社会、科学价值的陆生野生动物和地方重点保护野生动物狩猎 持枪狩猎权
16	长江保护法	28					长江流域河道采砂权
17	黄河保护法	50,69					取水许可 黄河流域采砂许可
18	青藏高原生态保护法	43					生态产品经营开发权益
19	黑土地保护法	25					社会资本投入黑土地保护活动的投资者合法权益
20	农业法	10					农村承包土地使用权
21	种子法	13,15~23,25~29,30					主要农作物品种和主要林木品种植物新品种权
22	畜牧法	21,48,49					畜禽新品种、配套系培育者的合法权益 特种畜禽养殖者的合法权益 养蜂生产者的合法权益
23	城乡规划法	38					国有土地使用权
24	电力法	48					开发水能资源的权益 利用太阳能、风能、地热能、生物质能和其他能源进行农村电源建设的权益

续表

序号	法律名称	内容形成（表中数字为条款序号）					获取的权利（权益）
		获取方式	是否有偿	权能	期限	登记	
25	专利法	25					动物植物品种生产方法的专利权

（需要注意的是，表格中将一些尚不构成私人财产权利的受法律认可的财产权益也一并列出）

2. 自然资源财产权利的其他非征收性限制（社会义务和过度限制）

（1）综合性限制

综合性限制对自然资源开发利用提出了整体性要求，通常包含各种预实现目标的列举和衡平，规制自然资源开发利用的各个环节。综合性限制所采用的规范形式是禁止性或者义务性规范，其中义务性规范占绝大多数。这类限制通常较为概括、缓和，原则性较强，且一般并未匹配责任条款，而是由其他法律规范加以具体贯彻落实。具体限制条款详见表4.5。

表4.5　　　　自然资源财产权利综合性限制条款及规范形式

序号	法律名称	综合性限制条款及规范形式		
		禁止性	义务性	授权性
1	土地管理法		3，10	
2	矿产资源法	3(2)		
3	草原法		10(2)	
4	森林法		3，15(3)	
5	水法	28	4，6，20	
6	城市房地产管理法		5	
7	长江保护法		3	
8	黄河保护法		3，82	
9	海岛保护法		23	
10	城乡规划法		4	
11	安全生产法		4	
12	海上交通安全法		7	

序号	法律名称	综合性限制条款及规范形式		
		禁止性	义务性	授权性
13	电力法		5(1)	
14	动物防疫法		7	
15	建筑法	5	5	
16	旅游法		4	
17	食品安全法		2(2)	
18	乡村振兴促进法		19(2)	61
19	航道法		3	

（注：表中括号里的数字表示款数）

（2）对占有权能的限制

法律对自然资源财产权利占有权能的限制，是指法律对自然资源开发利用水域、土地空间区域管领和控制的限制。除了单纯限制管领和控制特定作业区域外，鉴于自然资源开发利用很多情况下必然伴随对特定作业区域的占用，对占有权能的限制往往会和对使用权能的限制结合在一起，法律表达为对"占用"的限制，此种情形下，本书将其放入对使用权能的限制中。现行有效法律中对自然资源财产权利占有权能限制条款详见表4.6。

现行有效的法律中，共有39部法律规定了自然资源财产权利占有权能限制条款，其规范形式主要为禁止性规范，配合附条件性规范和义务性规范，另有少量的授权性规范。禁止性规范主要是针对特定区域设置了进入、控制或者管领的禁令，排除了自然资源财产权利人对该区域的占有；附条件性规范则是某些特定情形下禁令的例外，允许达成一定条件时可以进入使用该区域，通常是需要通过许可或者具备危险排除的条件等；义务性规范则是为权利人进入使用该区域设定了负担。例如，《渔业法》第29条规定了"水产种质资源保护区"，该保护区的设置排除了任何单位和个人进入其中从事捕捞活动的权利，其例外在于获得"国务院渔业行政主管部门批准"。授权性规范则是赋予国家机关管制某一区域的权力，从而相应就排除了自然资源权利人占有该区域的权能，例如，《反恐怖主义法》第61条即赋予负责应对处置的反恐怖主义工作领导机构在特定区域内实施空域、海（水）域管制的应对处置措施。

表 4.6　　　　　自然资源财产权利占有权能限制条款及规范形式

序号	法律名称	占有限制条款及规范形式				罚则		处罚种类
		禁止性	义务性	附条件性	授权性	条款	设置比例①	
1	矿产资源法	17,19(2),33		20		39	50%	责令停止开采;赔偿损失;没收采出的矿产品和违法所得;罚款;刑事责任
2	草原法	34,47,49	47			67	33.3%	责令停止违法行为,没收非法财物和违法所得;罚款;赔偿责任
3	森林法	37(1)		37(1、2),52		无	0%	无
4	水法	43(4)			36	72	50%	责令停止违法行为,采取补救措施;罚款;治安管理处罚;赔偿责任
5	煤炭法	50		52		60,62	100%	动员拆除;责令拆除;责令停止作业;罚款;赔偿责任
6	湿地保护法	19(2),34(3、4),35(3)	19(3)	19(4),34(3、4)		52,56,57	100%	责令停止违法行为;限期修复湿地或者采取其他补救措施;责令限期补种;限期清理;没收违法所得;罚款
7	长江保护法	26,27(2),61(2)		22,27(2、3),61(2)	61(1)	88,84	50%	责令停止违法行为;限期拆除并恢复原状给予警告;罚款;责令关闭

①　罚则设置比例是指一部法律中,表格列明的在该法中设置了罚则的条、款在表格列明的条款总数中的百分比。其中款仅指单列出来的款,记作 1 条,含在完整法条中的款不另计,该法条整体计做 1 条。比例越高则整体上反映立法者对该类限制所要达至的目的越重视,对自然资源财产权利规制越趋向于严格,但具体的限制程度则要考量行为模式与惩罚手段的对应关系以及惩罚手段的类别。本表中只有在本法中设置责任条款或者明确指示适用其他法律的罚则才被认定为设置了罚则。百分比数保留到小数点后一位。

续表

序号	法律名称	占有限制条款及规范形式				罚则		处罚种类
		禁止性	义务性	附条件性	授权性	条款	设置比例	
8	黄河保护法	25(3),26(2),30(2),32(2),34(3),35(1),36(3),67(1),69(2)		25(2),35	26(3),32(2)	109,110,118	66.7%	责令停止违法行为;限期拆除或者恢复原状;采取补救措施;罚款;强制拆除或者代为恢复原状;责令关闭
9	黑土地保护法	21(1)	21(2)			31,33	100%	罚款;转介条款依土地管理等有关法律法规的规定从重处罚
10	青藏高原生态保护法	21(2),26(3),32(2),45(2)		32(2)		54,55,56,57	100%	转介依照有关法律法规的规定从重处罚;停止违法行为;责令改正,没收违法所得和直接用于违法开采的设备、工具;限期拆除并恢复原状;罚款;强制拆除或者代为恢复原状
11	野生动物保护法	13(2)	13(2)	13(3)		46	100%	转介条款依有关法律法规处罚
12	海岛保护法	28,37(2、3)	37(5)	37(2)		47,50,51	100%	责令停止违法行为;没收违法所得;罚款;治安管理处罚
13	陆地国界法				24	无	0%	无
14	石油天然气管道保护法	13(1),26(1),29,30,32,33(1)	31	13(2),33(2),35,36		52,53	50%	责令停止违法行为;罚款;限期拆除;组织拆除,费用承担
15	环境保护法	29				无	0%	无
16	海洋环境保护法	39,44(2)		23		97,98,99	100%	责令限期改正和采取补救措施;没收其违法所得;责令退出;罚款;责令停业、关闭、拆除

续表

序号	法律名称	占有限制条款及规范形式				罚则		处罚种类
		禁止性	义务性	附条件性	授权性	条款	设置比例	
17	固体废物污染环境防治法	21				102	100%	责令改正;罚款;没收违法所得;责令停业或者关闭
18	噪声污染防治法	35(2)	35			74	100%	责令停止违法行为;罚款;责令关闭
19	土壤污染防治法	50(2),61(2)				50	50%	限期关闭拆除
20	水污染防治法	64,65,66(1),67	66(2)		63	65,66,84,91	80%	责令停止违法行为;责令限期拆除;责令拆除或者关闭;罚款;强制拆除,费用承担;责令停产整治
21	防沙治沙法	22				43	100%	行政处分
22	水土保持法	17(2),20(1)	24		20(2)	48,49	66.7%	责令停止违法行为;没收违法所得;责令采取退耕、恢复植被等补救措施;罚款
23	防洪法	16(3),35(3)		16(3)	16(1,4)	无	0%	无
24	消防法				45(2)	62,64	100%	拘留;罚款;治安管理处罚
25	道路交通安全法		28(2)			106	100%	排除妨碍;罚款;强制排除妨碍,费用负担
26	海上交通安全法	44,48(2)			48(1)	103,105	100%	责令改正;罚款;暂扣船员适任证书;吊销船长、责任船员的船员适任证书
27	渔业法	29				45	100%	责令立即停止捕捞;没收渔获物和渔具;罚款
28	畜牧法	40				无	0%	无
29	农产品质量安全法	21(2)				66	100%	责令停止违法行为;没收农产品和违法所得,并处罚款

续表

序号	法律名称	占有限制条款及规范形式				罚则		处罚种类
		禁止性	义务性	附条件性	授权性	条款	设置比例	
30	文物保护法	17		17		66	100%	责令改正;罚款;吊销资质证书
31	军事设施保护法	18,23		18(1),23		53,54	100%	给予警告,责令离开,没收渔具、渔获物;责令停止兴建活动,责令限期拆除
32	港口法	37				55,56	100%	责令限期改正;强制拆除,费用承担;罚款;责令停止违法行为,限期消除隐患;强制消除,费用承担;刑事责任
33	公路法	44(1),46,47(1),56(1)	56(3)	44(2),56(1)		76	100%	责令停止违法行为;罚款
34	铁路法	46(1,3),52		46(2)		46	100%	责令停止建设活动,限期恢复原状或者责令采取必要的安全防护措施;责令限期迁移或者修剪、砍伐;赔偿
35	电力法	11(2),53(2)	53(3)	54		61,68,69	100%	责令强制拆除、砍伐或者清除;责令停止作业、恢复原状并赔偿损失;责令限期改正;强制清除障碍
36	海警法			25		73	100%	治安管理处罚
37	测绘法		43前段	43后段		64	100%	警告;责令改正;罚款;给予处分;赔偿责任;刑事责任

续表

序号	法律名称	占有限制条款及规范形式				罚则		处罚种类
		禁止性	义务性	附条件性	授权性	条款	设置比例	
38	气象法	20				35	100%	责令停止违法行为,限期恢复原状或者采取其他补救措施;罚款;担赔偿责任;追究刑事责任
39	反恐怖主义法				61	91,92	100%	罚款;拘留

(注:表中括号里的数字表示款数)

对占有权能的限制手段主要为:其一,禁令和特定区域管制,以"禁止性规范"或者"禁止性规范+义务性规范"的规范形式加以规定。这是主要的限制手段。立法关注的区域种类繁多,大致可以分为:自然资源和生态保护区域,国防、交通和公共设施区域,公害危险区域,安全作业区域等。对不同区域管制范围和程度存在差异,其中最为严格的手段是单纯禁令,完全禁止进入。其二,许可,以附条件规范形式加以规定。许可主体包括国家公权力主体或者是具有优势的区域管领控制主体,通常是掌控自然资源的国有企业。对国家公权力主体而言,其行政层级越高,表明限制程度越严格。其三,行政强制。以授权性规范赋予相关机关处置权力,通常是为了应对紧急状况、恐怖犯罪等。这些限制手段的采用使得自然资源财产权利人无法进入作业区域,从而无法施展后续的开发利用行为,属于不利的负担,对自然资源财产权利人的财产权存续和价值保障均存在实质性影响,应当受到合宪性审查。

(3)对使用权能的限制

法律对自然资源财产权利使用权能的限制,是指法律对自然资源权利主体利用自然资源的对象和范围、方式方法工艺、设施设备、强度效率、期限,以及由此利用直接产生的产品的质量、产量等的限制。现行有效的法律中,共有76部法律规定了自然资源财产权利使用权能限制条款,详见表4.7,其规范形式主要为禁止性规范、义务性规范、附条件性规范和授权性规范。这类对使用权能的限制在所有对自然资源财产权利的限制内容中占比最大,限制手段复杂多样。

表4.7　自然资源财产权利使用权能限制条款及规范形式

序号	法律名称	使用权能限制条款及规范形式				罚则		处罚种类
		禁止性	义务性	附条件性	授权性	条款	设置比例①	
1	土地管理法	14（4），35，37（2，3），38，40（1）后段，62（1）后段，65	4（4），26（2），30（2），37（1），40（2），43，56，64，70	40（1）前段，44，57，59，66	31，52，58	74~78，81~83	58.8%	责令限期改正或者治理；限期拆除；没收违法所得；责令缴纳复垦费；罚款；责令退还非法占用的土地；责令交还土地；刑事责任
2	矿产资源法	35（2）	14，22，25，26，27，29~32，37	15	13	39，44	30.8%	责令停止开采；赔偿损失；没收产品；没收违法所得；罚款；吊销采矿许可证；刑事责任
3	草原法	16（4），46，49，54（2），55前段	22（2），33（1），35（1），36，46，50（2），51，52，59	40（1），41，48（2），50（1，3），55后段		65，66，68，69，70，73	42.9%	停止违法行为；限期拆除；限期恢复植被；没收非法财物；没收非法所得；赔偿；退还草原；罚款；刑事责任；纠正或者处罚措施（授权省级人大规定）

① 罚则设置比例是指一部法律中，表格列明的在该法中设置了罚则的条，款在表格列明的条，款总数中的百分比。其中款仅指单列出来的款，计作1条，含在完整法条中的款不另计，该法条整体计作1条。比例越高则整体上反映该类限制所要实现的目的越重视，对自然资源财产权利规制越趋向于严格，但具体的限制程度则需考量行为模式与惩罚手段的对应关系以及惩罚手段的类别。本表中只有在本法中设置责任条款或者明确指示适用其他法律的罚则才被认定为设置了罚则。百分比数保留到小数点后一位。

续表

序号	法律名称	使用权能限制条款及规范形式				罚则		处罚种类
		禁止性	义务性	附条件性	授权性	条款	设置比例	
4	森林法	22(4),32,36,39,40	35(4),38(2),61,65前段	38(1),49,55~60	46	73~77,79,81,82	58.8%	责令停止违法行为;责令限期完成;限期恢复植被和林业生产条件;没收违法所得;罚款;费用承担;代为履行;刑事责任
5	水法	34(1),37,40,57(2)	21,26(2),27,31,35,38,49,51,53,61	19,25(2,3),34(2),40(2)	36后段	65~68,71	50.0%	责令停止违法行为;责令停止使用;限期改正;限期清除障碍或者采取其他补救措施;限期拆除,恢复原状;限期恢复原状;强行拆除,费用负担;罚款
6	煤炭法	5,24(1,2),29(2)	7,8,9(2),11,17,18(1,2),19,22(1),23,24(1),25,26,33,34,36,37,38,55(2)	20		57,58,63	14.3%	责令限期改正;责令停止生产;责令停止作业;没收违法所得;罚款;损失赔偿;治安管理处罚;刑事责任

续表

序号	法律名称	使用权能限制条款及规范形式				罚则		处罚种类
		禁止性	义务性	附条件性	授权性	条款	设置比例	
7	可再生能源法		17,27	13(2,3)	11	无	0	无
8	农村土地承包法	11(1)后段	18,11（1）前段,50(2)			63,64	66.7%	依法惩罚;赔偿
9	城市房地产管理法		25,26,27		26	无	0	无
10	湿地保护法	28,30（1,2,4）,35（3）,39(3)	21(1),25(2),30（2）,32,42（1）,43,44,(1),47	25(3)	16	53~55,58~62	45.5%	责令停止违法行;限期修复湿地;采取其他补救措施,没收违法所得;责令改正;代为履行;罚款;责令停产停业整顿;刑事责任;生态损害赔偿
11	长江保护法	25,28（2）,42（3）,49,51（3）,53(1),55(2),53(3),56,58(2)	21（2）,29,31,46（2）,48,59（2）,66(1)	20(2),23(1),27（2,3）,47(1),47(3)	44,53(4)	84~87,89~94	40%	责令改正;责令停止违法行为;没收违法所得以及用于违法活动的船舶,设备,工具;责令限期捕回;限期拆除并恢复原状;责令停业整顿;吊销许可证;责令关闭;罚款;费用承担;侵权责任;生态损害赔偿;刑事责任

续表

序号	法律名称	使用权权能限制条款及规范形式				罚则		处罚种类
		禁止性	义务性	附条伴性	授权性	条款	设置比例	
12	黄河保护法	25(3),41(2),42(3),54(1),55(2),67(2)	27,35(2,3),37(3),52(3),53(2),55(3),62(2),66(2,3),67(2),70(2),77(2),78(2),81(2),86(2),98(3)	25(2),76(1)	53(2)	110~120	85%	责令停止违法行为;责令改正,给予警告;限期治理;代为治理或者采取补救措施;责令限期采取补救措施;拆除;责令限期安装;责令限期捕回;代为捕回或者采取其他措施;拆除,违法所得以及用于违法活动的渔船,渔具和其他工具;限期拆除违法建筑物,构筑物或者恢复原状,强制拆除或者代为恢复原状;罚款;吊销取水许可证;侵权责任;承担修复责任,赔偿损失和相关费用;刑事责任
13	青藏高原生态保护法	19,26(3),39(2)前段,40(2),46(3,4)	13(1),17(2),22,24(2),33(2),34(2),37(2),38,46(1,3,4)	39(2)后段		54,56,59,60	38.5%	依照有关法律法规的规定从重处罚;责令改正,没收违法所得和直接用于违法开采的设备,工具;罚款;损害赔偿;刑事责任

续表

序号	法律名称	使用权能限制条款及规范形式				罚则		处罚种类
		禁止性	义务性	附条件性	授权性	条款	设置比例	
14	黑土地保护法		17,18(1),19(1)			31,35,36,37	33.3%	转介依照有关法律规的规定从重处罚;依法治理修复,赔偿损失;不予发放耕地保护相关补贴;刑事责任
15	野生动物保护法	12(3),15(4),20,21(1),24(1),26(1),28(1),31,32,33,38	23(1),25(4),26(1),27,28(2,3,5,6),30,34,37(2),38,40(2),41	21(2),22,23(2),25(2,3),29(1,2),37,40(1),43	12(2),25(6),26(2),28(6),36,44	27,45~59	64%	转介依法承担责任;处分;责令停止违法行为;没收野生动物及其制品,违法所得;收没猎获物,猎捕工具和违法所得,吊销特许猎捕证;责令限期改正;责令关闭经营场所;吊销人工繁育许可证,撤销批准文件,收回专用标识;责令限期捕回或者采取取消降低影响的措施,责令承担费用;记入社会信用记录;治安管理处罚;罚款;刑事责任
16	海岛保护法	16(2),22,24(1),26,28,33(2)后段,34,35,38(1)	24,25,26,30(1),32,33(2),35,42	24(1),27,29,30(2,3)		45~49,54,55	50.0%	依照《海域使用管理法》的规定处罚,依照《海洋环境保护法》的规定处罚;责令停止违法行为;责令改正;没收违法所得;罚款;民事责任;刑事责任

续表

序号	法律名称	使用权能限制条款及规范形式				罚则		处罚种类
		禁止性	义务性	附随性	授权性	条款	设置比例	
17	海域使用管理法	24（1），28前段，31（2）	4（1），24（2），29（2），40（2）	24（1），28后段		46,47,49	33.3%	责令限期改正，给予警告；责令限期拆除；代为拆除，承担费用；没收违法所得；罚款；注销使用权证书，收回海域使用权
18	城乡规划法	35	32（1），33，43，44（2），45（2），53（2）	38（2），40（1，2），41，43（1），44（1），45（1）		64~67,69	40%	责令停止建设；限期改正；责令限期补报；责令限期拆除；罚款；没收实物或者违法收入；刑事责任
19	石油天然气管道保护法	12（2）	7，10，14（2），16~20，26（2），27，37，39（1，2），44~47,49	12（1），13（3），49（1）		50,55,57	31.6%	责令限期改正；罚款；处分；民事责任；刑事责任
20	环境保护法	42（4），46，49（2）前段	6，24，30，34，35，40（3），41，42（1，2，3），43，44（1），47（1，3），48，49（2后段，3），55，56（1）	19,45	15（2），16（2），25	59~64,69	23.8%	罚款；责令其采取限制生产，停产整治等措施；责令停业，关闭；责令停止建设；责令恢复原状；责令公开；治安管理处罚；侵权责任；刑事责任

续表

序号	法律名称	使用权能限制条款及规范形式				罚则		处罚种类
		禁止性	义务性	附条伴性	授权性	条款	设置比例	
21	海洋环境保护法	27(2),30(3), 33, 49, 51, 52, 62(1)	6, 11（2）, 12（1,2）,13（2）, 17(1),18(4), 19(2), 26, 28（3）, 29, 30（4）, 32, 34, 35, 36, 37, 40, 44, 46, 48(1), 50, 51, 54, 63, 64, 65, 70(1), 72	25, 28（2）, 30（3）, 33（2）, 43, 47, 48, 67, 70(2)		73~77, 79,80, 82~85, 87~89	42.1%	予以警告;责令限期改正;责令其停止生产或者使用;停止建设项目运行;责令停止违法行为,限期改正或者责令采取限制生产,停产整治等措施;排除危害;责令恢复原状;赔偿责任;没收违法所得;处分;罚款;暂扣或者吊销许可证;责令停业,关闭
22	环境影响评价法		3, 16（2）, 17, 21, 24, 26, 27前段	25	27后段	31,32	50%	责令停止建设;罚款;责令恢复原状;处分

续表

序号	法律名称	使用权能限制条款及规范形式				罚则		处罚种类
		禁止性	义务性	附随性	授权性	条款	设置比例	
23	固体废物污染环境防治法	20(2),33(3),36(2),57(3),65(3)	5(2),17,18,20(1),26(1),29(2),33(2),36(1),38,39(2),40,41,42(1),63(1,2),65(1,2),78,79,85,86	39(1)		102～104,107,109～113,118～120,122,123	75%	责令限期采取治理措施;责令改正;代处置,承担费用;罚款;没收违法所得;限制生产,停产整治;责令停业;责令关闭;拘留;损害赔偿;治安管理处罚;民事责任;刑事责任
24	噪声污染防治法	35(2),43(1)	9,22,25,26,27(3),29(1),36(1),38,40,41(1),42,	24,36,43	15(2),33	71～78,86,87	31.3%	责令改正;责令暂停施工,责令限制生产,停产整治;责令停业,关闭;责令关闭;罚款;民事责任;刑事责任;治安管理处罚
25	放射性污染防治法	42(3),43(4),46(2,3)	11(3),12,13,16,17,30(1),31,32,33(1),35(1),36,37,39,40,41(1),42(1,2),45	30(2),34,35,(2)		49～51,54～56,59	70%	责令限期改正;责令停止违法行为,限期补办手续或者恢复原状;责令停止违法行为,限期改正;代处置,承担费用;罚款;民事责任;责令停产停业;刑事责任

续表

序号	法律名称	使用权能限制条款及规范形式				罚则		处罚种类
		禁止性	义务性	附条件性	授权性	条款	设置比例	
26	土壤污染防治法	24(2),28(1),30(1),31(4),33(2),66(3)	4,19,21(2,3),22,23(2),28(3),30(2),33(1),44,45(1),46,47,56,57,62,64,65,67,77(2)	18,59,60	12(2),63,78	87~89,91~96,98	67.9%	责令改正;代履行;罚款;没收违法所得;侵权责任;刑事责任
27	水污染防治法	10,21(2),33,34(1),37(1,2),38,39,40(2),43,46,47,58(2),59(3,5),65,75,62(3),65,75前段	14(3),19(3),22,23(1),24(1),29(3),30,32(2),34(2),35,36,37(3),40(1,2),41,42,45,46,48,54,56(3),57,58(2),59(1,2,3,5),60,62(1,2),75后段,76~78,79(2,3)	19(1,2),21(1)	12(2),13,14(2),20(4),69,73,74	81~83,85~89,93~96,101	54.8%	责令改正;责令限期改正;责令限期治理;罚款;责令限期整改;责令停产整治;责令停业、关闭;责令关闭;责令限制生产,停产整治;责令船舶临时停航,代履行;损害赔偿责任;刑事责任;拘留;刑事责任

续表

序号	法律名称	使用权能限制条款及规范形式				罚则		处罚种类
		禁止性	义务性	附条件性	授权性	条款	设置比例	
28	大气污染防治法	20（2），26，27（4），33（2），38（2），74（2），77	7，20（1），24（1），25，27（3），29，33（1），34（2），35（2），45，47，48，49，69，70，72，74（1），75，78（2），79，80	18，19	38（1），96	98～102，107，108，115，116，117，119，121，122，123，125，127	96.3%	责令改正;责令改正或者限制生产,停产整治;停工整治或停业整治,责令停业,关闭;罚款;没收违法所得;治安管理处罚;车辆不得上道路行驶;侵权责任;刑事责任
29	防沙治沙法	17（1）	6，10（1），17（3），25（1），28（1），29，30	21，22（2）	31	39～42	30%	责令停止违法行为;限期治理;赔偿损失;罚款;收回国有土地使用权
30	水土保持法	18，21	18（2），19，20（1后段），22，23，24，27，28，32（1，2），34（2），35，36，37，38，41（1），45	25，26		50～58	66.7%	责令停止违法行为;责令限期改正,采取补救措施;责令停止使用;责令限期治理;代履行;没收违法所得;责令限期缴纳;罚款;民事责任;治安管理处罚;刑事责任

续表

序号	法律名称	使用权权能限制条款及规范形式				罚则		处罚种类
		禁止性	义务性	附条件性	授权性	条款	设置比例	
31	防震减灾法		24(1),35(1,3),38,39,46(3),67(2)	24(2),35(2)	69	84,85,87,91	42.9%	责令停止违法行为,恢复原状或者采取其他补救措施;责令限期改正;罚款;赔偿责任;刑事责任
32	矿山安全法	29(1)	3,7,8(1,2),9,10,11,12,15,20,26,27,28,29(2),30,31,36,37,38,39	8(1),12(2)		40~44	50%	责令改正;责令限期改正;责令停产;责令停止生产;责令限期改进;罚款;责令停产整顿;责令停止生产;责令停止施工;行政处分;责令停业;吊销其采矿许可证和营业执照
33	防洪法	22(2,3),23,25	4(1,2),13(2),17(1),20(2),22(1,4),27(1),28(1),33(2,3),49(2)	17(2),23(2),25,27,33(1)	26	53,55,56,57,58,61	50%	责令停止违法行为,补办审查批准手续;责令限期清除;责令停止违法行为,恢复原状;代为恢复或补救措施,费用由承担;采取补救措施;罚款;治安管理处罚;刑事责任

续表

序号	法律名称	使用权能限制条款及规范形式				罚则		处罚种类
		禁止性	义务性	附条件性	授权性	条款	设置比例	
34	安全生产法	36(3),38(3)	11(2),20,23,24,27～32,34(1),35,36(1,2,4),39(2),40,41(1,2),43,44,45,47,51,66,81,82	34(2),37	38(2)	93,94,95,97,98,99,100～102,108,109,110,113,114,116	76.9%	责令改正;责令限期改正;责令停产停业整顿;职业禁令;予以关闭;吊销证照;罚款;拘留;刑事责任;赔偿责任
35	生物安全法	34(1),39(2),60(3),	23(2),25(1),34(2),35,37,39(1),58(1)	38,58(2)	26	74,75,78,79,80,81,82	60%	责令改正,没收违法所得,给予警告;责令停止违法行为,没收违法所得,技术资料和用于违法行为的工具,设备,原材料等;活动禁令;吊销许可证件;吊销相关执业证书;罚款;责令停止研究,开发活动;民事责任;刑事责任
36	道路交通安全法		32(2),33(1)	32(1)		104	50%	责令停止违法行为,并恢复原状;罚款;赔偿责任

续表

序号	法律名称	使用权能限制条款及规范形式				罚则		处罚种类
		禁止性	义务性	附条件性	授权性	条款	设置比例	
37	海上交通安全法	52	9（3），11，20，22，30（1），33，35，36，48（2），50，51，74（1）	9（1），26（1），48（1），49	19	95，96，100，102，103，105，106，115，116	66.7%	责令改正;罚款;代履行;暂扣证书;吊证书;没收伪造、变造证书、文书;没收船舶
38	消防法		9，13，22，23	11，12，21(1)	45	58,59,72	50%	责令改正或者停止施工;责令停止施工、停止使用或者停产停业;罚款;刑事责任
39	动物防疫法	29,43(2)	17,19（4），23，24,27,31（1），43(1),55,56	25,49(1,3),50(1,2),51,54	21(3),32	92～95,97,98,99,100,108,109	29.4%	责令改正,采取补救措施,没收违法所得、动物和动物产品;责令限期处理;代为处理,费用承担;罚款
40	进出境动植物检疫法	5(1,2)	9(2),20	5(3),10		39,40,42	75%	罚款;吊销单证;刑事责任
41	建筑法	54	11～14,36～41,44～48,52(1)	10,7,8,42,49	30(2)	64,69,70,72,74	17.4%	责令改正;罚款;责令停业整顿,降低资质等级或者吊销资质证书;返工、修理、赔偿损失;刑事责任

续表

序号	法律名称	使用权能限制条款及规范形式				罚则		处罚种类
		禁止性	义务性	附条件性	授权性	条款	设置比例	
42	渔业法	13,19,30(1),31(1),34,37	20,25,31(2),32,35	17,26,29,31(1后段)	28	38,42,44	15.4%	责令立即停止经营;没收渔获物和违法所得;没收非法制造、销售的渔具和违法所得;没收苗种和违法所得,罚款;没收渔具,吊销捕捞许可证;没收渔船;刑事责任
43	农业法	19,25(2,3),60(2),62(1,2)	57(1),58(1),59(1),60(1),61,65(2,3)	64		91	27.3%	转介条款
44	种子法	8(2),33(3),35(2),48,53(2),59(1),60(2)	17,33(2),34(1),35(1),53,36,49(2),53(1),56,58,59(2)	8(2),19,31,32,33(1),38(2),57(1)	49(1)	74~76,78~80,82,83,85,86,89	77.8%	责令停止违法行为,没收种质资源和违法所得;责令停产停业整顿;责令停止采种行为,没收所采种子;责令停止试验;责令停止生产经营,没收违法所得和种子,不得申请审定;任职禁令;罚款;赔偿责任;吊销种子生产经营许可证;刑事责任
45	耕地占用税法	2(1),8,10(1),11,12(1)			5	无	0%	无

续表

序号	法律名称	使用权能限制条款及规范形式				罚则			处罚种类
		禁止性	义务性	附条件性	授权性	条款	设置比例	
46	环境保护税法		2,5(2),17,18(2),19			无	0%		无
47	畜牧法	27(2),40,43,45(2),50	9,22,30(2),37,39(1,2),40,41,42,44,45(1),46(1),50,64(1)	16(1),17,24,25,26(1,2),32(1,2,3),51(2)	39(3,4)	79,80,82,84,86,87,92	40.9%	转介有关法律,行政法规处理处罚;责令限期改正,罚款;没收种畜禽,商品代仔畜,雏禽和违法所得;罚款责令停止违法行为,收缴伪造,变造的种畜禽生产经营许可证,吊销种畜禽生产经营许可证;刑事责任
48	旅游法	45	79,87	42	18(2)	105,107,110	60%	责令停业整顿,罚款;刑事责任
49	中医药法	22	24(2,3)	26	14(2)	58,59	33.3%	转介条款;拘留;民事责任;刑事责任
50	节约能源法	17,33	16(2),35(1),38,53,54,55	15		68,71,79,82,83,85	60%	责令改正;责令限期改正,降低资质等级或者吊销资质证书;赔偿责任;没收国家明令淘汰的用能设备;责令停业整顿或者关闭;刑事责任

续表

序号	法律名称	使用权能限制条款及规范形式				罚则		处罚种类
		禁止性	义务性	附条件性	授权性	条款	设置比例	
51	循环经济促进法	18(2),23(3)	9,13(2)(1,2,3),21(2),22(2),23(1),30,32	22(1)		50,52,53,54,57	44.4%	责令停止使用,没收违法所得,责令改正;责令限期改正;吊销营业执照;责令停业或者关闭;罚款;吊销采矿许可证;刑事责任
52	食品安全法		41,42,49(1,2)			123,124,147,149	66.7%	没收违法所得和违法生产经营的食品,食品添加剂;没收用于违法生产经营的工具,设备,原料等物品;责令停产停业;罚款;拘留;赔偿责任;刑事责任
53	农产品质量安全法	22(1),29(2),42(1)	7,22(2),23,26(1,2),27(1,2),29(1),30		41,53	66~70,72,74,75,76,78,79	90%	转介依照有关法律法规处理,处罚;责令改正;没收违法所得;责令限期改正;设备,原料销毁,监督销售;没收违法生产经营的工具,无害化处理,设备,原料等物品;责令停止生产销售;罚款;吊销许可证;拘留;赔偿责任;民事责任;刑事责任

续表

序号	法律名称	使用权能限制条款及规范形式				罚则		处罚种类
		禁止性	义务性	附条件性	授权性	条款	设置比例	
54	乡村振兴促进法	38(1),39,40(2)	38(1)		40(1,3)	73	0%	概括提示依法处罚;刑事责任
55	劳动法	59,64	52~55,57			92,95	40%	责令改正;责令停产整顿;罚款;赔偿责任;刑事责任
56	职业病防治法	38	4(2),5,15,16,18(1,2,3),20~26,32,34~37,41,66	17		69~72,74,75,77,78,84	80%	责令限期治理;责令停止作业;给予警告;给予降级或者撤职的处分;责令停建;关闭;罚款;刑事责任
57	传染病防治法		27,29(1),54	28,29(2)	42,43,55	73,75~77	28.6%	责令停止违法行为;责令限期改正;没收违法所得;罚款;责令停建;关闭;吊销许可证;民事责任;刑事责任
58	突发事件应对法		23,56(2),57		49,52(1)	64,66,67,68	40%	责令停产停业,暂扣或者吊销许可证或者营业执照;罚款;治安管理处罚;民事责任;刑事责任
59	文物保护法	9(2),18(2),19	19,20(1,5),21,26,31,32(1)	18(2),20(2,3),29(1)	18(1)	66,67,75	22.2%	责令改正;依法规处罚;吊销资质证书

续表

序号	法律名称	使用权权能限制条款及规范形式				罚则			处罚种类
		禁止性	义务性	附条伴性	授权性	条款	设置比例	
60	军事设施保护法	20(1),23,26,28(1,3),29(1),33(1),34	28(1)	23(1),28(4)	19(1)	53,55~59,60,63,67	88.9%	给予警告;责令限期改正;责令停止违法行为,限期恢复原状责令离开;没收采出的产品和违法所得;查封扣干获物;没收设备或强制拆除障碍物;责令限期消除强制拆除;赔偿责任;治安管理处罚;刑事责任
61	港口法	37	14,15(3),17,18(1),44	13(1),15(1,2),16,19,37(2),38		46~48,55,56	50%	责令停止建设或者使用,限期改正;责令停止使用,费用承担;责令限期改正;强制拆除,费用承担;责令停止违法行为,罚款;刑事责任;责令消除隐患,强制消除,费用消除;刑事责任
62	公路法	42(2)	27(2),30(1)	27(1),28,31,42(2),45		76,83~85	33.3%	责令停止施工,罚款;治安管理处罚;民事责任;刑事责任
63	铁路法	37	40(1),41,46(1)	34		68	25%	限期拆除;罚款

续表

序号	法律名称	使用权能限制条款及规范形式				罚则		处罚种类
		禁止性	义务性	附条伴性	授权性	条款	设置比例	
64	航道法	14,27,33,35,36	10,14,21(2),24,25,26,30,32,33(2),34(1),36(1前段)	10,25（4前段）,28		39~43,46	35.7%	责令停止建设,恢复原状;责令停止建设,限期补办手续;责令恢复原状;责令改正;责令停止违法行为,没收违法所得;责令限期清除,采取补救措施或者拆除,代履行;罚款;治安管理处罚;刑事责任
65	电力法	14(2)	14(1),15,16(2),17后段,18~20,58(2)	16(1),55		62,70	22.2%	责令停止建设;责令停止使用;没收设备;罚款;治安管理处罚;刑事责任
66	海警法		18(2中段),23(3后段)		23,24,26,	73,75	100%	转介条款治安管理处罚;刑事责任
67	气象法	20(1)	17,21前段	21后段		35	33.3%	停止违法行为,限期恢复原状或者采取其他补救措施;罚款;赔偿责任;刑事责任
68	国防交通法		20(2)	21(2)		无	0%	无
69	烟草专卖法		8			无	0%	无

续表

序号	法律名称	使用权权能限制条款及规范形式				罚则		处罚种类
		禁止性	义务性	附条件性	授权性	条款	设置比例	
70	清洁生产促进法	22(2),24(2)	17(2),19,22(1),24(1),25,26,27(1~3)	18	27(4)	36,39	25%	责令限期改正;责令公布;罚款
71	乡镇企业法	36(3前段),37	3(2),28(1,3),29,33,35(1),36(1,2),37	28(2),29(2前段),36(3后段)		27,36,40,41	42.9%	限期治理;关闭,停产或者转产;收回土地使用权;停止享受部分或者全部优惠
72	国防动员法		21,23		22,54,63	69,71	60%	责令限期改正;强制履行;罚款;刑事责任
73	人民防空法	27,28前段	14,22,23	28后段		48,49,50	100%	给予警告,责令限期改正违法行为;罚款赔偿损失;治安管理处罚;刑事责任
74	老年人权益保障法		64(1,3)	40(3)		82	50%	责令改正;民事责任;行政处罚;刑事责任
75	残疾人保障法		53(2,4)			66	100%	依法处理
76	禁毒法	19(1)	20(1)			59,63	50%	治安管理处罚;刑事责任

(注：表中括号里的数字表示款数)

　　本书以现行法律中基于生态环境保护目的，对自然资源财产权利使用权能的限制条款为例，加以具体分析。做此限制主要基于如下考虑：一方面，现行法律对自然资源财产权利使用权能的限制具有鲜明的目的性，基于多元目的针对不同资源门类施加了多种多样的限制措施，难以穷尽详究；另一方面，基于前文对限制目的的分析，我们可以得知，出于生态环境保护的目的，对自然资源财产权利施加的限制为最主要和重要的限制领域，同时也考虑到自然资源本身也是不可或缺的环境要素和生态因子，其开发和利用与生态环境天然关系密切。在实在法中，这种为了保护某些濒危、临近耗竭的自然资源或者生态环境的资源环境管制也广为设置。因此，对这一领域的限制内容和手段的详细梳理，具有典型性。总体而言，又可细分为生态环境保护、自然资源保护和自然文化资产保护三个方面。

　　第一，自然资源保护涉及的相关法律主要有《土地管理法》《矿产资源法》《草原法》《森林法》《水法》《煤炭法》《湿地保护法》《长江保护法》《黄河保护法》《黑土地保护法》《野生动物保护法》《可再生能源法》《海岛保护法》《海域使用管理法》《城乡规划法》《建筑法》《城市房地产管理法》《畜牧法》《农业法》《渔业法》《中医药法》《耕地占用税法》《节约能源法》等。这些法律对土地资源，矿产资源，草原资源，森林资源，水资源，野生动植物，海域资源，湿地、长江流域等生态空间的开发利用和保护做了规定，基于自然资源保护和合理利用的目的，采用多种规制手段对自然资源财产权利人的权利作出了限制。以所采用的规制工具和禁限制度为关键标准，可以大致做以下分类：

　　①规划、分区和用途管制。如国土空间规划（土地利用规划、城市村庄规划）与土地用途管制（农用地转用限制，耕地保护，永久基本农田保护，宅基地用途限制）；土地利用总体规划、土地利用年度计划和建设用地标准；自然资源保护、建设、利用规划规制与规划许可审批；建筑的地块、时序和强度；用水计划，水总量控制和消耗强度控制；自然保护地与保护名录下的分区管控和开发禁限等。

　　②行政许可。如依法批准；农用地转用审批手续；开办矿山企业矿山设计或者开采方案、生产技术条件、安全措施和环境保护措施等审查；草原行驶报告制度；草原使用批准；草原转为非畜牧业生产用地审批；采伐许可；捕捞许可。

　　③义务和禁令。如土地节约和综合使用义务，禁止闲置和抛荒，复垦义务；耕地占用、更新造林补充义务；矿产资源勘查成果汇交或者填报义

务；地质现象以及文化古迹报告义务；开采顺序、开采方法和选矿工艺要求；矿山企业的开采回采率、采矿贫化率和选矿回收率要求；共生和伴生矿和尾矿的综合利用与保护要求；剧毒、高残留以及可能导致二次中毒的农药使用禁令；节水措施方案，节水设施与主体工程"三同时"等。

④标准规程。如更新造林相关技术规程；煤矿开采规程；湿地分级分类、监测预警、生态修复标准等。

⑤产业政策。如保护性开采的特定矿种开采限制；草原载畜量标准和草畜平衡管理；草原割草期、采种期以及留茬高度和采割强度规制，轮割轮采；草原禁牧、休牧、轮牧，舍饲圈养；退耕退地还草还林还湖；天然林全面保护、公益林严格保护、商品林经营规制，封山育林；煤炭生产开发规划和煤炭产业政策；落后技术工艺设备淘汰；水域禁捕、限捕。

⑥经济激励及外部成本内部化工具。如闲置费；耕地占用税；耕地开垦费；土地复垦费；草原植被恢复费；用水计量收费和超定额累进加价；湿地恢复费等。

⑦合同与参与。如采用市场方式出让探矿权、采矿权、建设用地使用权、海域使用权，签订出让合同；作业单位同主管部门协商；利用、处置固体废物的单位，向公众开放设施、场所，提高公众环境保护意识和参与程度等。

⑧信息报告与公开。如周期性报告制度，配合调查，为自然资源统计、调查、监测、信息系统提供资料，建立台账等的信息义务；开发活动及项目的科学论证和评估的义务。

⑨行政强制、行政处罚、刑事处罚。如代为履行，收回土地，吊销勘查许可证、采矿许可证，非法采矿罪、破坏耕地罪等的设置。

上述限制手段中，按照规制运作的载体和干预强度，我们可以进一步将其类型化为管制性规制、市场性规制、信息规制工具、合作性规制四类（参见图4.3），其对自然资源财产权利的干预强度依次降低。

规划、分区和用途管制，许可审批，义务与禁令，行政强制、行政处罚和刑事处罚等属于管制性措施，属于传统的行政命令模式下的刚性规制措施，对自然资源财产权利干预程度高，应当进行合宪性审查。

产业政策，经济激励及外部成本内部化的工具属于市场性规制的范畴，其目的在于防止发生资源配置低效和确保利用者的公平利用①，这类

①　马英娟. 政府监管机构研究[M]. 北京：北京大学出版社，2007：27.

规制措施涉及自然资源开发利用利益的配置，从合宪性控制的角度，应确保配置的公平性、效率性，同时要符合国家目标和任务，许可条件的设置、产业政策的变动、经济激励的强化或者淡出都会对自然资源财产权利产生直接影响，应当进行合宪性审查。

年度报告、配合调查和资料提供、建立台账、建立档案，开发活动及项目的科学论证和评估等义务，课以权利人提供、报告和公开信息义务，属于为审慎决策和监管提供充分信息为目的信息规制工具。这类工具较为缓和，但对于自然资源善治的实现则至为重要，对这类信息义务的合宪性审查需关注其企业的信息成本以及匹配的法律后果是否符合比例原则。

合同则属于合作性规制，这类规制允许权利人一定程度的参与，分享了决策权力，促进了信息交流，同时也分担了风险，节省了监管成本，较行政单方计划指令禁令更为灵活和易于接受。合作性规制措施在自然资源治理能力和治理体系现代化的改革进程之中，有着广泛的应用前景。对这类规制措施需要注意行政主体凭借优势地位，以"合作"外衣掩饰单向的公法规制向私法逃逸，应接受合宪性审查。

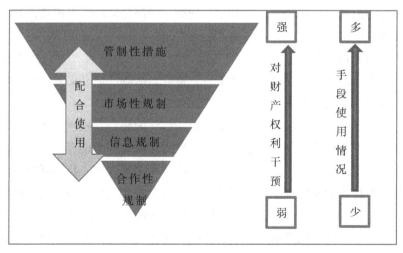

图4.3　基于自然资源保护目的的限制手段类型

第二，生态环境保护涉及的相关法律主要有，《环境保护法》《海洋环境保护法》《青藏高原生态保护法》《环境影响评价法》《固体废物污染环境防治法》《噪声污染防治法》《放射性污染防治法》《土壤污染防治法》《水污染防治法》《大气污染防治法》《防沙治沙法》《水土保持法》《防震减灾法》《防洪法》《气象法》《环境保护税法》《清洁生产法》《循环经济促进法》等。这些法律基于生态环境保护的目的对自然资源财产权利施加了限制，主要包括，对开发利用环境中的一个或数个要素索取物质和能量的强度、方式、范围、数量、时序和时长等的限制；对人类理想环境中排入物质或能量的行为，特别是排放污染物的限制；课以生态环境保护或者控制风险的负担等，以此避免生态损害和环境污染，维持生态系统的相对平衡。

建设美丽中国，使人口资源环境相均衡、经济社会生态效益相统一，按照生态文明的理念和原则，控制对生态的需求，确保生态安全，① 已坚定成为我国当前的发展观念。然而，自然资源财产权利人开发利用的自然资源正是生态环境系统不可或缺的组成部分，开发利用行为还会产生强负外部性，而基于经济理性的私人产权设置会激励财产权人对经济价值的片面追求，法律必然要对自然资源财产权利人基于意思自治的物权行为进行干预，设置生态义务。环境法上的主要规制方式包括，规划、生态红线、环境影响评价，"三同时"，环境行政许可，环境标准，开发禁限，清洁生产，循环经济，排污收费，环境事故报告，设置各类自然保护地的源头保护②等③。由于遵守生态要求对于物质财富的生产者来说常常是在经济上不利的④，环境规制与私人财产权利之间的紧张关系一直存在，合宪性审查便成为两者较量的终极规范场域。

第三，自然文化资产保护涉及的相关法律主要是《文物保护法》《旅游法》等。为保护风景名胜、文化古迹对自然资源使用特别是土地使用行为进行管制有明确的法律依据。比如依据《文物保护法》，主要设置了原状维持和修缮保养两类管制。关于原状维持，法律规定了基本建设、旅游发展不得对文物造成损害，设置了文物保护单位的保护范围和建设控制地带，原址保护，迁移拆迁批准等制度；关于修缮保养，法律区分"国有不

① 潘家华. 与承载能力相适应 确保生态安全[J]. 中国社会科学, 2013(05)：12-17.
② 自然保护地体系的改革是我国当前生态文明体制改革的重要创新领域。我国目前尚未制定专门的自然保护地法，国家林业和草原局自然保护地管理司于2022年3月24日发布了《国家公园管理暂行办法（征求意见稿）》。国家公园是自然保护地的精华汇聚之处，根据该征求意见稿，其所采用的管制手段主要是规划，分区管制，特许经营等，要求清理整治国家公园区域内不符合管控要求的矿业权、水电开发、工业建设、林下规模化养殖种植等项目，通过分类处置方式有序退出。
③ 上述规制工具的总结参见《"十四五"生态保护监管规划》。
④ O. C. 科尔巴索夫, 马骧聪. 生态与法[J]. 环球法律评论, 1989(03)：58-62+72.

可移动文物"和"非国有不可移动文物"设置修缮保养义务①。原状维持的管制限制了土地使用权能，而修缮保养则课以使用人或者所有人保存文物的义务，为其增加了经济负担。我国台湾地区也有此类规制，对此已有学者提出合宪性质疑和补偿观点②。

(4)对处分权能的限制

法律对自然资源财产权利处分权能的限制，是指法律对自然资源财产权利人处分财产权利(能)和出售自然产品的限制，以及封闭、关闭、停止使用的限制。现行有效的法律中，共有30部法律规定了自然资源财产权利处分权能限制条款，详见表4.8，其规范形式主要为禁止性规范，配合附条件性规范和义务性规范，极少量授权性规范。

法律对处分权能的限制内容主要有：第一，禁止或者限制转让。其限制包括对自然资源所有权交易的禁令，对使用权交易的形式、对象等的限制。第二，对产品出售、出口施加限制。如对出售产品设置质量标准、标签信息等义务。第三，对开发项目关闭、退役等处置施加限制。这类限制的目的是保护生态环境，消除可能产生的安全、生态风险。如《矿产资源法》《煤炭法》对矿山的关闭设置了闭矿程序限制。第四，对自然资源或者资产初级产品的直接处置。如当动植物感染有害于其他动植物或人类的危险疾病时，可以将其砍伐、宰杀、焚烧、埋藏。③ 这种基于危险防范而采取的处置措施，如果拟制所有危险均为紧迫危险，不需要借助实际情况加以具体判断，即所谓"抽象危险"时即可处置，其对自然资源财产权利的

---

① 《文物保护法》第21条规定："国有不可移动文物由使用人负责修缮、保养；非国有不可移动文物由所有人负责修缮、保养。非国有不可移动文物有损毁危险，所有人不具备修缮能力的，当地人民政府应当给予帮助；所有人具备修缮能力而拒不依法履行修缮义务的，县级以上人民政府可以给予抢救修缮，所需费用由所有人负担。

对文物保护单位进行修缮，应当根据文物保护单位的级别报相应的文物行政部门批准；对未核定为文物保护单位的不可移动文物进行修缮，应当报登记的县级人民政府文物行政部门批准。

文物保护单位的修缮、迁移、重建，由取得文物保护工程资质证书的单位承担。

对不可移动文物进行修缮、保养、迁移，必须遵守不改变文物原状的原则。"

② 即古迹所在的土地所有人只能将古迹保留观赏，不得开发或重新建筑，私有古迹土地所有人就其土地的权能即受到严重的限制，而有违宪之虞。如拒绝土地所有人就土地为经济上可行的适用，违反其投资报酬的期待，则将构成准征收，政府应予以补偿，否则违反宪法保护财产权的精神。为了保存古迹的公共利益，不顾其所有人的意愿课以其保护保存古迹的义务，或有其必要，但是对于修复的费用，就毫无理由要求所有人承担。解决之道，是由政府负担古迹管理和修复的费用，如古迹在使用上仍有经济效益，则可由古迹所有人负担部分费用。参见谢哲胜.土地法[M].台北：翰芦图书出版有限公司，2006：270-273.

③ 王海燕.私有财产权限制研究[M].北京：中国社会科学出版社，2017：204-214.

限制程度要强于需要具体判断危险是否紧迫的"具体危险"。又如对闲置、抛荒自然资源的收回等。

需要注意的是我国法律中对自然资源财产权利或者所使用的自然资源的"收回"有多种情形：情形一，作为处罚措施，如《草原法》第 63 条、《土地管理法》第 79 条、《海域使用管理法》第 43 条、《防沙治沙法》第 39 条；情形二，作为违约违法责任，如《森林法》第 19 条规定发包方或者承包方有权收回林地经营权，《土地管理法》第 38 条规定对闲置、抛荒耕地，连续两年未使用的，经批准可无偿收回以及《土地管理法》第 66 条第 2 款，《城市房地产管理法》第 26 条，《乡镇企业法》第 28 条；情形三，届期收回、停用收回、报废收回，如《土地管理法》第 58 条第 2、3、4 款，第 66 条第 3 款对此作了规定；情形四，因公共利益需要提前收回，如《土地管理法》第 58 条第 1 款规定"为实施城市规划进行旧城区改建以及其他公共利益需要"可以收回；《土地管理法》第 66 条第 1 款，《海域使用管理法》第 26 条、第 30 条规定，因公共利益或者国家安全的需要，可以不予续期和提前收回海域使用权；《城市房地产管理法》第 20 条、第 22 条，《民法典》第 358 条也有类似规定。其中基于公共利益、旧城区改造、国家安全等的各种提前收回，其性质应当是"征收"，应受到宪法征收规范的规制。在实践中，有些地方的行政机关将土地使用权的提前收回或者其他自然资源特许使用权的提前收回不作为征收处理，是对财产权的严重侵犯。① 这种情形，不属于本研究的范围。上述情形一、二则通常构成对自然资源财产权利的非征收性限制，情形三则为正常终止，如果附带义务则也可能构成对自然资源财产权利的非征收性限制。

上述限制的主要表现形式是消极限制，即不准权利人为自愿交易，或者为权利人自愿交易设置条件，如《矿产资源法》第 34 条规定了矿产品指定收购制度，生产适用指定收购制度的矿产品的采矿权人，不得依其自由意志进行矿产品交易，必须向指定单位销售。法律中也规定了少量的积极限制，即强迫权利人为非自愿交易，如《循环经济促进法》第 36 条第 2 款对企业设置了将生产过程中的废物提供给具备条件的生产经营者进行综合利用的义务，且未明确规定这种提供是否有偿。另如对烟草的收购、专营限制。法律所采用的限制手段主要是行政禁令、标准、许可、批准、产业政策、标签信息义务等，覆盖管制性规制、市场性规制、信息规制工具等。

---

① 房绍坤，王洪平 . 公益征收法研究 [M]. 北京：中国人民大学出版社，2011：96-99.

表4.8 自然资源财产权利处分权能限制条款及规范形式

序号	法律名称	处分限制条款及规范形式				罚则		处罚种类
		禁止性	义务性	附条件性	授权性	条款	设置比例①	
1	土地管理法	2(3)	21,36	58,63,66		74,81	75%	没收违法所得;限期拆除;恢复土地原状;没收建筑物和其他设施;罚款;责令交还土地;处分;刑事责任
2	矿产资源法	6(3),34				42,43	50%	没收违法所得;罚款;吊销勘查许可证,采矿许可证
3	草原法	9(2)	15(2)			64	50%	刑事责任;责令限期改正;没收违法所得;罚款
4	森林法	65				78	100%	责令停止违法行为;没收违法所得;罚款
5	煤炭法	43(2)	26,39,43(1),40(1,2)	46		59	20%	责令停止销售,没收违法所得,罚款,刑事责任
6	农村土地承包法	4		33,34		无	0%	无

① 罚则设置比例是指一部法律中,表格列明的在该法中设置了罚则的条,款在表格列明的条款总数中的百分比。其中款仅指单列出来的款,计作1条,含在完整法条中的款不另计,该法条整体上越高则所要达至的目的越重视,对自然资源财产权利规制越倾向于严格,但具体的限制程度则要考量行为模式与惩罚手段的对应关系以及罚则的类别。本表中只有在本法中设置责任条款或者明确指示适用其他法律的罚则才被认定为设置了罚则。百分比数保留到小数点后一位。

续表

| 序号 | 法律名称 | 处分限制条款及规范形式 | | | | 罚则 | | 处罚种类 |
		禁止性	义务性	附条件性	授权性	条款	设置比例	
7	城市房地产管理法	38	40(2)	28, 38, 39, 40(1), 41, 44		66, 67	33.3%	没收违法所得;罚款;责令缴纳土地使用权出让金
8	长江保护法	23(2), 61(1)				无	0%	无
9	黄河保护法	27, 66(3)				无	0%	无
10	黑土地保护法	20				32	100%	依照有关法律法规从重处罚;没收非法出售的黑土和违法所得;罚款
11	青藏高原生态保护法	17(2)				无	无	无
12	野生动物保护法	28(1), 31, 33	28(3, 5)	28(2), 29(1)		52, 55	100%	没收野生动物及其制品;责令关闭违法经营场所;责令停止违法行为,限期改正;没收违法所得;罚款;吊销人工繁育许可证,撤销批准文件,收回专用标识;刑事责任
13	海域使用管理法			27(1)	30	无	0%	无
14	安全生产法	49(1, 3)	49(2)			103	100%	责令限期改正,没收违法所得;罚款;赔偿责任;责令停产停业整顿

续表

序号	法律名称	处分限制条款及规范形式				罚则		处罚种类
		禁止性	义务性	附条件性	授权性	条款	设置比例	
15	农业法	30(1)			30	无	0%	无
16	渔业法					38	100%	调查处理
17	种子法		13(2),23,39,40(1~6)	37		77,79,87	83.3%	责令改正;责令停止违法行为,没收违法所得和种子;罚款;赔偿责任
18	畜牧法	17(3),31	30,33(1)	17(1,2),21(1),63(1,2),68(2)		33(2),81,85,88,92	100%	转介相关法律追究责任;责令停止违法行为,没收畜禽和违法销售的(种)畜禽,没收违法所得;责令改正;罚款;吊销种畜禽生产经营许可证或者营业执照;赔偿损失;刑事责任
19	农产品质量安全法	35(2),36(1)	34(1,2),35,36(2),38			70,71,72	100%	责令停止销售,追回已经销售的农产品,无害化处理,监督销毁;没收违法所得;罚款;赔偿责任;刑事责任
20	乡村振兴促进法			67(3)		无	0%	无
21	传染病防治法		25(2)			75	100%	责令停止违法行为,行政处罚

续表

序号	法律名称	处分限制条款及规范形式				罚则		处罚种类
		禁止性	义务性	附条件性	授权性	条款	设置比例	
22	文物保护法	25(1)	20(4)	25(2)		66,68	100%	责令改正;没收违法所得;罚款;吊销资质证书
23	电力法		25(1),26(1)			63,64	100%	责令改正;没收违法所得;罚款;给予警告;处分
24	禁毒法	19(1)				59	100%	刑事责任;治安管理处罚
25	固体废物污染环境防治法		42(3),88			110	50%	责令改正;罚款
26	放射性污染防治法		38	34(1)		无	0%	无
27	对外贸易法				16	61	100%	处理,处罚;刑事责任
28	大气污染防治法	35(1),36,38				103	100%	责令改正,没收原材料,产品和违法所得;罚款
29	循环经济促进法		36(2)			无	0%	无
30	烟草专卖法	9,10		7		28	33.3%	罚款;折价收购;没收烟叶和违法所得

(注:表中括号里的数字表示款数)

（5）对收益权能的限制

法律对自然资源财产权利收益权能的限制，是指法律对自然资源开发利用收益的取得、用途的限制。主要包括价格管控、用途限定和课征税费等。作为自然资源财产权利人，在市场机制下自主决定收益金额和使用应是财产权行使的应有之义，法律对其收益的取得和用途的限制便构成了对其不利的负担。

现行有效的法律中有 18 部设定了对自然资源财产权利收益权能限制的条款，详见表4.9。其具体限制内容和方式如下：第一，价格规制。具体分为：政府定价或者政府指导价，如《可再生能源法》规定的上网电价，《城市房地产管理法》规定的基准地价，《旅游法》规定的利用公共资源建设的景区的门票以及景区内的游览场所、交通工具等另行收费项目；对自行定价设定要求，如《水法》规定水价格应当按照补偿成本、合理收益、优质优价、公平负担的原则确定，《电力法》规定农业用电价格按照保本、微利的原则确定；赋予国家价格监管权限，如《煤炭法》第 42 条。第二，收益用途规制。基于安全生产目的，《矿山安全法》规定矿山企业从矿产品销售额中提取安全技术措施专项费用，且专款专用的义务；基于社会公平目的，《乡镇企业法》规定乡镇企业从税后利润中提取资金支援农业和农村社会性支出的义务；基于节约能源目的，《节约能源法》规定能源企业不得向本单位职工无偿提供能源和实施包费制。第三，法律规定课征契税和资源税的负担，或者要求提供国家享益方案。

表4.9　　　自然资源财产权利收益权能限制条款及规范形式

序号	法律名称	收益限制条款及规范形式				罚则		处罚种类
		禁止性	义务性	附条件性	授权性	条款	设置比（%）	
1	水法		55			无	0%	无
2	黄河保护法				56（1），101(2)	无	0%	无
3	野生动物保护法		38		无	无	0%	无
4	煤炭法				42	无	0%	无
5	可再生能源法	19(2)			23	无	0%	无

续表

序号	法律名称	收益限制条款及规范形式				罚则		处罚种类
		禁止性	义务性	附条件性	授权性	条款	设置比（%）	
6	城市房地产管理法		35,51,56		33	无	0%	无
7	矿山安全法	32				40	100%	责令改正;罚款;责令停产整顿;处分
8	农业法	75(1)			33	无	0%	无
9	畜牧法		17(1)			无	0%	无
10	种子法	28(2)		28(3),29		72	50%	责令停止侵权行为,没收违法所得和种子;罚款;赔偿责任
11	旅游法	43(2)	44	43(1)		106	100%	转介条款行政处罚
12	节约能源法	28				77	100%	责令限期改正;罚款
13	循环经济促进法				46（2、3、4）	无	0%	无
14	电力法		35,36,50			无	0%	无
15	烟草专卖法		9（2）、10（2）			无	0%	无
16	乡镇企业法		17(1)			41	100%	责令改正;停止部分或者全部优惠
17	契税法		1,8,10			15	100%	转介条款
18	资源税法		1、5、11、12、15		14	13	100%	转介条款

（注：表中括号里的数字表示款数）

（三）非征收性限制的补偿

我国现行法律中对自然资源财产权利所作的各种非征收性限制，以不补偿甚至附带罚则为常态，以补偿为例外。现行有效的法律中共有 46 部法律做了补偿相关的规定，根据补偿义务发生的条件，按照法律文面规定，可以初步分为征用补偿、生态补偿和专门事项补偿三类，以下分而述之：

1. 征用补偿规定

现行宪法将"征收"与"征用"并列规定（第 10 条第 3 款、第 13 条第 3 款），应具备公共利益目的，且附带补偿。通说认为，"征用"是对一个时间段内私人财产使用权的占用，因而不同于"征收"①。鉴于"征用"概念的学理探讨是一项颇为艰难的"法律解释作业"②，本书暂遵循通说，从现有法律规定的"立法事实"入手，梳理法律中"征用"的规定。《民法典》规定了一般征用和紧急征用两种制度，事实上，在现行有效的法律中，征用制度正是按照这两大类别设置，详见表 4.10。

2. 生态补偿原则性规定

2021 年 9 月，中共中央办公厅、国务院办公厅印发了《关于深化生态保护补偿制度改革的意见》提出我国生态保护补偿制度的建设目标，要求按照生态系统的整体性、系统性及其内在规律，完善生态保护补偿机制，促进对生态环境的整体保护，运用法律手段规范生态保护补偿行为。这一文件为我国生态补偿法律制度的构建提出了蓝图，明确了基本要求，同时也意味着生态补偿立法将进入快车道。作为系统性综合性整体性补偿制度，该制度涉及公权力与公权力之间，公权力与私权利之间，以及私权利

① 王兆国在《关于〈中华人民共和国宪法修正案（草案）的说明〉》中指出，宪法修正案（草案）将宪法第 10 条第 3 款"国家为了公共利益的需要，可以依照法律规定对土地实行征用"修改为："国家为了公共利益的需要，可以依照法律规定对土地实行征收或者征用，并给予补偿。"这样修改，主要的考虑是：征收和征用既有共同之处，又有不同之处。共同之处在于，都是为了公共利益需要，都要经过法定程序，都要依法给予补偿；不同之处在于，征收主要是所有权的改变，征用只是使用权的改变。宪法第 10 条第 3 款关于土地征用的规定，以及依据这一规定制定的《土地管理法》，没有区分上述两种不同情形，统称"征用"。从实际内容看，《土地管理法》既规定了农村集体所有的土地转为国有土地的情形，实质上是征收；又规定了临时用地的情形，实质上是征用。为了理顺市场经济条件下因征收、征用而发生的不同的财产关系，区分征收和征用两种不同情形是必要的。《民法典》则将剥夺所有权以外的"因不动产或者动产被征收、征用致使用益物权消灭或者影响用益物权行使的"，规定用益物权人有权依据"征收""征用"规定获得相应补偿。表明财产（动产和不动产）和财产权利（用益物权）均可适用征收和征用规则。

② 刘连泰.宪法文本中的征收规范解释——以中国宪法第十三条第三款为中心[M].北京：中国政法大学出版社，2014：116.

表4.10　法律中征用制度的规定及分类

序号	法律名称及条款	一般征用			紧急征用		
		目的	程序	补偿	目的	程序	处置+补偿
1	民法典 117、245、327	公共利益的需要	法定权限和程序	公平合理的补偿	抢险救灾、疫情防控等紧急需要	法定权限和程序	返还+毁损、灭失的补偿
2	土地管理法 2	公共利益的需要	依法	补偿			
3	军事设施保护法 14	军事禁区、军事管理区范围的划定或者调整	依照有关法律、法规的规定办理				
4	渔业法 14	国家建设	按照《土地管理法》有关征地的规定办理				
5	畜牧法 14	确需搬迁的	经原建立或者确定机关批准	先建后拆的原则，妥善安置			
6	森林法 21	生态保护、基础设施建设等公共利益的需要	《土地管理法》等法律、行政法规的规定办理审批手续	公平、合理的补偿			

续表

序号	法律名称及条款	一般征用			紧急征用		
		目的	程序	补偿	目的	程序	处置+补偿
7	草原法 38、39	矿藏开采和工程建设；建设（一般性）	省级以上人民政府草原行政主管部门审核同意后，依照有关法律、行政法规办理建设用地审批手续；交纳草原植被恢复费	依照《土地管理法》的规定给予补偿；依照国务院有关规定对草原承包经营者给予补偿			
8	海警法 54				海上维权执法紧急需要	依照法律、法规、规章的规定	及时归还，并支付适当费用；造成损失的，按照国家有关规定给予补偿
9	国家情报法 17、25	根据工作需要	按照国家有关规定	归还或者恢复原状，并支付相应费用；造成损失补偿	支持、协助和配合国家情报工作		按照国家有关规定给予补偿

续表

序号	法律名称及条款	一般征用			紧急征用		
		目的	程序	补偿	目的	程序	处置+补偿
10	反恐怖主义法 78				履行反恐怖主义职责的紧急需要	根据国家有关规定	及时归还或者恢复原状,并依照规定支付相应费用;造成损失的,应当补偿
11	国家安全法 81				支持、协助国家安全工作		按照国家有关规定给予补偿
12	国防法 51				国防动员需要	依法	直接经济损失,按照国家有关规定给予公平、合理的补偿
13	国防动员法 41, 第十章				国防动员需要	提出征用需求;县级以上地方人民政府统一组织,被征用的民用资源予以登记,出具凭证	及时返还,经改造的恢复原使用功能后返还+不能修复或者灭失的,造成直接经济损失的,按照国家有关规定给予补偿

续表

序号	法律名称及条款	一般征用			紧急征用		
		目的	程序	补偿	目的	程序	处置+补偿
14	国防交通法 7				国防需要	依照有关法律、行政法规执行	
15	传染病防治法 45				传染病暴发、流行时，根据传染病疫情控制的需要		依法给予补偿+能返还的及时返还
16	突发事件应对法 12、52				为应对突发事件		应当及时返还+毁损灭失的补偿
17	戒严法 17				执行戒严任务的需要	戒严地区的县级以上人民政府可以临时征用；非常紧急情况下，执行戒严任务的现场指挥员可以直接决定，地方人民政府给予相助；开具征用单据	及时归还+造成损坏的由县级以上人民政府按照国家有关规定给予补偿

之间关于生态受益与保护义务的配置，内容丰富复杂，其中自然资源权利人被课以生态义务的情境下，是否被纳入针对生态环境要素作为补偿实施对象的制度框架，与本书议题相关。因此，本研究将生态补偿的法律规定作为一种补偿性规范进行梳理。

现行有效法律中，对生态补偿作出原则性规定的法律有 11 部。其中以生态系统为补偿实施对象的，有《环境保护法》（第 31 条，生态保护地区），《乡村振兴促进法》（第 34 条，乡村生态、乡村环境、重要生态系统），《民族区域自治法》（第 66 条，民族自治地方对生态平衡、环境保护作出贡献的）；《青藏高原生态保护法》（第 43 条，青藏高原生态功能重要区域，生态产品价值）；以单一的森林、水等生态环境和资源要素为补偿实施对象的，有《森林法》（第 7、第 29 条、第 30 条，森林生态效益补偿、公益林），《水污染防治法》（第 8 条，饮用水水源保护区区域和江河、湖泊、水库上游地区的水环境生态保护补偿），《黑土地保护法》（第 22～24 条，黑土地保护奖励补助）；以复合性生态环境和资源要素为补偿实施对象的，有《水土保持法》（第 31 条，水土保持生态效益补偿），《海洋环境保护法》（第 35 条，海洋生态环境），《长江保护法》（第 76 条，长江流域生态），《黄河保护法》（第 102 条，黄河流域生态）。

原则性规定仅为自然资源权利人被课以生态义务的情境下主张补偿提供了初步规范依据，但因其规定抽象，欠缺可操作性，实际上能发挥的补偿请求权依据功能有限。

3. 专门事项补偿规定

鉴于以国家作为支付义务主体的补偿经费涉及财政，需要民主政治决定，才能转化为操作性规范，因此，还需要法律设置或者明确授权设置针对专门事项的补偿规范，才能够使补偿落到实处。这种专门事项的补偿包含负担生态义务的补偿，也涉及其他义务负担的补偿。总体而言，法律对非征收性限制的补偿规定稀少。在现行有效的法律中，共有 23 部法律对自然资源开发利用人权益受限或者受损的情形作出了补偿规定，详见表 4.11。

法律文本中使用的是"补偿"的术语，表明立法者对限制的同意，同时也表明立法者认识到受限制主体所遭受的"不利"，并要求相关主体予以补偿。这种规范设置与侵权责任中侵害与赔偿的设置存在重大差异。究其原因，在于立法所认可的"侵益"的理由属于与自然资源财产权利行使具有社会关联性的重要利益的保护，既包括规范权威、信赖利益、公平正

表 4.11 法律中对非征收性限制的补偿规定

序	法律条款	补偿条件	补偿义务主体	被补偿主体	补偿标准办法	法律关系
1	行政许可法 8	行政许可所依据的法律、法规、规章修改或者废止，或者准予行政许可所依据的客观情况发生重大变化的，为了公共利益的需要，依法变更或者撤回已经生效的行政许可，给造成财产损失的	行政机关	公民、法人或者其他组织	依法给予补偿	公补私
2	行政强制法 28	解除查封、扣押，已将财物拍卖或者变卖，变卖价格明显低于市场价格，给当事人造成损失的		当事人	给予补偿	
3	城乡规划法 50	选址意见书、建设用地规划许可证、建设工程规划许可证或者乡村建设规划许可证发放后，依法修改城乡规划给被许可人合法权益造成损失的		利害关系人	依法给予补偿	
4	环境保护法 23	为改善环境，依照有关规定转产、搬迁、关闭的	人民政府	企业事业单位和其他生产经营者	予以支持	公补私
5	水法 31	开采矿藏或者建设地下工程，疏干排水，水源枯竭或者地面塌陷，对他人生活和生产造成损失的	采矿单位或者建设单位	他人	应当采取补救措施；依法给予补偿	
	水法 38	在河道管理范围内建设桥梁、码头和其他拦河、跨河、临河建筑物、构筑物，铺设跨河管道、电缆，需要扩建、改建、拆除或者损坏原有合法水工程设施的	建设单位		负担扩建、改建的费用和损失补偿	

续表

序	法律条款		补偿条件	补偿义务主体	被补偿主体	补偿标准办法	法律关系
6	长江保护法	61	划入自然保护地核心保护区的永久基本农田依法有序退出			补划	
		53	在长江流域水生生物保护区全面禁止生产性捕捞；在国家规定的期限内，重点水域全面禁止天然渔业资源的生产性捕捞	长江流域县级以上地方人民政府	长江流域重点水域退捕渔民	按照国家有关规定做好补偿、转产和社会保障工作；具体办法由国务院农业农村主管部门会同国务院有关部门制定	公补私
		23	长江流域已建小水电工程，不符合生态保护要求的	县级以上地方人民政府		组织分类整改或者采取措施逐步退出	
7	黄河保护法 66		在黄河滩区内，已经规划和设立的、已经划定为永久基本农田的、已建生产生堤影响防洪安全的			应当逐步退出；应当及时拆除	
			因黄河滩区自然行洪、蓄滞洪水等导致受淹造成损失的			按照国有有关规定予以补偿	
8	青藏高原生态保护法 28		对野生动物造成人员伤亡、牲畜、农作物或者其他财产损失的			依法给予补偿	公补私

续表

序	法律条款	补偿条件	补偿义务主体	被补偿主体	补偿标准办法	法律关系
9	森林法 29、48	国务院和省、自治区、直辖市人民政府公益林（国家级公益林划定和管理的办法由国务院制定；地方级公益林划定和管理的办法由省、自治区、直辖市人民政府制定）	中央和地方财政分别安排资金	非国有林地权利人	签订书面协议并给予合理补偿	公补私
10	草原法 35	在草原禁牧、休牧、轮牧区实行舍饲圈养的	国家	农牧民	粮食和资金补助，具体办法由国务院或者有关部门规定	公补私
	48	在国务院批准规划范围内实施退耕还草的（具体办法由国务院或者省、自治区、直辖市人民政府制定）	国家	农牧民	按照国家规定给予粮食、现金、草种费补助；草原权属证书	公补私
11	野生动物保护法 19	因保护本法规定保护的野生动物，造成人员伤亡、农作物或者其他财产损失的（具体办法由省、自治区、直辖市人民政府制定）	中央财政；保险机构（具体办法由国务院财政部门会同国务院野生动物保护主管部门制定）	有关地方人民政府	采取预防、控制国家重点保护野生动物和其他致害严重野生动物造成危害的措施以及实行补偿所需经费，由中央财予以补助	公补公 社会补公

续表

序	法律条款		补偿条件	补偿义务主体	被补偿主体	补偿标准办法	法律关系
12	畜牧法	14	配合畜禽遗传资源基因库采集畜禽遗传材料的		有关单位、个人	适当的经济补偿	公补私
		58	采取禁牧和草畜平衡措施的		农牧民	按照国家有关规定给予补助奖励	公补私
		68	无害化处理	地方各级人民政府		按照规定对无害化处理的费用和损失给予补助	公补私
		70	畜禽种业创新和新畜牧业发展	省级以上人民政府		安排支持的良种补贴、贴息补贴，保费补贴等资金	公补私
13	种子法 14		为选育林木良种建立测定林、试验林、优树收集区，基因库等而减少经济收入的	批准建立的林业草原主管部门	单位和个人	按照国家有关规定给予经济补偿	公补私
14	矿产资源法 36		应当关闭或者到指定的其他地点开采	矿山建设单位	集体矿山企业	合理的补偿，或者妥善安置群众生活，或者支付联合经营	私补私
15	煤炭法 25		因开采煤炭压占土地或者造成地表土地塌陷、挖损，造成损失的	采矿者	他人	复垦，恢复到可供利用状态；依法给予补偿	私补私
16	噪声污染防治法 86		受到噪声侵害的	排放噪声的单位、个人和公共场所所管理者	单位和个人	国家鼓励友好协商，通过调整生产经营时间、施工作业时间，采取减少振动、降低噪声措施，支付补偿金，异地安置等	私补私

续表

序	法律条款		补偿条件	补偿义务主体	被补偿主体	补偿标准办法	法律关系
17	防沙治沙法	22	沙化土地封禁保护区范围内	县级以上地方人民政府；沙化土地封禁保护区主管部门	农牧民	有计划地组织迁出，妥善安置；尚未迁出的要安排	公补私
		25	采取退耕还林还草、植树种草或者封育措施治沙	人民政府	土地使用权人和承包经营权人	按照国家有关规定提供政策优惠	公补私
		31	沙化土地所在地区农村集体经济组织及其成员自愿对已经沙化的土地进行集中治理	沙化土地所在地区的地方各级人民政府	农村集体经济组织及其成员	投入的资金和劳力，可以折算为治理项目的股份、资本金，也可以采取其他形式给予补偿	公补私
		35	因保护生态的特殊要求，将治理后的土地批准划为自然保护区或者沙化土地封禁保护区的	批准机关	治理者	合理的经济补偿	公补私
18	防洪法 7，32		蓄滞洪后（国务院和有关的省、自治区、直辖市人民政府应当建立对蓄滞洪区的扶持和补偿、救助制度）	因蓄滞洪区而直接受益的地区和单位	蓄滞洪区	依照国家规定予以补偿或者救助	
19	动物防疫法 85		在动物疫病预防、控制、净化、消灭过程中强制扑杀动物、销毁动物产品和相关物品	县级以上人民政府		具体标准和办法由国务院财政部门会同有关部门制定	公补私

续表

序	法律条款		补偿条件	补偿义务主体	被补偿主体	补偿标准办法	法律关系
20	公路法	31	因建设公路影响铁路、水利、电力、邮电设施和其他设施正常使用时，对有关设施施造成损坏的	公路建设单位		事先征得有关部门的同意；按照不低于该设施原有的技术标准予以修复，或者给予相应的经济补偿	
		44	因修建铁路、机场、电站、通信设施、水利工程和进行其他建设工程需占用、挖掘公路或者使公路改线的	建设单位	公路经营企业	事先征得有关交通主管部门、有关公安机关的同意；按照不低于该路段公路原有的技术标准予以修复，改建或者给予相应的经济补偿；给予公路经营企业相应的补偿	
		45	跨越、穿越公路修建桥梁、渡槽或者架设、埋设管线等设施的，以及在公路用地范围内架设、埋设管线、电缆等设施的，对公路造成损坏的		公路经营企业	应当事先经有关交通主管部门，有关公安机关的同意；应当按照损坏程度给予补偿；给予公路经营企业应有的补偿	
		48	农业机械因当地田间作业需要在公路上短距离行驶或者军用车辆执行任务需要在公路上行驶的，对公路造成损坏的		公路经营企业	按照损坏程度给予补偿	

续表

序	法律条款		补偿条件	补偿义务主体	被补偿主体	补偿标准办法	法律关系
21	石油天然气管道保护法	21	地方各级人民政府编制、调整土地利用总体规划和城乡规划或者增加防护设施的，搬迁或者需要管道改建、			与管道企业协商确定补偿方案	
		14	依法建设的管道通过集体所有的土地或者他人取得使用权的国有土地，影响土地使用的	管道企业	集体土地所有权人或者国有土地使用权人	按照管道建设时土地的用途给予补偿	
		59	本法施行前在管道保护距离内已建成的人口密集场所和易燃易爆物品的生产、经营、存储场所，搬迁或者建成已建成的管道改建、需要采取必要的防护措施的			与管道企业协商确定补偿方案	
22	军事设施保护法	20	划定军事禁区外围安全控制范围影响行使权利的	所在地人民政府	不动产所有权人或者用益物权人	依照有关法律、法规的规定予以补偿	公补私
		28	划定作战工程安全保护范围影响行使权利的				
23	国防动员法 41		国家决定实施国防动员后，因承担转产、扩大生产军品任务造成直接经济损失的	国家	承担转产、扩大生产军品任务的单位	给予补偿	

义，生态环境、生物多样性、自然资源保育、灾害疫病防避、公共设施等公共性利益，也包括人身财产安全等私人利益。

　　法律针对公共利益和私人利益的保护，根据利益衡量的情境或者权利碰撞的方式设置了不同的补偿措施：其一，公权力对私权利的限制，一般采用财政补偿的方式，只是具体的补偿义务主体存在差异性，包括不同层级的政府、政府部门，补偿的依据是法律或者国家相关规定，通常附带授权条款，授权适当政府或者部门制定具体办法。比较特别的是《森林法》，在认可公益林划定而给予非国有林地权利人的补偿时，提到签订书面协议并给予合理补偿的方式。这表明在公权力限制私权利时，也会使用意定的方式，而不是一概通过法定途径。其二，具有公共服务性质的建设主体和运营主体之间的权利冲突，或者具有公共服务性质的建设主体和运营主体同私人自然资源财产权利人之间的权利冲突，一般采用受益者补偿受损者的方式，公共服务性质的建设主体和运营主体在权利行使上一般具有优先性，允许协商方式确定补偿。补偿措施的设置实际上是立法者对自然开发利用收益和成本的配置，比如对生态环境保护做出努力并付出代价者理应得到相应的经济补偿，而生态受益人也不能免费使用改善了的生态环境①，补偿方案是立法对这种社会分工和利益互补的确认。

　　就补偿标准而言，则具有多样性。主要有以下几种：第一，法定标准，如只概括规定"依照有关法律、法规规定补偿"。第二，意定标准，法律允许协商确定。第三，合理补偿标准，如给予沙化土地治理者"合理的经济补偿"。第四，直接经济损失补偿，如"给予公路经营企业受损失相应的补偿"，"按照管道建设时土地的用途给予补偿"。补偿方式除经济补偿外，还有较多的安置性补偿措施，替代性补偿措施，较为灵活。

　　总体而言，我国法律对非征收性限制的补偿规定较之普遍存在的限制性规定而言是不具有普遍性的，相关制度安排差异性大，不成体系，不确定性法律概念使用较多，且部分规范欠缺直接的操作性，依赖配套法规的颁行方可落实，但立法者"补偿受损者"的理念已具备，值得认真研习。

四、小结：法律的限制性规定构成对宪法财产权的干预

　　法律对自然资源财产权利的限制可以分为古典征收和非征收性限制两

---

① 曹明德. 对建立我国生态补偿制度的思考[J]. 法学, 2004(03)：40-43.

大类。其中"古典征收"是指国家对公民财产及其权利的剥夺，将这种典型形态以外纷繁复杂的自然资源财产权利公法限制界定为"非征收性限制"，具体可以分为不附带补偿的内容形成、社会义务和应予补偿的过度限制。

我国限制自然资源财产权利的法律载体，是由《民法典》和自然资源专门法中多重"转介条款"为沟通而建立起来的动态规范群。法律对自然资源财产权利限制的规范形态包括：权利内容的形成规范；权利行使的限制规范，具体包括原则性规范、禁止性规范、义务性规范、附条件使用规范。法律采用规范形式的不同，会影响到法益减损的计算方法，间接影响到限制程度。禁止性规范多会涉及自然资源财产权利人法益的直接减损，一般较易确定；义务性规范多会增加自然资源权利人的成本，具有叠加性、持续性、变动性，通常不易核算。激励性措施，一般而言并不构成财产权限制，但激励措施实际是资源的分配，如果法律变动，导致财政补贴、税收优惠、政府采购规模、价格等减少或降低，会令自然资源权利人产生财产权保障的诉求。法律对政府部门的规制授权性规定，使政府管制自然资源财产权利具备可能性。此外，法律责任条款的设置能反映出法律对自然资源财产权利限制的态度，欠缺法律责任条款的禁止性条款、义务性条款对自然资源财产权利的限制程度较弱，仅就财产权而言，行政法律责任中以停业、关闭、吊销权证为最重，刑事法律责任则以没收财产为最重。

在甄选出的86部规定有自然资源财产权利限制条款的法律中，设置了立法目条款的法律共有83部，通过对立法目的条款列举目的的内容和所处位置逐条分析，发现对自然资源财产权利作出限制性规定的法律中，立法目的规定繁杂多样，追求多元目的的实现。可以将限制目的类型化为保护公益、衡平私益和防范风险三类，其中立法目的中的公益主要包括：生态环境法益、自然资源保护和合理利用、安全保障，秩序维护，加强管理，经济的可持续发展，公共财产事业与设施保护，理念、战略与体制的贯彻等。

我国现行有效的法律中，除《民法典》明确财产权类型外，对自然资源财产权利内容形成之条款还分布于25部相关法律之中。这些法律规范对自然资源财产权利的获取方式、权利主体、是否有偿、权能内容、期限乃至登记等做了或详尽或简略的规定，塑造了自然资源财产权利。除自然资源所有权私人取得的禁止外（林木除外），其限制性规定都针对各类自然资源使用权。有86部法律对自然资源财产权利占有、使用、处分及收益权能施加了外在限制，其所采用的规制手段包括管制性规制、市场性规制、信息规制工具、合作性规制等。现行有效的法律中共有 46 部法律做了补偿相关的规定，对自然资源财产权利所作的各种非征收性限制，以不补偿甚至附带罚则为常态，以补偿为例外。这些规范为限制措施提供了法律基础，是对自然资源财产权利的干预，其中可能存在对自然资源财产权利的过度限制乃至侵害规范，应当受合宪性审查。

第五章 自然资源财产权利限制及其限制的宪法依据

财产权受到限制有宪法依据吗？财产权的限制之限制的宪法边界何在？对自然资源财产权利限制有特别关联的宪法规范依据有哪些？对这些问题的回答是做合宪性判断和实现合宪性控制的前提，需要以宪法文本为依据作系统考察，为自然资源财产权利的限制找到正当化宪法依据，同时也为限制之再限制找到宪法边界。在对自然资源财产权利非征收性限制进行合宪性分析时，必须根据具体关涉情形考虑宪法条款的适用。

一、现行宪法中是否存在财产权非征收性限制规范依据

（一）宪法私有财产权保障条款分析

我国《宪法》第 13 条①作为私有财产权保障的核心条款，由 3 款内容构成。与有着清晰的不可侵犯条款、限制条款、征收补偿条款三重结构的德国《基本法》②和日本宪法③相比较，是否同样具备三重结构，从宪法文本表述尚难识别，学界也还存在争议。在这 3 款内容之中，第 1 款作为不

---

① 《中华人民共和国宪法》（1982 年颁布，2018 年修改）第 13 条规定："公民的合法的私有财产不受侵犯。国家依照法律规定保护公民的私有财产权和继承权。国家为了公共利益的需要，可以依照法律规定对公民的私有财产实行征收或者征用并给予补偿。"
② 《德意志联邦共和国基本法》（1949 年颁布，2006 年修改）第 14 条规定："一、财产权及继承权应予保障，其内容与限制由法律规定之。二、财产权负有义务。财产权之行使应同时有益于公共福利。三、财产之征收，必须为公共福利始得为之。其执行，必须根据法律始得为之，此项法律应规定赔偿之性质与范围。赔偿之决定应公平衡量公共利益与关系人之利益。赔偿范围如有争执，得向普通法院提起诉讼。"
③ 《日本国宪法》（1946 年颁布）第 29 条规定："① 不得侵犯财产权。② 财产权的内容应适合于公共福利，由法律规定之。③ 私有财产在正当的补偿下得收归公用。"

可侵犯条款，第 3 款中"征收"规定作为征收补偿条款，其意义和功能已得到学界共识①，但对于我国宪法是否有财产权非征收性限制的规范依据学者们尚存争议，各争论观点的角力之处主要在三点：关于第 13 条第 2 款，如何解释；关于第 13 条第 3 款，征用如何定位；关于 13 条以外的其他条款，是否能够形成规范依据，或者至少是文本解释资源。下文分否定说和肯定说进行梳理。

否定说，认为征收征用范围仅包括国家取得义务人的财产所有权、使用权或者劳务，却没有提及对于财产权额外限制（公益限制）的情形，这成为我国现有征收征用中的空白区域②，应通过修宪方式增设财产权非征收性限制的规范依据，即在公益征收、公益征用之外设置公益限制③。如在《宪法》第 13 条增加 1 款，即"财产权的内容与限制由法律规定。财产权负有义务。财产权之行使不得损害公共利益"，将不完善的"保障+剥夺"二层结构变为"保障+限制+剥夺"的三层结构。④ 宪法土地征收条款，即《宪法》第 10 条第 3 款⑤也仅针对公益征收征用加以规定，存在同样的问题。宪法对财产权非征收性限制规定的阙如，会传导至法律体系，导致法律体系也欠缺财产权过度限制的系统规制。如有学者针对"街区制"试点下小区道路公共化的政策，提出这种建筑区划内的道路公有权限制势必影响权利人对土地的利用，造成过度的限制，属于管制性征收，而法律仅对财产被直接剥夺或征用时给权利人提供救济与补偿有规定，限制财产权的法律依据与寻求救济的途径仍属于法律空白。⑥

肯定说认为现行宪法中未明确规定财产权非征收性限制，但存在非征

---

① 林来梵教授较早对现代财产权保障规范包括的不可侵犯条款、制约条款和征用补偿条款三重结构作了解析，已成为分析我国《宪法》第 13 条规范结构的重要范式。关于财产权保障规范的三重结构，详见林来梵. 论私人财产权的宪法保障[J]. 法学，1999(03)：15-22.

② 杨解君，顾冶青. 宪法构架下征收征用制度之整合——关于建构我国公益收用制度的行政法学思考[J]. 法商研究，2004(05)：39-48.

③ 周杏梅.《物权法》颁布与我国征收征用概念之重构[J]. 河南工程学院学报(社会科学版)，2008(03)：57-63.

④ 参见房绍坤、王洪平. 从财产权保障视角论我国的宪法财产权条款[J]. 法律科学(西北政法大学学报)，2011(02)：103-112；房绍坤，王洪平. 公益征收法研究[M]. 北京：中国人民大学出版社，2011：24；王海燕. 私有财产权限制研究[M]. 北京：中国社会科学出版社，2017：247-248.

⑤ 具体内容：国家为了公共利益的需要，可以依照法律规定对土地实行征收或者征用并给予补偿。

⑥ 黄胜开，刘霞."街区制"模式下小区道路公共化的法律规制[J]. 理论导刊，2016(05)：102-106.

收性限制的规范依据，有必要将非征收性限制的规范依据搜索范围扩大，在《宪法》第 13 条之外寻求依据。这其中又存在诸多不同观点，观点一：财产权负担社会义务不需要宪法上的实证化，已实然存在。如有学者认为我国《宪法》第 13 条中第 1 款、第 2 款系不可侵犯条款，确实不存在类似德国"限制条款"这一结构，但财产的社会义务并不以宪法上的实证化为前提，在我国宪法中，财产仍然是承担义务的，与德国并无本质区别。① 观点二：宪法的社会主义原则条款(第 1 条第 2 款)、社会保障条款(第 14 条)以及基本权利的概括性限制条款(第 51 条)可以共同作为财产权负担社会义务受到无补偿的单纯限制的规范基础。② 观点三：宪法上的"征用"概念可以对接"管制性征收"。在我国因政府管制而产生征收效果的情形并不鲜见，广泛存在的土地用途管制，退耕还林、退耕还草，改变建设用地为农用地等均为其适例，对此如果管制"走得太远"，产生了征收同样的效果，就构成"管制性征收"，以时间维度的界分入手，若构成永久性的管制，则受到征收规范的约束，若只是临时性的，则受征用规范的约束③，从而使宪法上的"征收"和"征用"成为非征收性限制概念发育的规范土壤。有学者甚至主张，应当将宪法上"征收"和"征用"两个概念再合一，并参照美国法经验，结合我国尚未从制度层面建立起"管制性征收"的实践状况，主张将未经正式征收程序而对私有财产剥夺和侵犯的占有性征收和管制性征收(反向征收的两种情形)纳入统一的公益征收制度。④

上述否定说和肯定说都对我国宪法中财产权非征收性限制规范的引入或者证成持赞成态度，但所采取解释方案存在"入宪"和"在宪"的差异。

(二)宪法基本权利一般限制条款分析

位于现行宪法基本权利和义务章的第 51 条⑤，被认为是宪法基本权利一般限制条款，或者原则性的限制规定，不但适用于未加任何限制的权

---

① 参见谢立斌. 宪法解释[M]. 北京：中国政法大学出版社，2014：56-59.
② 张翔. 财产权的社会义务[J]. 中国社会科学，2012(09)：100-119+207-208.
③ 参见刘连泰. 宪法文本中的征收规范解释——以中国宪法第十三条第三款为中心[M]. 北京：中国政法大学出版社，2014：147-149.
④ 参见房绍坤，王洪平. 公益征收法研究[M]. 北京：中国人民大学出版社，2011：105-121，134-135.
⑤ 《中华人民共和国宪法》(1982 年颁布，2018 年修改)第 51 条规定："中华人民共和国公民在行使自由和权利的时候，不得损害国家的、社会的、集体的利益和其他公民的合法的自由和权利。"

利和自由，而且适用于已作过限制的公民的基本权利和自由①。宪法财产权条款位于总纲部分，但却被认为是财产权保障条款，原因在于，人们的社会生活离不开生产资料的占有制度以及由它决定的个人财产保护制度，财产权一般都和社会经济制度相联系，而财产权又是公民个人生活方面不可或缺最基本的权利，无论从财产权的社会功能的现实演变，还是从财产权自"天赋人权"到"社会职务"的理念变迁，都能够得出财产权同时具备社会经济文化权利和个人自由权利的双重属性。② 作为一项权利和自由，宪法财产权的行使亦应遵守《宪法》第 51 条的约束。这种限制是一种对权利行使的实质限制，同时也为国家公权力对财产权的塑造，对不同主体之间财产权益，以及财产权益与其他宪法价值的配置与权衡设置了规范，是一种限制之限制。宪法未明文规定基本权利限制的形式要件，目的在于促进基本权利保障程度的最大化③。

依据《宪法》第 51 条规定，自然资源财产权利人在行使开发利用自然资源的权利时，"不得损害国家的、社会的、集体的利益和其他公民的合法的自由和权利"。在自然资源领域，如果法律基于保护国家的、社会的、集体的利益和其他公民的合法的自由和权利，对自然资源财产权利施加限制时，其实质是对公共资源的配置和冲突权利的权衡。于此，《宪法》第 51 条可以成为限制的正当化的初步依据，但不得作为唯一依据。原因在于，"不得损害"仅从禁止性命令的角度消极规定权利边界，并未预设"国家的、社会的、集体的利益和其他公民的合法的自由和权利"相对于宪法财产权的优势地位。一方面，财产权的正当行使正如此处"其他公民的合法的自由和权利"④一样也受到宪法的保护，没有优先顺位，只能进行权衡；另一方面，作为限制基本权利的四个范畴"公共利益""国家

---

① 何华辉.比较宪法学[M].武汉：武汉大学出版社，2013：194.
② 在"马工程"教材中，将私人财产权的规定作为社会主义市场经济体制的规定，将财产权放入水经济权利中阐述，认为其是公民基本权利的重要内容，是公民在社会生活中获得自由与实现经济利益的必要途径，同时也指出宪法规定的财产权主要是为防御公共权力而存在的，并指出该权利与其他社会经济权利一样，也不是绝对的。教材中对财产权的定位，财产权功能的描述印证了这一观点。参见《宪法学》编写组.宪法学(第二版)[M].北京：高等教育出版社，2020：142，213.
③ 陈楚风.中国宪法上基本权利限制的形式要件[J].法学研究，2021(05)：129-143.
④ 有学者指出从宪法的文本结构角度观察，现行《宪法》第 51 条位于基本权利条款与基本义务条款的过渡地带，一方面是对公民权利和自由的限制，另一方面则是对"其他公民"合法权利和自由的确认与保障，这其中甚至包括宪法未列举的新兴基本权利。参见王进文.宪法基本权利限制条款权利保障功能之解释与适用——兼论对新兴基本权利的确认与保护[J].华东政法大学学报，2018(05)：88-102.

利益""社会利益""集体利益"其各自的概念内涵和外延，彼此之间的逻辑关系尚不明确①，且宪法还设置了若干具体的甚至彼此间具有竞争性的国家目标和任务。基于此，在做合宪性判断时，仍应结合限制的实际情况，分析具体的限制目的，厘清所处理的利益衡平关系具体是否关涉到具有公共利益属性的"国家""社会""集体"，找到具体的限制规范依据，再回溯第51条加以验证，最终才能得到限制是有宪法规范依据的结论。不可将某一限制措施的"目的宣示"简单还原至"国家利益""社会利益""集体利益"，径直依据第51条得出限制有规范依据的结论。避免将国家自然资源控制的"私利"、国家机构部门乃至官员的私利、某一特殊群体和盈利团体的私益夹带入具有正当性的限制理由之中。因此，《宪法》第51条实质上既构成自然资源财产权利非征收性限制的依据，同时也构成限制之限制的依据。

(三)本书主张的观点：征收与非征收性限制分离的方案

1. 古典征收与非征收性限制的差异

古典征收与非征收性限制存在内在差异与不同运行机理（参见图5.1），应当采用分离设置的方案，而不是通过扩张古典征收的方案，以征收的"稀释"来应对非征收性限制。

古典征收中被征收人道德中性，是自由个体，具备自利的经济理性，之所以被选中，是基于主权者意志和被征收人财产与公共利益的现实关联性。征收权的存在是基于主权高权。征收是对公民财产的剥夺，征收制度的存在则是对公民私人财产权的保障，只有为了公益目的，且附带补偿，才能够强制剥夺并取得公民的私人财产。古典征收制度是在个人权利意识萌醒，表现出财产权保障的诉求和对公权的抗争中才出现萌芽，经由近代宪法的实定化，直至现代宪法社会福利国家、规制国家的征收补偿负重扩张适用(类似征收之侵害，管制性征收)。在整个萌生、实证化和扩张适用的过程中，古典征收一直都作为财产权发挥防御权功能的主战场而存在。公民对于国家发动的合宪合法的征收，只能被动接受，负有不得阻挠的法律义务，能够进行最大争取的只有赔偿金额、信息沟通、程序公正的

---

① 刘连泰. 我国宪法文本中作为人权限制理由的四个利益范畴之关系[J]. 法律科学. 西北政法学院学报，2006(04)：37-44.

部分。从这种意义上讲，服从征收命令，"财产转让的义务"①类似于甚至并列于纳税的基本义务，体现的是公民对于国家的被动地位。只是现代民主法治国家，征收因公共利益需求、支付赎买价格和正当程序而获得正当性，征税则基于纳税主体的同意及作为购买国家公共产品的对价而获得正当性，征收和征税都对国家高权设置了限制，具备财产权保障的制度功能。因而征收的法理呈现的是一种"个人与作为主权者的国家的对抗状态"。

非征收性限制则对受限者有道德预设，即作为共同体的成员，应当具备公德公心，之所以受限是因为其所行使的财产权利具有客观存在的社会关联性②，其财产权利的无限制行使会影响到公共利益或者其他人自由和权利，为了维护公共利益，防范风险，衡平私权冲突，增益公共福祉，国家不得不对私人财产权施加禁限或者课以负担。其非征收性限制的基础在于阻止侵害与滥用、保障安全的警察权行使，以及增进社会福祉的国家义务，通常不考虑补偿。受到限制的财产权利人面临倡导性规范，自为规范（不附带惩罚措施，不需要通过法律具体化），或者禁止性义务性规范（附带惩罚措施，法律具体化）的规制，可以呈现出主动为公共利益作出贡献不计个人损失，自我履行义务或者按照法律禁止性及义务性规定履行义务状态。其中自愿奉献，体现的是"主人翁""善良公民"的意识，体现的是

---

① 有学者指出，一般而言，经典的基本义务包括四项具体内容，分别是服从义务、纳税义务、兵役义务以及财产转让义务。尽管自 1789 年起，财产转让义务就是许多国家宪法文本的固有构成部分，并且依据社会契约理念对于财产保护具有重要的意义，但是它仍旧是最易忽视的一项基本义务。参见王晖. 法律中的团结观与基本义务[J]. 清华法学，2015(03)：5-17.

② 有学者指出，财产权的社会责任是由其自身的社会特性所决定的。目前，中国宪法财产权条款存在公共财产权社会责任缺失、私有财产权社会责任承担方式简单、公私财产权社会责任承担不平衡等失当状态，不利于和谐社会建设背景下中国特色的财产权社会责任理念和制度的形成和构建。西方法治国家的财产权社会责任范式值得中国学习和借鉴。构建适合中国国情的公私财产权平衡承担社会责任的制度范式是中国的次优选择。参见阮兴文. 从宪法财产权条款视角论中国财产权的社会责任承担[J]. 社科纵横，2012(04)：72-73. 除了这种客观主义的解释，对于外在道德约束的存在，还有主观主义的解释。如认为社会并非一切皆好，个人亦非一切尽善；有组织的社会需要与个人遵从同样的道德规范是人人有所体验的事实真相。人与大量客观事物建立了联系，以致人的内在天赋不足以适当控制其在各种关系中的行为，为了弥补人类自身本能的缺陷，恢复平衡状态，外部的道德法则就出现了，该论者并将其实现寄希望于自然法。[法]莫里斯·奥里乌. 法源：权力、秩序和自由[M]. 鲁仁，译. 北京：商务印书馆，2015：21，23.

公民对于国家的主动地位①；自为义务和法律义务的履行则体现的是公民对于国家的积极地位，因而呈现的是"类个体的公民与代表公共利益的国家的社会合作安排"。国家课以禁限和负担不能仅出于国家作为主权者的意志和公共利益的需要，还要考虑合作者的利益，各利益相关者的相互关系，采用各种灵活的手段，做最佳化实践方案的选择，以维系合作关系和获得最佳效果。在这种架构下，公共福利制度呈现出不同于西欧资本主义福利国家黄金年代的特征，国家的直接供给不再处于垄断地位，还可以有公共财政资金与受监管的"私人"提供社会福利或服务替代②，契合国家治理能力和治理体系现代化的需求。

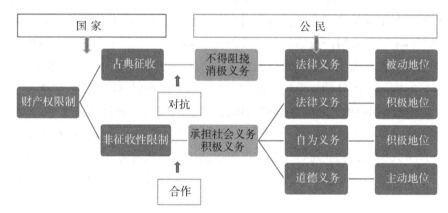

图 5.1　古典征收与非征收性限制的差异③

2. 分离方案的宪法规范表达

（1）现有条款的解释

《宪法》第 13 条第 2 款可为自然资源财产权利的非征收性限制及其限

---

① 本书研究团队于 2020 年 1 月 12 日至 18 日在青海省自然资源厅、青海省林业和草原管理局、三江源国家公园管理局就自然资源资产监管改革进行调研，期间专门在矿业权管理处、矿业权退出办（临时机构）针对青海省自然保护地矿业权退出情况进行了访谈。在访谈中了解到现阶段的青海省省内的矿权退出缺乏政策渠道，顶层支持不足，导致青海省在进行矿权退出的过程中不是很顺利，但实践中也存在矿业权人积极配合工作，主动退出而不要求补偿的情况。

② 参见[英]马丁·瑟勒博．福利国家的变迁：比较视野[M]．文姚丽，译．北京：中国人民大学出版社，2020：10-11.

③ 本图的绘制受到"爱护义务类型化分析逻辑图"的启发，该图借鉴德国学者关于基本义务与公民地位的理论绘制。参见杨喆翔，肖泽晟．爱护公共财产义务的宪法意蕴[J]．浙江学刊，2020（04）：111-120.

制提供部分规范基础。《宪法》第 13 条第 2 款解释，如果持财产权"内在限制"的观点，则"依照法律规定保护"亦可解释为财产权的制度性保障，其中蕴含财产权内容形成与对财产权必要的限制，以及对财产权限制的法律保留；如果持财产权"外在限制"①的观点，则亦可能推出对财产权限制的法律保留，这些解释尚在文本可容纳范围之内，只是在作解释时应考虑宪法保障财产权之意旨，并作宪法规范的体系化思考。

《宪法》第 13 条第 3 款"征用"的定位，至少可以有两种解释方案：其一，统一于征收的限缩解释方案(参见图 5.2)。按照征用的实际情况分流出符合非征收性限制特征的"征用"，再辅以专门建构的非征收性限制的方案。具体而言，即是将征用中财产灭失毁损或者有其他不可归还的情形认定为征收；将征用中其他情形，作为财产权的非征收性限制例外情形，认为构成过度限制，必须附带补偿。以此为基础，还可参照利用现有的征用法律规范和相关制度，分析其补偿的条件、补偿的标准和补偿实践，拓展建构其他非征收性限制规制措施的法律规范。其二，分离于征收的规范重构方案。这一方案涉及宪法修改，将"征用"作为财产权非征收性限制的基石概念，说明基于财产的社会义务而受到限制，被国家征用，征用在财产权人受到过度限制时应当给予补偿。使"征用"与征收并立，各自遵循不同的制度逻辑。本书基于对宪法文本的尊重，立法成本和制度建构成本的考虑，认为第一种方案在现有框架下更具有可操作性。

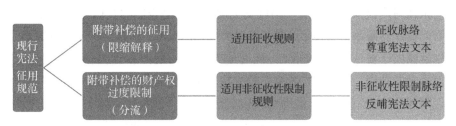

图 5.2 现行宪法中征用规范的限缩解释方案

本书赞同在征收条款之外寻求限制规范依据的体系性解释的方案。需要依据自然资源财产权利非征收性限制具体情境(目的、行为方式)甄选其他间接规范依据，作为合宪性判断的宪法准据。需要注意的是，即使在

---

① 关于基本权利"内在限制"与"外在限制"的评介，参见[日]芦部信喜，高桥和之. 宪法(第三版)[M]. 林来梵，凌维慈，龙绚丽，译. 北京：北京大学出版社，2006：203；张翔. 财产权的社会义务[J]. 中国社会科学，2012(09)：100-119+207-208.

德国，社会义务作为德国《基本法》明文做出的一个重大价值决定，并不直接产生财产权人任何种类的宪法上的义务，内容和限制的规定以及社会义务构成了一个统一的法律保留，是一个对立法者的宪法委托，让其在安排财产权制度时，给予社会方面，也即财产权的共同约束方面以足够的效力①，在我国亦应如此，且由法律具体化的财产权非征收性义务仍应接受合宪性审查。

（2）宪法文本完善建议

建议将现行《宪法》第 13 条修改为：

第 13 条　公民的合法的私有财产权和继承权不受侵犯。【不受侵犯条款】

国家尊重和保护公民的私有财产权和继承权。【国家义务条款】

财产权的内容应适合于公共福利，财产权的行使应同时有益于公共福利。【财产权内容形成与限制条款】

国家为了公共利益的需要，可以依照法律规定对公民的私有财产实行征收或者征用并给予补偿。【财产权公益征收条款】

3. 分离方案的证成

（1）分离方案能够克服"扩张的征收方案"不可预测性的现实困境

在持非征收性限制肯定说的学者观点中，表现出依赖"扩张的征收方案"的倾向，是在征收的脉络中力争保护被采取非征收性限制的财产权，主张在财产权因为各种管制措施受到限制时，是否能够获得补偿，取决于财产权受到限制的程度，"剥夺性损失"越重越久，则越接近于古典征收，则越倾向于被认定为"征收"，从而使受限制的财产权利人获得因被征收而附带的补偿。这种"扩张的征收方案"通过将某些"走得太远"的非征收性限制认定为"征收"，借助"征收必附带补偿"的规则来弥补受到过度限制的财产权的"剥夺性损失"。这种方法尽管具有保护产权的有效性和节省制度建构成本的功能，但却具有不可预测性。在采行管制性征收的美国，何时一项管制性措施构成"征收"，迄今还未建立稳固普适的标准，依然是司法审查的"荆棘地带"②；在已经将财产权内容形成与限制宪法实

---

① ［德］来汉瑞. 财产权的社会义务：比较视野［M］. 谢立斌，张小丹，译. 北京：社会科学文献出版社，2014：362.

② 刘连泰教授研究团队在美国管制性征收法领域积累了较丰富的成果，其著作较为全面地勾勒了美国法上管制性征收理论的基本图景. 参见刘连泰，刘玉姿等. 美国法上的管制性征收［M］. 北京：清华大学出版社，2017.

定化的德国，何时限制过度该给予补偿，何时构成侵害应该赔偿也依然是实践和理论难题。更为重要的是，这种借助"征收"来解决"限制"问题的方案，忽略了古典征收与非征收性限制内在差异与不同运行机理，因而必定是不敷所用。

在分离的方案中，将建构起专门的非征收性限制制度，设置财产权非征收性限制的明文宪法规范，融贯解释现有的相关规范，形成客观价值秩序，以此框架秩序约束立法、行政和司法，建立财产权非征收性限制的稳定的制度框架。立法中有意识地系统地明晰财产权人义务，告知公权力边界，规定因遭受过度限制而可以获取补偿的明确条件，在行政和司法中则需要贯彻宪法保障财产权的意旨，实现个案中利益的衡平，化解因非征收性限制导致财产权受损救济无门而产生的纠纷和矛盾，增强实践中财产权人合法权益受到保障的预期，从而更好地发挥产权的激励作用，维系个人自由和社会团结①。

（2）分离方案吸收有益经验，植根于中国土壤

宪法是集中承载价值的规范文本，宪法核心价值观决定了宪法的精神气质。我国宪法有着自身的核心价值观，是在马克思主义价值理论倡导"人的自由全面发展"的价值目标下，通过对中国传统文化的扬弃，融合了英美式个人至上的自由主义，法德式社会本位的共和主义，东亚式国家至上的集体主义模式的制度优势而形成的，既防止国家或者政府过度侵入私人领域又凝聚价值共识维系和谐。② 我国宪法中以国家富强民族复兴为核心的国家目标，集体优位权利观念的价值立场，服从大局的权力结构都体现出浓厚的集体主义色彩③。这种精神气质的宪法，对基本权利的保

---

① 有学者提出，现代意义上的"团结"源自法国大革命，是与自由、平等并行的基本价值范畴。与自由不同，团结强调责任，它在公法上表现为公民对国家的基本义务。其认为团结概念经历了传统的、契约的和承认的三种范式。其次，团结作为一项法律原则，无论在私法还是公法上都有所体现，这些制度只有通过承认的团结才能获得更好的证立。在承认理论的基础上，团结不反对自由，而是力图克服个体主义的缺陷，从而更好地实现和保障自由。今日之中国，发展市场经济带来的不仅是经济的飞跃，更是贫富差距、为富不仁、仇富心理等巨大的社会离心力的动力来源。如何克服契约带来的困难，在不伤害自由的情况下让"团结"回归，是当下思考我国法律秩序构建的一个重要问题。在承认理论的基础上，团结不反对自由，而是力图克服个体主义的缺陷，从而更好地实现和保障自由。本书赞同这一立场。参见王晖．法律中的团结观与基本义务[J]．清华法学，2015（03）：5-17.

② 宪法核心价值观的法哲学基础系统梳理，参见王炎．宪法核心价值观的结构体系与释宪功能研究[D]．东南大学，2019.

③ 陈明辉．中国宪法的集体主义品格[J]．法律科学（西北政法大学学报），2017（02）：34-43.

障，不仰赖天赋人权观念的加持，不强调个人至上，注重国家满足人民的物质文化生活需求，宪法权利实现均须仰赖国家，个人的生存和发展必须与共同体的发展紧密结合起来①，具有时代性和本土性②。事实上，人类社会产生之后，任何人都不由自主地被卷入社会生活之中，他们必然要为社会作出贡献，也必然要从社会享受一定的利益和待遇③，在风险社会，这种共同体权利观念更为有力。

　　宪法是回应社会现实需求的规范文本，立宪者对现实的体察和回应程度决定了宪法的具体制度设置。在当下中国，一方面，传统遗留的宗法价值、主流意识形态倡导的集体主义价值与现代市场经济催生的个体主义价值，发生着持续性的冲突，个体主义价值却不足以为国人提供新的价值指引，价值关系呈现"非理性多元"之杂乱无序局面④；另一方面，市场经济着力培育的纵向"独立性产权"模糊⑤，在国家或者国家型政体与产权主体博弈中处于劣势，挣脱公权力控制，抵御公权力干涉的力道不足。面对这一现实，在宪法中明示财产权社会义务的同时，建立清晰的限制与补偿规则法律制度，较之当前不言明社会义务而实际频繁施加非征收性限制的习惯性干预现状，反倒更有利于财产权的宪法保障。财产权内容形成与限制规范既是限制财产权的规范基础，同时也是对非征收性限制措施进行合宪性审查与控制的依据。

二、现行宪法中自然资源财产权利限制关联宪法规范

　　鉴于自然资源财产权利强社会关联性和特殊的宪法保护价值，除了第13条宪法财产权保障条款和第51条基本权利概括限制条款外，与自然资源财产权利限制关联的宪法条款较多，详见表5.1。这些条款分布于宪法

---

①　刘茂林，秦小建. 人权的共同体观念与宪法内在义务的证成——宪法如何回应社会道德困境[J]. 法学，2012(11)：33-43.

②　徐爽. 如何认识中国宪法中的人权条款[J]. 环球法律评论，2012(06)：55-57. 有学者甚至主张，中国未来的法律应当从人际关系而不是个人本位出发，依赖道德准则而不仅是权利观念来指导法律，同时沿用中国法律传统中由来已久的实用倾向。黄宗智. 中西法律如何融合？道德、权利与实用[J]. 中外法学，2010(05)：721-736.

③　何华辉. 比较宪法学[M]. 武汉：武汉大学出版社，2013：207.

④　秦小建. 宪法对社会道德困境的回应[J]. 环球法律评论，2014(01)：73-87.

⑤　邓大才. 通向权利的阶梯：产权过程与国家治理——中西方比较视角下的中国经验[J]. 中国社会科学，2018(04)：42-66+205.

的序言，总纲、公民基本权利和义务，以及国家机构章。依据条款所处的位置、关键用语及行为模式描述的抽象程度可判断为不同的规范性质，除了均可以作为宪法解释之依据和参照外，在拘束效力和保障密度上存在差异性①。

(一)序言中的关联规范

序言中，第 7 自然段规定了国家在社会主义初级阶段的根本任务。国家根本任务条款，是"国家目标条款"，是对国家课以持续地重视或实现特定任务及目标的义务性的、具有法律约束力的宪法规范，具有动态和持续形塑国家的功能。② 我国 2018 年修宪对于"生态文明"的规定，可以被视为设定了新的国家目标内容，并对既有的环境保护国家目标原则性强化③。该段中宪法明确规定的五个文明协调发展的国家根本任务，对自然资源规制提出了更高要求，不仅是追求经济安全和可持续发展，还应与实现发展成果的共享等其他文明目标相协调。国家根本任务的客观法性质使其无法成为公民主张宪法权利的直接依据④，但可以作为合宪性判断、宪法解释的依据，具有基础性规范效力。

---

① 有学者主张宪法总纲部分条款具有"国家目标条款"的效力，比如第 26 条和第 9 条第 2 款共同表达了环境基本国策，应摒弃"方针条款"理论，借鉴"宪法委托理论"，并将其效力范围扩展至所有国家权力而成为"国家目标条款"。参见陈海嵩. 国家环境保护义务的溯源与展开[J]. 法学研究，2014(03)：62-81. 本书认为，以环境保护的实践需求和国家任务的时代变迁为导向，借镜德国法理论，将我国宪法环境基本国策解释为"国家目标条款"，忽视了两国宪法文本表述上的差异性和宪政体制的差异，无法得到预期的增强宪法规范效力的结果，对写入宪法文本中"方针条款"无法律约束力的判断也过于武断，不符合宪法的规范性要求，对于其他基本国策规范也是如此。有学者指出宪法委托的效力按照情形不同，可由强到弱分为三类。其中，效力最强的宪法委托意味着，经过某一时间立法者仍不履行其立法义务，则与宪法相抵触的法律将自动失效。其次是授权立法的条文，即宪法明文规定该事项细则由法律确定。此种宪法委托既是授权，也是对立法者的义务的设定。效力最弱的宪法委托是对立法者的一种指导原则，要求其立法时需考虑的方针式的建议，如宪法中的民主国、共和国、社会国等原则。即使效力最弱的宪法委托，也仍然是具有拘束力的。这种拘束力意味着，立法者有义务按照宪法设定的路径和目标，去创设和继续形成新的法律。参见张翔. 立法中的宪法教义学——兼论与社科法学的沟通[J]. 中国法律评论，2021(04)：96-107. 作为折中考虑，本书借鉴这一细化分类的理论，将这类条款均作为宪法委托条款，但根据其规范表达的差异，细分不同的拘束效力。
② 张翔. 立法中的宪法教义学——兼论与社科法学的沟通[J]. 中国法律评论，2021(04)：96-107.
③ 张翔. 环境宪法的新发展及其规范阐释[J]. 法学家，2018(03)：90-97+193-194；张翔，段沁. 环境保护作为"国家目标"——《联邦德国基本法》第 20a 条的学理及其启示[J]. 政治与法律，2019(10)：2-16.
④ 陈玉山. 论国家根本任务的宪法地位[J]. 清华法学，2012(05)：73-90.

表 5.1　自然资源相关条款的内容与拘束性

分布及条款		内容	关键用语	拘束性适用范围	拘束效力
序言	7 自然段	国家根本任务	中国特色社会主义道路 社会主义现代化建设 发展社会主义市场经济 贯彻新发展理念 推动物质文明、政治文明、精神文明、社会文明、生态文明协调发展 富强民主文明和谐美丽的社会主义现代化强国	宪法解释依据 合宪性判断依据 国家目标条款 立法的宪法动因 立法权形成自由的框架 公权力行使拘束性方针指导	低
总纲	1	社会主义原则	禁止任何组织或者个人破坏社会主义制度	宪法解释依据 课以公权力保护义务 针对公私主体禁止性命令	高
总纲	4(2)	民族平等	国家帮助，加速经济发展	宪法解释依据 宪法委托条款 公权力行使拘束性方针指导	低
总纲	6(2)	所有制与分配制度	国家坚持	宪法解释依据 宪法委托条款 公权力行使拘束性方针指导	低
总纲	7	国有经济	国家保障，巩固，发展，主导力量	宪法解释依据 宪法委托条款 公权力行使拘束性方针指导	低

续表

分布及条款		内容	关键用语	拘束性适用范围	拘束效力
总纲	8	集体经济	国家保护、鼓励、指导、帮助、发展	宪法解释依据 宪法委托条款 公权力行使拘束性方针指导	低
总纲	9(1)	自然资源所有	都属于国家所有，即全民所有；由法律规定属于集体所有的除外	宪法解释依据 宪法委托条款 授权立法	中
总纲	9(2)前段	自然资源合理利用；珍贵动物和植物保护	国家保障 不确定法律概念：合理、珍贵	宪法解释依据 宪法委托条款 公权力行使拘束性方针指导	低
总纲	9(2)后段	自然资源保护	禁止任何组织或者个人用任何手段侵占或者破坏	宪法解释依据 课以公权力保护义务 针对公私主体禁止性命令	高
总纲	10(2)	土地所有	除由法律规定属于国家所有的以外	宪法解释依据 宪法委托条款 授权立法	中
总纲	10(4)	土地转让	任何组织或者个人，不得侵占、买卖或者以其他形式，可以依照法律	宪法解释依据 授权立法 课以公权力保护义务 针对公私主体禁止性命令	高

续表

分布及条款		内容	关键用语	拘束性适用范围	拘束效力
总纲	10(5)	合理利用土地	一切使用土地的组织和个人必须合理地利用土地	宪法解释依据 课以公权力保护义务 课以公私主体宪法义务	高
总纲	11	非公有制经济	在法律规定范围内的，合法的权利和利益，国家保护、鼓励、支持利引导，国家监督和管理	宪法解释依据 授权立法 国家义务 公权力行使拘束性方针指导	中
总纲	12(2)	公共财产保护	禁止任何组织或者个人用任何手段侵占或者破坏	宪法解释依据 课以公权力保护义务 针对公私主体禁止性命令	高
总纲	14	社会经济发展	国家义务：国家通过、推广、完善、实行、改进、改善；国家厉行、反对；国家安排；国家建立健全 国家目标：不断提高劳动生产率和经济效益，发展社会生产力，提高人民的物质生活和文化生活；社会保障制度 不确定法律概念：节约、浪费、合理、兼顾、积累、消费，国家、集体和个人的利益，同经济发展水平相适应的	宪法解释依据 国家目标条款 宪法委托条款 国家义务 公权力行使拘束性方针指导	中

续表

分布及条款		内容	关键用语	拘束性适用范围	拘束效力
总纲	15	经济立法与宏观调控	国家加强；国家依法禁止任何组织或者个人扰乱社会经济秩序	宪法解释依据 宪法委托条款 授权立法 国家义务 针对公私主体禁止性命令	高
总纲	22(2)	名胜古迹、珍贵文物和其他重要历史文化遗产保护	国家保护	宪法解释依据 宪法委托条款 国家义务 公权力行使拘束性方针指导	低
总纲	24	社会主义精神文明建设	国家倡导社会主义精神文明，社会主义核心价值观，反对资本主义的、封建主义的和其他的腐朽思想	宪法解释依据 宪法委托条款 国家义务 公权力行使拘束性方针指导	低
总纲	26	环境保护	国家保护和改善，防治；国家组织和鼓励	宪法解释依据 宪法委托条款 国家义务 公权力行使拘束性方针指导	低
总纲	28	秩序维护	国家维护、镇压、制裁、惩办和改造	宪法解释依据 宪法委托条款 国家义务 公权力行使拘束性方针指导	低

续表

分布及条款		内容	关键用语	拘束性适用范围	拘束效力
公民的基本权利和义务	42(1、3) 43(1)	公民劳动权利和义务	公民有劳动的权利和义务；劳动是一切有劳动能力的公民的光荣职责；国有企业和城乡集体经济组织的劳动者应当以国家主人翁的态度对待自己的劳动；劳动者有休息的权利	宪法解释依据 公民基本权利义务规范 国家保护义务	高
公民的基本权利和义务	42(2、3、4)、44 43(2)	国家保障劳动权	国家通过、创造、加强、改善、提高；国家提倡、奖励；国家进行；国家发展、规定；国家依照法律规定实行；国家保障	宪法解释依据 宪法委托条款 立法授权 国家保护义务	高
公民的基本权利和义务	53	公民义务	公民必须遵守、爱护、尊重；不确定法律概念：公共财产、公共秩序、劳动纪律、社会公德	宪法解释依据 公民基本义务规范	低
公民的基本权利和义务	56	公民义务	公民有依照法律纳税的义务	宪法解释依据 公民基本义务规范 立法授权	中
国家机构	89	国务院职权	根据宪法和法律，规定行政措施，制定行政法规，发布决定和命令；各项具体行政职责（含经济工作和城乡建设、生态文明建设）	宪法解释依据 授权性规范	高
国家机构	118(2)	民族自治机关	国家应当照顾；国家开发资源、建设企业、民族自治地方的利益	宪法解释依据 国家义务	中

（注：表中括号里的数字表示款数）

(二)总纲中的关联规范

现行宪法总纲中，自然资源财产权利限制关联条款的分布较之宪法其他部分是最多的。总纲是我国宪法的重要组成部分，从条文绝对数目而言，总纲设置32条，占到序言之外宪法正文总条文数的22.4%；从条文规范内容、性质和功能而言，分量也极重，与其置于宪法第一章的位置相匹配。学界当前也愈加重视总纲的研究，包括整体性研究和专门条款的研究，从注重政治性、政策性、纲领性、目标性，强调基本方向与行动方针的指导和引领，转向注重规范性，寄厚望于客观价值秩序、制度性保障乃至生发主观公权利等多元功能的实现。按照学者对总纲规范性认可度由弱至强可以粗略梳理如下：

整体否定论：有学者采用宪法文本选择适用的观点，提出规定经济政策细节、政治性强的总纲条款被排除直接适用①；总体上认为条款内容模糊而不确定，无法像一般宪法规范那样对国家机关产生强制拘束力②。

具体甄别论：认为我国现行《宪法》文本中的基本国策内容涉及国家政权、经济、社会、文化等多方面，存在弱规范性的缺陷③，就具体条文而言，由于其内容的不同而具有不同的法律效力④。通过分析语句表达方式，区分条文的规范性内容和事实性内容，认肯总纲条款的规范效力，认为仅宪法序言第1~6自然段和第7、8、9、11、12自然段中的部分内容是对中国历史事实与现状的一种确认或对革命和建设经验的一种总结，所以不是"规范性内容"，不能作为合宪性的判断标准⑤，其他条款都具有规范性。

课以国家义务的国家目标条款或者基本国策论：认为总纲条款为国家设定了一系列未来实现的公共目标，国家被课以达到这些目标的积极义务，但允许国家审时度势以分阶段持续推进实现之⑥。总纲作为目标条款，作为具体规范的标准和界限，以及立法者的行为要求⑦，为公民权利

---

① 张千帆.论宪法的选择适用[J].中外法学，2012(05)：887-906.

② 郑贤君.宪法方法论[M].北京：中国民主法制出版社，2008：320.

③ 张义清.基本国策的宪法效力研究[J].社会主义研究，2008(06)：48-53.

④ 刘东亮，郑春燕.宪法基本国策研究[J].西南政法大学学报，2000(01)：99-102.

⑤ 饶龙飞.宪法可以选择适用吗——与张千帆教授商榷[J].政治与法律，2014(10)：95-105.

⑥ 陈诚.论宪法的纲领性条款[D].浙江大学，2011：22.

⑦ 王锴，刘犇昊.宪法总纲条款的性质与效力[J].法学论坛，2018(03)：27-34.

的实现提供了政策保障，是全国上下必须共同努力的目标①，是进行合宪性审查的重要依据②。

原则规范构造论：认为总纲中的国家政策是"具有政策构造的法规范"，核心是原则③。即使是在不具有宪法实施机制的国家，纲领性条款虽然并未赋予个人主观公权利，但可以形成一种有拘束力的"客观价值秩序"④，具备规范拘束力的同时能够保持结构的开放性⑤。

制度性权利论：认为总纲作为"制度性权利"，为基本权利提供制度性保障和制度性供给，事实上成为储备性的基本权利供给源，由立法者根据社会经济发展状况和国家现实需要，不断将总纲中确立的"将来时"的目标和任务转化为公民可请求的主观权利，而基本权利则成为总纲在主观请求权维度的延伸和发展⑥。

本书赞同纲领性条款具有规范性的判断，同时认可具体甄别论的精致态度，认为需要针对具体条款内容和表达方式来具体判断其规范性质，效力拘束范围和强度。具体而言，总纲中有 15 个条款与自然资源财产权利非征收性限制关联，具体参见表 5.1。这些条款属于宪法委托条款，规定了若干国家目标，对公权力具有拘束性方针指导的功能，为国家设定了义务，这些条款均可以作为宪法解释和合宪性判断的依据。其中设置了针对公私主体禁止性命令规范的有总纲第 1 条、第 9 条第 2款后段，第 12 条第 2 款中有具体行为模式规则；设置了明确的立法委托的有第 9 条第 1 款，第 10 条第 2、4 款，第 15 条，既是授权，也是

---

① 莫纪宏. 宪法学[M]. 北京：社会科学文献出版社，2004：215.

② 殷啸虎. 对我国宪法政策性条款功能与效力的思考[J]. 政治与法律，2019(08)：17-25.

③ 刘连泰. 中国合宪性审查的宪法文本实现[J]. 中国社会科学，2019(05)：100-120+206.

④ 潘昀提出了较为细致的类型化分析工具。依照纲领性条款之目标可分为保障型、促进型、稳定型纲领性条款，依次属于"原则本质强主导型""原则本质弱主导型""政策本质主导型"。据此认为社会主义市场经济条款具备"原则核心外包裹着政策外衣"的双重规范结构，其中的原则本质强于政策本质，并且其内涵通过中国共产党的施政纲领的解释不断被具体化。潘昀. 论宪法上的"社会主义市场经济"——围绕宪法文本的规范分析[J]. 政治与法律，2015(05)：78-91.

⑤ 廖呈钱. 宪法基本国策条款如何进入税法"总则"——规制时代税收法典化的困境及其破解[J]. 法学家，2022(01)：28-42+192.

⑥ 王理万. 制度性权利：论宪法总纲与基本权利的交互模式[J]. 浙江社会科学，2019(01)：32-40+156. 有学者较早运用总纲条款推导宪法权利，提出我国宪法文本中虽然没有列举民营企业经营自主权但通过"非公经济条款"与"社会主义市场经济制度"为民营企业自主从事经济活动提供了制度性保障，因而，民营企业经营自主权既是一项私法权利，更是一项宪法权利。参见潘昀. 论民营企业经营自主权之宪法属性——围绕"非公经济条款"的规范分析[J]. 法治研究，2014(05)：91-97.

对立法者的义务的设定。

由于自然资源财产权利的行使必然涉及社会主义国家公共利益、自然资源合理利用、公共财产之使用、开发利用秩序之维护，对生态、环境、历史文化遗产、经济文化发展的诸种影响，而宪法中这些国家目标条款实际上赋予了国家多重相互竞争或关联的国家任务或保护义务①，在立法形成过程中势必会对自然资源财产权利产生或激励或限制结果②。

因此，这些关联条款中的"国家目标"可以作为认定"公共利益"的依据，为国家设置的"宪法委托"可以成为"限制"正当化的依据，同时"限制"措施在目标方面的收益和风险的规避效果可以列入狭义比例原则衡量中"收益"的核算之中。只是在进行合宪性判断时，需要结合具体情境，选择能够涵涉拟判断事实的宪法总纲规范，作为审查的依据。如合理利用自然资源条款（第9条第2款前段），课以国家保障自然资源合理利用的义务，国家为履行这一义务设置的限制措施具有目的正当性③。此外，总纲条款中关于公共财产制、自然资源财产所有和流转的规定，可以构成立法形成自然资源财产权利内容的合宪性审查依据。如宪法土地流转规定（第10条第4款），可以解释为同时为国有土地使用权转让和集体土地使用权转让提供一个制度框架，应在具备形式合宪性基础上建构具备实质合宪性的集体土地使用权转让法秩序④，已有学者根据《宪法》第10条第4

---

① 如有学者指出"社会主义"的共同富裕本质与"法治国家"的个人自由底色共同塑造了"共同富裕"宪法概念的内在张力。以社会主义法治国家为指导，我国的共同富裕法治建设应以个人自由与财产的安全保障为前提，以坚持市场经济体制、解放生产力为物质基础，以形式法治为制度保障，以"原则模式"为实现方式，遵循循序渐进的发展规律，在自由与富裕的基础上为实现社会平衡、维护社会公平正义提供系统、全面的法治保障。既不能只看到自由、富裕而忽视了平等、共同，走向两极分化、阶层固化的极端；也不能片面强调平等、共同而摒弃了自由、富裕，走向否定市场与竞争、扼杀社会活力的极端。参见姜秉曦. 共同富裕与法治——宪法"社会主义法治国家"条款的融贯解释[J]. 法治社会，2022（03）：55-63.

② 参见宦吉娥. 法律对采矿权的非征收性限制[J]. 华东政法大学学报，2016（01）：41-55.

③ 从文本上看，在《宪法》第9条的自然资源条款（"国家保障自然资源的合理利用"）和第10条土地条款的第4款（"一切使用土地的组织和个人必须合理地利用土地"）中都明确规定了"合理利用"。仅从文本看，"合理利用"并不能涵摄"公共财产"的所有范畴；而且从文本看，"合理利用"的义务更多针对的是使用自然资源和土地的"组织和个人"，而非"国家"。但如果从整个宪法变迁的角度来看，"合理利用"的内涵和义务主体都内在潜移默化地发生了变化，足以成为宪法"社会主义公共财产"制度的本质性结构原则。参见李忠夏. "社会主义公共财产"的宪法定位："合理利用"的规范内涵[J]. 中国法学，2020（01）：86-105. 笔者赞同这一观点，在合宪性判断中，"合理利用"就成为限制的正当理由，据此众多的要求合理利用自然资源的限制性规定就具备了目的正当性。

④ 吕成. 集体土地使用权转让的宪法依据及其规范解释[J]. 中国土地科学，2021（12）：36-43.

款的规定，对《土地管理法》(2019 年修改前版本)第 43、63 条进行了合宪性审查，认为其所采取的措施是不合比例的，侵犯了由"集体所有"制度所衍生出来的《宪法》第 13 条意义上的集体财产权，因而违宪①。

(三)公民基本权利和义务章中的关联规范

1. 公民基本权利关联规范

就公民基本权利总体而言，保障公民基本权利被认为是宪法的终极目标，公民基本权利规范具有防御权和社会权的双重性质，同时作为客观价值秩序拘束国家公权力，为国家课以保护义务，作为宪法最为核心的法律规范，应当成为合宪性判断的准据。自然资源开发利用是具有高度社会关联性的行为，具备一定的公益性，私人自然资源开发利用也当然具备逐利的本质，会产生负的外部性，比如环境污染、生态破坏、诱发自然灾害、生产安全事故、危害从业人员健康等；同时也会因为自然资源载体的竞争性使用而产生资源财产权利之间的冲突。国家在履行保护义务时不可避免会基于保障某一基本权利的目的，对自然资源财产权利进行限制。因此基本权利条款可以成为限制正当化的规范依据，同时财产权保障条款则作为限制之限制的依据。

鉴于学界注重基本权利规范及其教义学研究已久，本书仅聚焦劳动权条款加以分析。《宪法》规定公民有劳动的权利和义务，在第 42 条第 2、3、4 款，第 43 条第 2 款，第 44 条专门针对国家规定了若干保障劳动权实现的义务。宪法文本语句针对"国家"，采用"通过""创造""加强""改善""提高""进行""发展""保障"等动词，以直陈式表达而非"规范性术语"表达的方式来规定行为模式，具有较强的保障性、促进性色彩，表明课以国家保障义务。宪法规范具有拘束效力，国家义务的履行有一个渐进的过程，宪法规范为国家设定了必须过程性地达至目标，但同时也为国家留下了较大的行动空间和时间区间。例如，第 42 条第 4 款规定"国家对就业前的公民进行必要的劳动就业训练"，可以转化为"国家应当对就业前的公民进行必要的劳动就业训练"，对国家课以"就业训练"的义务，但并未对如何、何时、何种程度履行义务作出规定，国家对义务的履行有自主空间。实践中，国家通过立法课以自然资源开发利用企业培训员工的义务，便有了间接的宪法依据。《宪法》第 43 条第 2 款要求国家"规定"，第

---

① 参见李忠夏. 农村土地流转的合宪性分析[J]. 中国法学，2015(04)：123-141.

44 条第 1 款要求国家"依照法律规定"，则课以国家立法义务。特别要注意的是，第 42 条第 3 款后段倡导性授权规范"国家提倡公民从事义务劳动"，即授予国家倡导的权力，同时也限制了国家强行要求公民从事义务劳动的权力。

2. 公民基本义务关联规范

我国宪法明文规定了公民的基本义务，学界对公民基本义务的研究较之公民基本权利的研究显得薄弱，对于公民基本义务的规范性质和效力还未达成共识，大致可以分为以下两类：

其一，立足于公民基本权利保障的观点：有学者否定基本义务规范在宪法中存在的必要性①，有学者则对现有义务条款持"权利视角"的理解，亦即赋予其约束国家权力、保障公民权利的含义②。这两类观点都是在基本权利的脉络中去理解基本义务，强调权利的保障，而忽视了基本义务存在对于国家存续和国家目标实现的重要意义，从而也忽视了其对于需要国家提供保障和保护的公民基本权利的实现之不可或缺的意义。

其二，立足于公民与国家关系的观点：有学者主张公民基本义务有着独立于基本权利的宪法地位，具备规范上的独立品格③。公民基本权利的限制不属于公民基本义务；公民基本权利的限制不能推导出公民基本义务；公民基本义务的履行会造成公民基本权利的"限制"④。基本义务的"基本"之处，在于它是构建和维持国家的前提，关系到政治共同体的共同利益和所有国民的生存，是个体对公共利益必须负担的责任，也是维持个体自由的根本前提⑤，"对国家存续具有的决定性意义"，或"关乎国家

<hr>

① 张千帆. 论宪法的选择适用[J]. 中外法学，2012(05)：887-906.
② 姜峰. 宪法公民义务条款的理论基础问题一个反思的视角[J]. 中外法学，2013(02)：284-299.
③ 姜秉曦. 我国宪法中公民基本义务的规范分析[J]. 法学评论，2018(02)：43-53.
④ 有学者指出，公民基本义务与公民基本权利的限制，其内涵存在显著的不同，主要表现为三点，一是设立的目的不同，公民基本义务是为了国家权力的存续和发展这种公共利益而设立，公民基本权利的限制则是为了划定个人权利与他人权利、个人权利与公共利益之间的界限，从而确定个人享有权利和获得保障的内在范围，是以个人为出发点；二是存在方式不同，公民基本权利的限制必须附属于基本权利而存在，而公民基本义务不必附属于公民基本权利，而是独立存在；三是行为方式不同，公民基本义务大多要求个人积极履行义务，即作为义务，而公民基本权利的限制并不必然表现为作为义务，往往以不作为方式存在。参见梁洪霞. 公民基本义务原理、规范与应用[D]. 西南政法大学，2010：27，30.
⑤ 王晖. 法律中的团结观与基本义务[J]. 清华法学，2015(03)：5-17.

目的的实现"①。在此认识基础上，学者们才能进一步展开对基本义务规范性研究。有学者认为，基本义务哲学基础具有"前宪法性"和"前国家性"，其中自由主义是夜警国家得以存在的基础，福利主义是社会国家的信条，目前，基本义务须受法律保留原则及宪法约束已成为通说，具体表现为义务法定，适用比例原则予以审查②。但对于比例原则和法律保留原则的适用，则尚存分歧。一种观点认为，应当适用强化法律保留，禁止授权行政机关为之③。另一种观点则主张广义"法律保留"下的二阶段具体化模式，基本义务的核心决定，即本质内涵，是基本义务的"形成要素"，基本义务本质内涵的具体化，只能适用强化法律保留；具体化中的技术性、细节性规定，是对基本义务的内涵展开进一步延伸、拓展，是由国家立法权依据基本义务的核心决定所创设的单纯的法律义务，构成了对基本权利的限制，应成为比例原则的审查对象。而对于这一部分的具体化，既可以通过国家立法机关制定法律，也可通过行政机关制定行政法规或者地方立法机关制定地方性法规等方式进行④。

本着对现行宪法基本义务规范设置的尊重，以及对既有的公民基本义务具体化路径的体认，本书赞同公民基本义务具备独立规范品格的观点，并赞同区分基本义务核心决定、基本义务技术性细节性规定施加不同合宪性审查要求二阶段模式。肯定基本义务规范的独立宪法地位，直接对国家课以公民基本义务的行为进行合宪性控制，反倒比以基本权利视角去定位和约束基本义务的迂回路径更有力。在公民义务规范中，第53条公民守法、爱护公共财产、尊重社会公德义务和第56条纳税义务条款与自然资源财产权利限制关联。第53条也被称为"遵守宪法和法律的义务"，是宪法基本义务规范体系的核心，属于"秩序生成"义务，该条文使用了"必须"的能愿动词，有规范上的"应当"之意⑤。具体分析如下：

其一，排列于第53条首位的"遵守宪法和法律"义务，凸显了法治国家的形象，与总纲第7自然段"健全社会主义法治"的根本任务呼应，是第5条社会法治国家原则贯彻落实的重要内容和保障。

其二，"爱护公共财产"义务，在宪法上确立该义务，是公共财产神

---

① 王锴. 为公民基本义务辩护——基于德国学说的梳理[J]. 政治与法律，2015(10)：116-128.
② 郑贤君. 基本义务的宪法界限：法律保留之适用[J]. 长白学刊，2014(03)：71-76.
③ 郑贤君. 基本义务的宪法界限：法律保留之适用[J]. 长白学刊，2014(03)：71-76.
④ 姜秉曦. 我国宪法中公民基本义务的规范分析[J]. 法学评论，2018(02)：43-53.
⑤ 参见姜秉曦. 我国宪法中公民基本义务的规范分析[J]. 法学评论，2018(02)：43-53.

圣不可侵犯之内在要求，是保障公有制落于实地之必要条件。为了确保爱护义务的切实履行，立法机关应制定法律，规定不履行爱护义务应当承担的法律责任，建立容错机制和激励公民履行爱护义务的机制，并在法律上认可公民有合理使用附近公共财产的权利①。我国当前正在推进自然资源资产产权制度改革，为作为公共财产重要组成部分的全民所有自然资源资产提供保护，要求财产权利人合理使用、节约使用、综合利用是完善自然资源领域立法的重要动向，也是对"爱护公共财产"义务的具体化和法定化。

其三，"尊重社会公德"义务是否具有规范性，则存在争议。否定其具有规范性的观点，如"尊重"非规范性的法律语言，拒斥以社会公德限制公民的基本权利和自由②；肯定其具有规范性的观点，如社会公德不仅仅是外在的行为准则，在本质上是对个体与共同体关系的改造，它涉及日渐自由的个体如何在社会中生存，关乎着现代社会共同体的存续和维系③，将这一义务与社会主义核心价值观条款（第24条）、社会主义国家性质相关联，该项义务的履行，对于推进社会主义核心价值观与宪法的实质融合，勾连中国社会各阶层的"最大公约数"，在多元并存的转型时代背景下凝聚中国力量具有重要意义④，该义务条款属于宪法规范，立法在设定公民的行为模式时，特别是涉及需要个体奉献、牺牲的领域，应当在个体与共同体的道德理念之间保持适当的平衡，使个体与他人、社会和国家保持良好的关系⑤。这一义务规范为自然资源财产权利社会义务的证成提供了规范依据。

其四，纳税基本义务的意义不仅在于对公民纳税法律义务的宪法设定，同时作为宪法委托，设定了立法义务，由立法对纳税义务具体化规范化。自然资源财产权利人被课以多重税负，这些税负无疑构成对其财产权利的限制⑥。纳税义务的正当性基础并非基于国家对暴力的合法垄断下的强制，而在于纳税人的同意，表现为由纳税人参与的民主机制，由税收立

---

① 杨喆翔，肖泽晟. 爱护公共财产义务的宪法意蕴[J]. 浙江学刊，2020(04)：111-120.

② 陈斯彬. 宪法文本中的"社会公德"条款及其公私法应用[J]. 江海学刊，2016(04)：141-146.

③ 秦小建，朱俊亭. 宪法社会公德条款的规范阐释[J]. 交大法学，2022(02)：42-58.

④ 苗勇. 宪法社会主义核心价值观条款的规范性分析[J]. 秘书，2021(02)：47-54.

⑤ 秦小建，朱俊亭. 宪法社会公德条款的规范阐释[J]. 交大法学，2022(02)：42-58.

⑥ 韩大元，冯家亮. 中国宪法文本中纳税义务条款的规范分析[J]. 兰州大学学报（社会科学版），2008(06)：1-7.

法的议会保留形成的征税者与纳税者之间的契约①。《宪法》第 56 条可以作为对自然资源财产权利人纳税负担合宪性审查的直接依据，宪法财产权保障条款构成了该项限制的再限制边界。

(四)"国家机构"章的关联规范

2018 年修宪新增的第 89 条第 6 项是国家机构条款，在宪法上建立了生态环境保护领域国家权力分工的"框架秩序"，该条款属于特别宪法委托条款，是在事实层面对行政机关所承担生态环境保护职责的确认，但并没有在规范层面形成绝对化的"行政机关优先"宪法价值秩序②，实践中仍需要妥当处理立法权与行政权的职责分配③。《宪法》第 118 条第 2 款设定了国家照顾民族地方利益的义务，其规范的假定部分正是"开发资源、建设企业"，这项宪法义务的履行要求国家采取措施照顾民族地方利益，但并未对国家履行该项义务的方式加以具体规定，国家有自主决定的空间，实践中可能出现通过立法、设置资源出让条件、设置合同义务、设置特定捐等方式要求自然资源财产权利人分享收益或者承担当地成本，《宪法》第 118 条第 2 款可以作为这类限制的合宪性判断依据。

三、小结：分离的方案、依据规范的脉络与合宪性判断功能

古典征收与非征收性限制存在内在差异与不同运行机理。

古典征收中被征收人道德中性，是自由个体，具备自利的经济理性，之所以被征收是基于主权者意志和被征收人财产与公共利益的现实关联性。征收权的存在是基于主权高权。征收是对公民财产的剥夺，征收制度的存在则是对公民私人财产权的保障。公民服从征收命令，"财产转让的义务"类似于甚至并列于纳税的基本义务，体现的是公民对于国家的被动地位。现代民主法治国家，征收因公共利益需求、支付对价和正当程序而获得正当性。因而征收的法理呈现的是一种"个人与作为主权者的国家的对抗状态"。

非征收性限制则对受限者有道德预设，即作为共同体的成员，应当具

---

① 王世涛.纳税基本义务的宪定价值及其规范方式[J].当代法学，2021(04)：83-92.
② 陈海嵩.生态环境治理现代化中的国家权力分工——宪法解释的视角[J].政法论丛，2021(05)：95-104.
③ 张翔.环境宪法的新发展及其规范阐释[J].法学家，2018(03)：90-97+193-194.

备公德公心，之所以受限是因为其所行使的财产权利具有客观存在的社会关联性，为了维护公共利益，防范风险，衡平私权冲突，增益公共福祉，国家不得不对私人财产权施加禁限或课以负担。其正当性基础在于阻止侵害与滥用、保障安全的警察权行使，以及增进社会福祉的国家义务，通常不考虑补偿。受到限制的财产权利人面临倡导性规范，自为规范，或者禁止性义务性规范的规制，可以呈现出主动为公共利益作出贡献、不计个人损失，自我履行义务或者按照法律禁止性及义务性规定履行义务状态，其中自愿奉献，具有"主人翁""善良公民"的人设。国家课以禁限和负担则应考虑各利益相关者的利益，以维系合作关系和获得最佳效果。因而非征收性限制呈现的是一种"类个体的公民与代表公共利益的国家的社会合作安排"。

　　我国宪法财产权保障条款存在保障+公益征收的结构，欠缺财产权限制结构。财产权非征收性限制应当采用分离设置的方案，而不是通过扩张稀释古典征收的方案来回应非征收性限制广泛存在的实践。《宪法》第13条第2款可为自然资源财产权利的非征收性限制及其限制提供部分规范基础，"依照法律规定保护"亦可解释为财产权的制度性保障，其中蕴含财产权内容形成与对财产权必要的限制，以及对财产权限制的法律保留。《宪法》第13条第3款"征用"的定位可以采用"统一于征收的限缩解释方案"，具体而言，即是将征用中财产灭失毁损或者有其他不可归还的情形认定为征收；将征用中其他情形，作为财产权的非征收性限制例外情形，认定为构成过度限制，必须附带补偿。以此为基础，还可参照利用现有的征用法律规范和相关制度，分析其补偿的条件、补偿的标准和补偿实践，拓展建构其他非征收性限制规制措施的法律规范。建议将现行《宪法》第13条修改为：公民的合法的私有财产权和继承权不受侵犯。【不受侵犯条款】国家尊重和保护公民的私有财产权和继承权。【国家义务条款】财产权的内容应适合于公共福利，财产权的行使应同时有益于公共福利。【财产权内容形成与限制条款】国家为了公共利益的需要，可以依照法律规定对公民的私有财产实行征收或者征用并给予补偿。【财产权公益征收条款】由此，形成财产权保障的四重结构。分离的方案能够克服"扩张的征收"不可预测性的现实困境，吸收有益经验，植根于中国土壤，有助于个人自由与社会团结双向成全，具有现实参考价值。

　　在财产权保障条款之外，还应从整个宪法脉络中搜寻其他关联条款，如社会主义条款、社会主义核心价值观条款、基本权利的概括性限制条款，为财产权非征收性限制及其再限制提供坚实的宪法规范依据。征收条款之外，在宪法的序言、总纲、公民基本权利和义务，以及国家机构章中还存在诸多限制规范依据，应采用体系性解释的方案，同时依据自然资源财产权利非征收性限制具体情境（目的、行为方式）甄选其他间接规范依据，作为合宪性判断的宪法准据。这些关联规范，呈现出序言第7自然段的国家基本任务引领，总纲社会主义基本原则和相关制度细化与保障，公民基本权利着力，公民基本义务支持，国家职责回应的彼此关联和助益规范脉络。这一规范脉络能够为自然资源财产权内容形成的合宪性提供判断准据；为自然资源财产权利非征收性限制的法律保留审查提供判断依据，为限制的目的正当性审查提供判断依据，为比例原则衡量中成本与收益的核算提供线索，为是否应当补偿的决策提供整合规范和价值引领。

第六章　自然资源财产权利非征收性
限制的合宪性判断

通过前文的"长途跋涉"，我们发现自然资源财产权利是具有特殊宪法保护价值的财产权利，落入宪法财产权的保护范围；法律对自然资源财产权利的限制大量存在，且以附带补偿为例外；宪法中财产权保障条款，基本权利概括限制条款，以及诸多承载国家任务和目标、课以国家义务的总纲、基本权利和义务、国家机构规范存在，为自然资源财产权利的限制及其再限制提供了宪法依据，表明公权力对自然资源财产权利的限制是被宪法允许的，但这些限制措施本身也存在宪法边界。接下来需要解决的问题便是公权力对自然资源财产权利施加的限制是否具备正当性，即是否合乎宪法，需要合宪性判断。

需要注意的是：一方面，尽管法律对自然资源财产权利非征收性限制只是公权力对自然资源财产权利非征收性限制的"冰山一角"，但在我国尚不存在宪法诉讼机制，立法作为宪法实施首重路径的体制下，对法律中的限制性规定进行合宪性判断是实现自然资源财产权利非征收性限制的合宪衡平的关键着力点。当前，学界已经从"司法中心的违宪审查"比较法镜鉴，转向更多关注"立法中的宪法教义学"的中国问题解答，从积极和消极两个层次，为立法的"内容形成"和"越界控制"提供智识支撑①。本书正是在"立法中的宪法教义学"脉络中探讨法律中自然资源财产权利非征收性限制的合宪性判断。另一方面，"合宪性审查时代"的来临，使得"司法裁判中的宪法援引乃至国家治理中一切需要依据宪法、援引宪法、解释宪法的公权力行为"都需要作出研判性、预警性、初步性的、审慎性

---

① 参见张翔."合宪性审查时代"的宪法学：基础与前瞻[J]．环球法律评论，2019（02）：5-21.

的"合宪性判断"①，合宪性判断的框架和标准的运用不局限于正式的合宪性审查，其用途具有广谱性。

鉴于学界已从"宪法监督"到"合宪性审查"的制度演进，以及"合宪性法秩序的建构"方面做了长期的准备②，体制机制的研究充分展开，对基本权利的限制，特别是基于防御权功能的合宪性审查的三阶层框架已建构并得到精细化发展，而本书的议题正是对作为防御权的财产权公权力限制的合宪性判断，所以研究沿用这一三阶层分析框架。其中是否"落入基本权利保护范围"，是否"存在干预"的第一、第二阶层判断已在前面第三章、第四章完成，本章节是第三阶层"基本权利干预的正当化"判断。本研究侧着重于探讨三阶层框架在个案审查中适用于自然资源领域的特别之处，此外还探索性提出体系性文面审查的审查框架。

一、合宪性判断的必要性与功能

从一般意义而言，合宪性判断在合宪性审查中，在公权力尊宪适宪的常态运行过程中，乃至在公民尊宪监督权利的行使中，都有存在的必要。合宪性审查最终作出的合宪性判断是终局判断、权威判断，但若以行为内容为依据来定义合宪性审查，存在三层次的审查：各级立法主体的初始审查、宪法和法律委员会的复核审查以及全国人大常委会的终局审查，它们构成了体系化的法律规范合宪性审查工作机制③。在公权力常态运行中，基于公权力受宪法约束的原理和宪法规则，公权力行使者必须考虑合宪性风险，自主作出初步合宪性判断，进行应对处置，如作出合宪性解释，或者提出正式的合宪性审查要求或请求，如当前热议的附随于具体案件的合宪性审查制度，需要案件法官形成"违宪之确信"④。公民和其他社会主

---

① 比如，有研究者在解释为何有着完善审查程序的行政法规合宪性审查，迄今为止并没有正式启动的现象时，指出国务院法制机构的事前审查经内部立法程序基本上解决了行政法规草案的合宪性问题。这表明合宪性判断在行政法规制定的"前端"就已经在发挥作用。参见莫纪宏. 论行政法规的合宪性审查机制[J]. 江苏行政学院学报，2018(03)：119-127.

② 相关的学术史、制度史梳理及新时代制度发展走向的研判，参见张翔. "合宪性审查时代"的宪法学：基础与前瞻[J]. 环球法律评论，2019(02)：5-21；莫纪宏. 合宪性审查机制建设的40年[J]. 北京联合大学学报(人文社会科学版)，2018(03)：16-22+30；李忠夏. 合宪性审查制度的中国道路与功能展开[J]. 法学研究，2019(06)：3-17；秦前红. 合宪性审查的意义、原则及推进[J]. 比较法研究，2018(02)：66-77.

③ 朱学磊. 论法律规范合宪性审查的体系化[J]. 当代法学，2020(06)：38-46.

④ 董建. 德国具体规范审查程序的功能及结构性回应[J]. 中德法学论坛，2021(01)：24-46.

体，基于"主人翁"精神，也可以自主作出合宪性判断，并向全国人大常委会提出审查的建议①。因此，如果能够提供一个广谱的合宪性判断方法，对于合宪秩序的建立会大有助益。对于自然资源财产权利的非征收性限制作出合宪性判断，更具有必要性和重要功能。

（一）规范要求：宪法最高法律效力与宪法财产权保障

针对自然资源财产权利的非征收性限制作出合宪性判断，是维护宪法在自然资源法治领域的效力必然要求，也是遵从宪法财产权保障规范的必然要求。

我国《宪法》序言第 13 自然段规定了宪法的最高法律效力，《宪法》总纲第 5 条规定了社会主义法治原则。以此为依据，一切法律、行政法规和地方性法规都不得同宪法相抵触，国家公权力一切违反宪法的行为必须予以追究。自然资源作为社会经济发展的物质基础，同时作为个体生存发展的物质基础和生态空间，这一领域具有重大利益关涉，是国家公权力重点规制的领域，对自然资源财产权利非征收性限制是最为常见的干预手段，对其做合宪性判断，对于整个自然资源领域的良法之塑造，秩序之形成，善治之达至皆具有重要意义。

我国《宪法》第 13 条规定了对私人财产权的保障，其中不得侵犯条款和依法保护条款，其防御权的规范效力及于所有的公权力。事实上，正是人权保障功能的强烈动机推动着宪法审查功能结构的合理化②，其中对于立法的审查具有首要意义。早在 19 世纪上叶，安东尼奥·罗斯米尼在对他的宪法工程的原因分析中，就鲜明地表达了对立法侵犯财产权的高度警惕。他指出所有财产不容侵犯，获得财产的可能性必须向所有公民开放，以使他们能够以其辛勤劳动和聪明才智致富，在公民以法律所确保的完全自由的行为合法地获得财产后，必须保证其财产安全且不受侵犯，这是公

---

① 中国宪治发展进程中，公民提出合宪性审查建议的事件时有发生，比如曾推动过中国法治进程的孙志刚案中，许志永、滕彪、俞江三名法学博士联名上书全国人大常委会，要求对《收容遣送办法》进行违宪违法审查，废除收容遣送制度。全国人大常委会法工委主任沈春耀作的 2021 年备案审查工作报告中提到，有公民对地方性法规中"强制亲子鉴定"规定提出审查建议，经审查认为，亲子关系涉及公民人格尊严、身份、隐私和家庭关系和谐稳定，属于公民基本权益，受宪法法律保护，地方性法规不宜规定强制性亲子鉴定的内容，也不应对此设定相应的行政处罚、处分、处理措施，判断其不符合宪法法律有关原则精神。这是备案审查制度实行以来由一封公民来信启动涉宪性审查事例，引起了广泛的社会关注。当前，在中国人大的官方网站上，设置了"审查建议在线提交"的窗口。

② 郑磊. 备案审查工作报告研究 [M]. 北京：中国民主法制出版社，2021：152.

正的。然而，有的法律至少是间接地侵犯财产权并因此违反宪法，而公民则没有上诉的可能渠道。以至于法律万能的信念下，利用立法院通过的法律侵犯财产就不再被视为对财产的侵犯①。如果不幸发生他所说的情况，则宪法就成为最终保障。

（二）实践倒逼：法律供给缺位与审查需求落空

在自然资源领域，存在自然资源财产权利规范供给不足；基于公共利益、风险防范和基本权利保护的政策性限制措施繁复，法定化程度低；限制之再限制与补偿规范缺失的制度环境，不能为自然资源财产权利的非征收性限制及其合宪性审查提供制度化的规范供给。有学者指出，20 世纪80 年代以来，为实现良好生态环境的目标，我国实施了大量限制自然资源资源财产权利行使的时间、空间、方式等生态环境政策文件，但与此关涉的财产权私法规范及其约束机制却长期面临着法律供给整体性缺位的窘境②。以下试以案例说明：

求助无门的案例：如某市多部门出台了关于建设生态廊道的规范性文件，要求某生态廊道项目立项时应当尽可能将周边属于集中建设区之外的现状工业用地、畜禽养殖场等划入，否则不予立项。某厂房的国有建设用地使用权人 A，向银行和当事人 B 分别借了一笔款项（为方便举例，简化为 2000 万元和 3000 万元），并将原本按照市场价估价至少为 5000 万元的厂房分别为这两笔借款办理了一押和二押登记。由于 A 最终未能还款，借款人均对其提起诉讼，要求拍卖房产抵债。原本周边类似性质的工业用地价格均在 300 万/亩，但系争房产被纳入生态廊道立项建设范围内之后，政府提出的征收价格仅为 100 万/亩。最终，系争房产在进入拍卖程序后，估价仅为 3000 万元。同时，由于规划用途改变，土地价格在一次流拍后进一步打折，最终成交价远远低于这块土地在设定抵押权时的市场价格，导致当事人 B 承受了名下 3000 万元的借款全部无法收回的损失。③

诉讼中补偿请求不审查的案例：张某的石子厂位于正修建的高速公路附近，被限期关闭，但不属于公路的建设范围，未被征收。张某多次提出补偿申请无果，遂起诉至法院。法院驳回了诉讼请求，要求被告 60 日内

---

① 参见［意］安东尼奥·罗斯米尼. 社会正义下的宪法［M］. 韦洪发，译. 北京：商务印书馆，2018：59-62.
② 潘佳. 自然资源使用权限制的法规范属性辨析［J］. 政治与法律，2019（06）：132-140.
③ 李星. "管制性征收"：一个亟待填补的制度空白［EB/OL］. （2021-10-13）［2022-07-01］. https://mp.weixin.qq.com/s/3QPPXxZMVXF51-2QhAqU3Q.

予以答复或作出处理决定。法院的理由是，尚无明确的法律规定可以引用或参考，法院不宜审查和直接判决。①

诉讼中补偿请求得到认可，但无法得到保障的案例：王某等承包经营的石竹林被划入自然保护区，政府承诺，规划要求绝对保护范围内的，对村民开发经营造成影响的，由市政府适当补偿，具体补助办法和时间待市政府研究后确定。因补偿问题一直未能解决，王某等起诉市政府，一审被驳回诉讼请求，后王某等提起上诉，二审法院认为市政府应当补偿，但市政府未对补偿要求作出具体方案，系因国家级自然保护区补偿问题尚无法律法规予以规范，因此未采纳上述人要求 60 日内作出补偿方案的请求。②

实践中非征收性限制可能导致自然资源财产权利人特别牺牲，这类措施却不在正式的征收补偿制度规制范围，导致财产权人经常因欠缺请求权基础，缺乏补偿规则等原因求救无门或者无法得到实际救济，从上述三个案例可见一斑。实践中出现这种情况，要么被限制财产权利人自行承受损失，即使少数案件进入司法程序中，法院对当事人财产权利受限要求补偿持同情或者认可的态度，但仍因为相关规定的缺失而无法进行司法审查，或者无法通过司法审查来保障财产权利。事实上，自清末立宪开始，中国就始终追求"国家整合"，试图将个体自由、社会秩序与国家富强整合到一起，在内忧外患之际取向"国家主义"；中华人民共和国成立之初延续了这一思路，试图通过社会改造实现个体、社会与国家的同质化；改革开放打破了社会同质性，促进了个体利益的分出，使经济系统逐渐独立于政治系统③，然而以大局为重，要求私人奉献，忽视私人产权保护的惯性仍然存在。

自然资源领域这种矛盾的持续累积，特别是在当前面临百年未有之大变局中，"双碳"及生态环境保护目标持续推进，经济稳中求进承受巨大压力，系统性安全面临重大挑战的背景下，对于实现生态文明建设、乡村振兴、新型城镇化和城市生态更新等发展任务而言是极为不利的。自然资源领域产权激励作用不能充分发挥，难以提高自然资源开发利用效率，确保资源安全，同时也难以实现"绿水青山就是金山银山"绿色生态发展，已形成倒逼态势。面对此种态势，实践部门的司法工作人员、律师都发出

---

① ［2011］驿行初字第 10 号。
② 谁为绿色"埋单"——生态保护与农民利益发生冲突引出的话题［EB/OL］.（2002-04-04）［2023-07-08］. https：//news.sina.com.cn/c/2002-04-04/1014534267.html.
③ 李忠夏.依法治国的宪法内涵——迈向功能分化社会的宪法观［J］.法学研究，2017（02）：3-23.

了亟待形成有中国特色的非征收性限制理论来回应并解决实践中的问题的呼吁①。

二、体系与个案结合的二维合宪性判断框架

合宪性审查的对象是宪法行为，包括立法行为和具体行为，真正能够成为合宪性审查对象的主要是立法行为②。在公权力作出一个行为可能侵犯基本权利的时候，需要通过三个步骤来审查是否存在对基本权利的侵犯。第一步是明确公权力涉及的生活领域是否受到某项基本权利的保护。第二步是判断公权力的行为是否对公民在相关领域的自由进行了干预，即是否限制、减少了公民所享有的自由。第三步是分析国家对公民行使基本权利的行为所设定的限制是否有充分的宪法依据，是否能够得到正当化。这是基本权利限制合宪性审查的三步骤框架，是由基本权利保障和限制的规范结构所决定的。③ 这种审查框架适用于个案性的针对某一特定法律条文或者公权力行为的合宪性判断。本书整体框架的安排正是基于这一审查框架。在针对自然资源财产权利非征收性限制的合宪性判断时，本书除了运用这一个案式框架审查外，还提出可以开展以多个法律文本中同一类限制性规定为对象的合并审查，进行体系性文面判断的框架。

(一)体系性的文面判断

1. 判断方法与要求

文面判断方法，是指无需对宪法事实进行审查，直接根据法律的文面判断其是否构成违宪的方法④。基于文面判断的违宪，除了少数无须审查即明显构成违宪的情形外，主要包括法规范因模糊笼统不符合明确性原则

---

① 参见耿宝建，黄瑶. 管制性征收理论在行政审判中的引入与运用——以"中国天眼"建设中的管制性征收为例[J]. 人民司法，2019(01)：54-59.

② 胡锦光. 合宪性审查[M]. 南京：江苏人民出版社，2018：24.

③ 参见谢立斌. 经济活动的法律保护：中欧比较[M]. 北京：中国政法大学出版社，2017：2-3.

④ 翟国强. 宪法判断的原理与方法：基于比较法的视角[M]. 北京：清华大学出版社，2019：118.

和过度宽泛而违宪。① 文面判断应遵循以下判断基准：

（1）明确性原则与避免过度宽泛原则

明确性原则，是指如果法律在文面上不明确而构成模糊笼统则需要作出违宪判断。明确意指法律应当合理告知什么行为是禁止的，任何一个心智正常的人都能够从法律中得知；要求法律构成要件明确具体，不至于被适用机关曲解或任意选择适用。明确性要求具有相对性，受限制的基本权利越重要，则明确性要求程度越高；对基本权利的限制程度越强，则明确性要求程度越高；明确性要求可能因明确成本过高或者立法妥协等因素而降低。② 需要根据具体的规范语境、假定条件加以比较判断。明确性原则在个案式的合宪性判断中也适用。

避免过度宽泛原则，是指如果法律限制性规定适用范围过度宽泛，对权利的行使产生"萎缩效应"，使权利受到潜在威胁，则需要作出合宪性判断。避免过度宽泛原则在个案式的合宪性判断中也适用。

明确性原则和避免过度宽泛原则有各自的关注重点，明确性主要关注法律文面规定是否清晰、明白，避免过度宽泛原则则关注法律的适用范围，但两者在法律文面中可能混合出现，区分起来存在困难，可以遵照以下判断矩阵（表6.1）加以判断。

表6.1　　　　　明确性原则与避免过度宽泛原则判断矩阵

判断基准	不过度宽泛	过度宽泛
明确	合宪	违宪
不明确	违宪	违宪

（2）法制统一原则

法制统一原则，是指如果法律之间同一指向限制性规定存在冲突、不一致情形时，需要进行合宪性判断。这是因为，宪法不仅要求公共权力行为应具有合宪性，宪法还要求公共权力的行为必须符合法律，乃至一切下位法均必须符合上位法，由此形成一个统一的、内在自洽的法秩序。③ 法

---

① 翟国强. 宪法判断的原理与方法：基于比较法的视角[M]. 北京：清华大学出版社，2019：118.
② 这一原则要求的提炼参考了翟国强. 宪法判断的原理与方法：基于比较法的视角[M]. 北京：清华大学出版社，2019：119-131.
③ 林来梵. 合宪性审查的宪法政策论思考[J]. 法律科学（西北政法大学学报），2018（02）：37-45.

律之间的抵触、矛盾，会极大减损整个法律体系的权威，降低法律适用的可预测性，侵蚀合宪秩序。法制统一原则是体系性文面判断的专门适用原则，或者说只有将审查对象置身于法律体系中，才需要加以体系性判断的原则。

自然资源法域是具有复杂性、不确定性、科技性的专业领域，其调整对象具备自然资源关联性、生态系统整体性的特征，体系性观察有利于彼此印证和参考，找出相抵触不协调之处。

（3）避免违宪判断原则

由于文面判断只是文面审查，未审查立法事实和实施效果，为避免武断结论，在作出判断时应尽量避免径直作出违宪判断，除明显的文面违宪瑕疵外，应本着最大善意原则采用合宪性解释、合宪性限缩、积极处置等方式，充分尊重立法的形成自由，同时消除违宪隐患。

2. 判断依据

在我国宪法文本中能够找到体系性文面判断的依据。现行《宪法》第5条第1款确认了法治原则，法的明确性原则作为一般法治要求，借鉴德国和日本法上从法治原则解释出法律明确性原则的实践，我国也可以从该款中推导出来[①]。避免过度宽泛原则也是法治原则的应有之义，同时也是《宪法》第33条第2款国家尊重和保障人权原则所要求的。第5条第2款课以国家维护法制统一的义务，第5条第3款则提出了对"一切法律、行政法规和地方性法规"的合宪性要求，第5条第4款和第5款则表明即使是普通的一个法律冲突也涉及宪法性的问题。原因在于，在我国，能够作为合法性审查依据的法律法规众多，且效力层级多样，作为合法性审查标准，其自身都是高度分散化和不统一的，只有以宪法作为最终的统一依据，才真正有利于确立一个内在统一的标准体系，从而有效维护国家法秩序的内在统一[②]。

3. 体系性文面判断的适用性、可行性与局限性

（1）体系性文面判断在自然资源法领域具有适用性

自然资源资产产权制度改革需求。在习近平生态文明思想指引下，自

---

① 翟国强. 宪法判断的原理与方法：基于比较法的视角[M]. 北京：清华大学出版社，2019：136.
② 参见林来梵. 合宪性审查的宪法政策论思考[J]. 法律科学（西北政法大学学报），2018（02）：37-45.

然资源领域面临"山水林田湖草沙"整体性资源观、生态观、资产观和权利观①的变革，监管机构的统一，法律调整对象的体系性整合，会带来法律调整规范的体系性整合的要求，而我国目前的自然资源法律，是以资源门类单行法方式存在，部门、行业立法色彩浓厚，与改革的需求相距甚远。

资源环境法典化时代的现实需求。《法治中国建设规划（2020—2025年）》提出，对某一领域有多部法律的，条件成熟时进行法典编纂。在环境法典的潮流中，自然资源法律体系也面临自然资源法内部整合，以及与生态环境法典外部融洽的典式化任务，这就对自然资源法规范之间的一致性、协调性提出了更高的要求。自然资源法自身的法典化，也是自然资源法学者和实践部门的期待。

（2）体系性文面判断具有可行性

我国有着立法机关主动启动抽象性审查的制度条件：法律的字面违宪牵涉面较广，即便可以适用合宪性解释方法处理，也不宜由法院来操作，而宜交由合宪性审查机关处理②。我国以代议机关作为合宪性审查权威机关，合宪性审查机关同时也进行合法性审查，释宪、护宪、立法职责叠加，由其发动系统性文面判断这种强势的合宪性判断方式，属于强化自我监督，是积极主动作为，具有反思性，且能够有效消弭信息不对称难题，不会产生附带式司法审查和专门机构司法审查制度下的权力冲突的风险。对中国式合宪性审查制度的完善具有建设性意义。

我国已积累了较丰富的体系性评估清查法律的实践经验，为体系性的文面合宪性判断奠定了重要实践基础。《法治中国建设规划（2020—2025年）》提出，针对法律规定之间不一致、不协调、不适应问题，及时组织清理。事实上，社会主义法治体系初步形成之后，我国开始由立法引领促进型的"粗放型"法治发展路径，转向重视立法质量，重视法律贯彻实施的"集约型"法治发展路径，到当下以"合宪性"为纵向整合的宪法与部门法"交互融贯型"法治发展路径。在我国备案审查实践中发展完善起来的

---

① 在论及自然资源管理改革时，最被关注的是生态化、整体性和资产化变革，强调市场的配置作用，强调绿色发展，但对权利观的变革却经常受到忽视。然而，资源配置的市场化，必然要求权利配置法治化，我国改革开放的过程，也是国家职能从资源配置转向权利配置的过程，国家的权利配置必须受到宪法约束。参见赵世义. 经济宪法学基本问题 [J]. 法学研究，2001（04）：32-41.

② 杜强强. 法律违宪的类型区分与合宪性解释的功能分配[J]. 法学家，2021（01）：68-79+193.

专项审查和集中清理，是一种特殊的主题选择意义上的"双重主动审查"①，这一审查机制已经取得了很好的成效②。法律规范的适宪性一揽子审查和清理是重要的工具。如果将合宪性关切作为审查重点置于自然资源法领域，则为自然资源财产权利非征收性限制的体系性文面判断提供了实现路径。

我国对于系统性文面判断有一定的学理准备：有学者针对文面判断做了较系统的比较法上经验的梳理，比较法研究的对象主要为美国、德、日，重点论述了明确性原则和过度宽泛理论的文面判断的方法，并对依据、适用范围、关联问题做了细致严谨的论述③。有学者则作出了体系性合宪审查的议题性贡献，提出了对环境法体系进行合宪性审查以实现环境法体系质效的提升，对合宪性审查寄予厚望④。尽管上述学者的研究与本研究所提出的体系性文面判断方法尚存在差异性，但都具有借鉴性和参考价值，是重要的智识积累。

（3）体系性文面判断具有局限性

体系性文面判断具有局限性，其审查是形式性、概念性的，这一局限首先来源于文面判断方法本身，"在没有验证立法事实的情况下，仅仅将宪法与法律的条文进行概念性比较，从而决定违宪与合宪宪法判断方法，则有可能做出与实态不相符合的形式化、观念化、说服力较弱的判决"⑤；又由于审查对象的复数性、复杂性而增强其审查的浅表性。但这种方法简明高效，如果将其定位为一种预警性、自省性、整合性评估工具，则仍有很高的实践价值。

4. 体系性文面判断运用的示例

自然资源具有关联性和多用途性，实践中经常发生自然资源财产权利人与其他开发利用者之间因为资源载体（土地空间和水域空间）重叠或者

① 郑磊，王翔. 2020 年备案审查工作报告评述[J]. 中国法律评论，2021(04)：161-177.
② 以 2020 年为例，围绕党中央决策部署和常委会工作重点，重点组织开展了五个方面的专项审查和集中清理。这几个专项审查和集中清理紧紧围绕贯彻落实党中央抗击疫情等重大决策部署、禁食野生动物决定等常委会重点工作和民法典等重要法律实施，通过清理、打包修改、废旧立新等方式在较短时间内实现由上至下相关制度集中调整完善。梁鹰. 2020 年备案审查工作情况报告述评[J]. 中国法律评论，2021(02)：171-178.
③ 翟国强. 宪法判断的原理与方法：基于比较法的视角[M]. 北京：清华大学出版社，2019：118-148.
④ 张震. 环境法体系合宪性审查的原理与机制[J]. 法学杂志，2021(05)：23-33.
⑤ ［日］芦部信喜. 宪法[M]. 林来梵，凌维慈，龙绚丽，译. 北京：北京大学出版社，2006：335.

邻接而发生的竞争性使用的情形，立法为了避免资源载体的竞争性使用会进行事先的配置，对自然资源开发利用活动的范围施加规制，划定权利行使的边界。我国法律中对自然资源财产权利的非征收性限制较多是就此情形作出的，相关规定能够集中反映出自然资源开发的关联性，其文面规定也较易于系统性比较。基于此，本书选择自然资源开发占用区域限制性规定类规范进行体系性文面判断，作为运用的示例。法律中对自然资源开发占用区域的限制性规定见表 6.2。

表 6.2　　　　　法律对自然资源开发占用区域限制性规定

限制方式	禁止开发	原则禁止开发 例外经批准可以开发或按照要求开发	经同意使用
对开发 限制强度	高	中	低
开发受限 区域	永久基本农田集中区域 划入自然保护地核心保护区的永久基本农田 他人矿区范围 荒漠、半荒漠和严重退化、沙化、盐碱化、石漠化、水土流失的草原以及生态脆弱区的草原 沙化土地封禁保护区范围 砂石禁采区 边境禁区 噪声敏感建筑物集中区域 列入建设用地土壤污染风险管控和修复名录的地块（不得作为） 崩塌、滑坡危险区和泥石流易发区 二十五度以上陡坡地 小于二十五度的禁止开垦坡度 农产品禁止生产区域 有毒有害物质超过规定标准的区域 法律、法规规定的其他禁养区域	冻土区保护范围 青藏高原水土流失严重、生态脆弱的区域 自然保护地和禁猎（渔）区 迁徙洄游通道内 严重退化、沙化、盐碱化、石漠化的草原和生态脆弱区的草原 林地 国家规划矿区、对国民经济具有重要价值的矿区 国家规定不得开采矿产资源的其他地区 水土流失严重、生态脆弱的区域 地震活动断层和容易发生洪灾、地质灾害的区域 国家重要湿地 省级重要湿地或者一般湿地 红树林湿地 泥炭沼泽湿地 河湖岸线保护范围 饮用水水源二级保护区 饮用水水源准保护区内 水生动物苗种和重点产区 水产种质资源保护区 重要渔业水域	煤矿企业依法取得土地使用权的土地上（煤矿企业同意） 煤矿采区范围（煤矿企业同意） 煤矿矿区范围（与煤矿企业协商） 铁路线路上及路基下（与铁路企业协商） 管道企业依法取得使用权的土地（管道企业约定、同意）

续表

限制方式	禁止开发	原则禁止开发 例外经批准可以开发或按照要求开发	经同意使用
对开发 限制强度	高	中	低
开发受限 区域	红树林湿地 泥炭沼泽湿地 地下水禁止开采区 饮用水水源保护区 饮用水水源一级保护区 饮用水水源二级保护区 在长江干支流岸线一公里范围 围 长江干流岸线三公里范围内 和重要支流岸线一公里范围 禁止航行区域 禁航区 禁渔区 黄河上游约古宗列曲、扎陵 湖、鄂陵湖、玛多河湖群等 河道、湖泊管理范围 安全作业区、港外锚地范围 领海基点保护范围 水工程保护范围 气象探测环境保护范围 管道附属设施的上方 储气库构造区域范围内 油气管道线路中心线两侧各 5 米地域范围内 穿越河流管道线路中心线两 侧各 500 米范围内 大中型公路桥梁和渡口周围 200 米内 公路隧道上方和洞口外 100 米范围内 公路两侧一定距离内 军用机场净空保护区 铁路弯道内侧、平交道口和 人行过道附近 铁路线路两侧二十米以内或 者铁路防护林地内	地下水限制开采区 无居民海岛 沿海地区 限制航行区域 防洪规划保留区 船舶报告区 水生生物重要栖息地禁止航行区域内 水土流失重点预防区和重点治理区 港口、机场、国防工程设施圈定地区 以内； 重要工业区、大型水利工程设施、城 镇市政工程设施附近一定距离以内； 铁路、重要公路两侧一定距离以内； 重要河流、堤坝两侧一定距离以内； 永久性测量标志测绘法 公路两侧的建筑控制区 铁路线路和铁路桥梁、涵洞两侧一定 距离内 管道专用隧道中心线两侧 1000 米范 围内 管道线路中心线两侧各 5 米至 50 米 油气管道线路中心线两侧各 200 百米 管道附属设施周边 100 米地域范围内 管道附属设施周边 500 米地域范围内 噪声敏感建筑物集中区域 沙化土地封禁保护区范围 水土流失重点预防区和重点治理区 二十五度以上陡坡地 港口水域 港口 管辖海域内 安全作业区 文物保护单位的保护范围 道路两侧及隔离带 消防警戒区 海上临时警戒区	

续表

限制方式	禁止开发	原则禁止开发 例外经批准可以开发或按照要求开发	经同意使用
对开发 限制强度	高	中	低
开发受限 区域	防洪工程设施保护范围 人民防空工程 变电设施用地、输电线路走廊和电缆通道 港口水域 水域军事管理区 军用无线电固定设施电磁环境保护范围 生态保护红线区域、永久基本农田集中区域和其他需要特别保护的区域内 沿海陆域内 海洋自然保护区、海滨风景名胜区、重要渔业水域及其他需要特别保护的区域 生活饮用水的水源保护区，风景名胜区，以及自然保护区的核心区和缓冲区 特定农产品禁止生产区域 城镇居民区、文化教育科学研究区等人口集中区域	特定区域内实施空域、海（水）域管制(防恐) 陆地军事禁区 水域军事禁区 陆地军事管理区 陆地、水域军事禁区外围 没有划入军事禁区、军事管理区的军事设施一定距离内 作战工程安全保护范围 陆地、水域军事禁区安全控制范围 电力设施保护区 气象台站 海洋特别保护区 海洋自然保护区 国家划定的自然保护区、重要风景区、国家重点保护的不能移动的历史文物和名胜古迹所在地 长江流域生态保护红线、自然保护地、水生生物重要栖息地水域 自然保护区域、野生动物迁徙洄游通道 鱼、虾、蟹洄游通道 黄河滩区 黄河干流岸线或者重要支流岸线的管控范围	
对受限区 域保护 强度	高	中	低

通过逐条检视，发现法律按照不同用途，对不同区域设置了禁限，包括完全禁止某一特定区域从事某些特定种类开发利用活动；原则上禁止，但经过一定层级的审批程序或/并达至一定条件要求时，可以从事某些特定种类开发利用活动；经现自然资源使用主体同意时可以按照约定用途使

用自然资源。从文面来看，总体上体现了立法者对不同自然资源利用主体法益的衡量，其所保护的特定区域的优先用途包括生态环境保护，自然资源保育，公共设施保护，自然资源利用主体法益保护等。自然资源财产权利人在上述区域的避让或者承受保护的负担被认为是财产权的社会义务，只在有极少数情形下提及补偿，这种规制模式是自然资源非征收性限制的典型样态，看似合法常规，但从宪法保障自然资源财产权利人财产权视角，这些规定尚存可进一步检视之处。

首先，这些区域是否一定与公共利益相联系，尤其在法律使用"一定距离"或将范围设置权限授权给行政机关的情形。其次，即使承认公共利益的存在，对自然资源财产权利人的限制是否符合比例原则，还需要在具体情境下，根据事实进行分析衡量。需要考虑具体资源门类，开发利用方式对土地、地下空间或水域及其设施、生态环境要素的影响等多种因素。

仅从文面来看，可以做如下判断：

首先，其"一定距离内""集中区域""上方""附近""附近一定距离以内""两侧一定距离内""两侧"等表述，语义模糊，不具备明确性。

其次，在表述明确的其他条文中，这些区域含括了水域、海域和土地及其空间范围，范围广泛，这些区域的确定有两种模式，一是法定的明确大小的面积，如"公路隧道上方和洞口外100米范围内"；二是经由法定程序，由法定主体划定区域。这些法定和划定范围是否过于宽泛，还值得细究。从文面角度审视，已有可疑之处了，比如同样禁止采矿或者采砂石行为，"公路隧道上方和洞口外"是100米范围内，"大中型公路桥梁和渡口"是周围200米，"油气管道线路"是中心线两侧各5米，"管道专用隧道"是中心线两侧1000米，保护范围大小、测算方式差异性较大。

此外，还须注意之处在于，法律的限制规定彼此间存在冲突，比如《矿产资源法》第20条第1项规定："港口、机场、国防工程设施圈定地区以内"，"非经国务院授权的有关主管部门同意，不得在下列地区开采矿产资源"，这与相关法律中对于港口、机场、军事禁区禁止采矿的规定产生矛盾，由此增加了采矿权人受到限制的不确定性和风险，应当在宪法至上的国家法制统一条款①约束下加以弥补②。

系统性文面判断具有较好的预警功能，能够为进一步合宪性审查提供

---

① 参见宦吉娥. 宪法保障矿产资源安全之规范供给与缺失研究[J]. 法学评论，2013(06)：18-23.

② 参见宦吉娥. 法律对采矿权的非征收性限制[J]. 华东政法大学学报，2016(01)：41-55.

线索，也可以为整体性合宪秩序的形成提供推动力。

（二）个案性的形式合宪性与实质合宪性判断

某一法条规则或者具体公权力行为对自然资源财产权利施加限制的正当化，应当同时满足形式合宪性和实质合宪性要求。其中，形式合宪性主要是指符合法律保留原则，实质合宪性则主要是指通过比例原则的检验，鉴于财产权本质内容保障和平等原则的要求可以蕴含于前述两原则中限制限度与法益衡量的考虑之中，在此不做单独论述。

1. 形式合宪性

宪法财产权可以受到立法限制，不属于宪法保留事项，财产权属于附简单法律保留的基本权利，对其限制的合宪性审查，应遵循缓和的法律保留原则约束。

（1）财产权非征收性限制应遵循法律保留原则的约束

在我国，适用法律保留不仅有利于充分保障基本权利，也能得到民主与法治原则、功能适当理论以及《宪法》第 33 条第 4 款的支持①。但由于财产权的"非征收性限制"尚未完全宪法实定化，是否适用法律保留原则，其是否有宪法规范依据并非不证自明。对此我们做以下推理：

第一，依据《宪法》第 13 条第 1 款"公民的合法的私有财产不受侵犯"，可知财产权内容有待"法"形成。但此处"法"是否指狭义的法律，仅从文字上看，还不明确。从最大保障财产权意旨而言，此处之"法"不可做狭窄的限定。此外，"合法的私有财产"与"须经法律设定财产权内容"并不等同，因此，该款不能提供财产权非征收性限制中的"内容形成"受到法律保留原则限制的依据。

依据第 13 条第 3 款，可以明确宪法对财产权的征收征用设定了法律保留原则，且属于特别法律保留，其限制性内容为"公共利益需要""并给予补偿"。对私有财产权的其他限制是否适用法律保留未明确。

依据第 13 条第 2 款，可以明确国家对财产权和继承权的保护义务，属于宪法委托，其中"依照法律规定"课以国家立法义务，具有推导出法律保留原则的可能性。

第二，依据《宪法》第 33 条第 4 款，可以解释为公民享有宪法上规定的基本权利以及法律规定的其他权利。相应地，公民要承担的义务，以宪

---

① 陈楚风. 中国宪法上基本权利限制的形式要件[J]. 法学研究，2021(05)：129-143.

法与法律上规定的义务为限，权利所要受到的限制，以宪法与法律上的限制为限。法规、规章等下位法规范以及具体行政行为所设定的义务、限制须视其是否有宪法与法律上的依据而定是否有效。①

第三，依据《宪法》第 5 条社会主义法治原则，可以明确，公权力的行使应当遵守宪法和法律的约束，对公民基本权利的限制更应在宪法和法律的约束之下。

由此得出结论：我国宪法中列举的基本权利均应受法律保留原则的约束，但具体的拘束情况视宪法对诸项基本权利的特别规定而存在差异性，对于未附加特别保留事项规定的基本权利，具有两种理解的可能性，一为宪法保留，一为简单法律保留。就财产权而言，对财产权最严重之侵害"征收征用"附加了特别保留，可将"征用"具体情形中未含括之"非征收性限制"理解为适用简单法律保留。

（2）自然资源财产权利的非征收性限制应遵循缓和的法律保留原则约束

古典的财产权干预保留是出于对立法机关的信任，作为例外原则而设置，其目的是防范行政权对基本权利的侵害，实质处理了法律与权利限制的关系问题。现代的法律保留，则由于国家目的、立法效应、权利社会功能的变迁，有了新的发展，需要同时处理法律与权利保障，以及法律与权利限制的关系问题。

第一，现代国家除了消极不侵犯公民基本权利的尊重义务外，还负有保障公民基本权利的义务。除了约束国家公权力行使外，还应考虑国家作用的实现，遵循功能适当原则。有学者已指出，以性质定位代替职能定位，过度倡导法律保留的做法，不仅不能达到限制行政权的效果，还会带来笼统且不受限制的授权立法，从而影响到立法机构的立法权威。②

第二，立法既应积极形成财产权内容，还须限定财产权行使的边界，"干预"与"保护"共生交织。财产权本身也从先验存在的个人自由，转变为更多依赖于国家分配和保障的法律权利，承载着社会职责。立法者有义务积极制定相关法律，塑造基本权利保护范围③，不仅具有将财产权限制具体化的限制效应，还具有形成财产权内容的赋权功能，而赋权的同时，实际也在厘清财产权行使的边界，也会产生对财产权产生限制的效应。自然资源权利受到财产管理规则的调整，国家不是通过一项例如土地的资源

---

① 陈楚风. 中国宪法上基本权利限制的形式要件[J]. 法学研究，2021(05)：129-143.
② 门中敬."立法"和"行政"概念的宪法解释[J]. 政法论坛，2019(05)：44-53.
③ 陈鹏. 论立法对基本权利的多元效应[J]. 法律科学（西北政法大学学报），2016(06)：19-26.

由谁来使用而作出决定——而是通过该项资源如何、何时以及用何种方式被使用来作出决定，财产管理规则塑造了自然资源财产权利，同时也限定了其边界。这类具有专业性、复杂性和变动性的问题全部交由立法机关制定规则，会超出其行为能力。

从比较法经验来看，奉行"议会主权"的澳大利亚和英国，人们不再迷信议会，而是通过要求以各种途径和形式直接参与政府决策和直接监督政府来保障自身权利。① 美国奉行与代议制民主理念一致的"禁止授权原则"，要求国会不得将宪法上赋予的立法权授予公共或私人主体的原则，当就决定权作出授权时，国会必须提供"清晰的原则"以指导代理人的裁量权，将其拘束在合法的界限之内。但在实践中，最高法院会容忍联邦对其政府分支的宽泛授权，以及对私方当事人不十分明显的授权。对行政机关的任何授权，无论多么模糊，实际上都可以通过宪法审查。② 事实上，现代社会公众对议会和责任政府都产生了信任危机，"不仅是因为，我们不能信任这个或那个官员，也是因为，我们怀疑任何人或任何一群人能够对于有关人的事务了解多少：关于人的动机、人的利益、人的目的。假如政府的特征就在于判断而非知识，则限制性措施之必要性就是显而易见的，即使如何进行限制的难题也同样难以解决"。③ 在德国，《基本法》以法律保留作为基本权利的主要限定模式，适用"重要性理论"，同时依据基本权利属性和特征进行差异性处理和分层保障，对法律保留设置个别立法禁止、指明条款要求和本质内容保障的限制。④ 在奉行法律保留原则的日本，依据各个地方公共团体的议会通过民主的程序制定出来的条例限制财产权，特别是依地方特殊情形所制定的条例是被允许的。奈良县贮水池条例案是其典型案例：该县内贮水池数量颇多，曾于 1954 年制定地方条例，规定为防止贮水池的破损、决堤等灾害于未然，禁止在贮水池的堤上种植农作物等行为，由此引发条例是否具有合宪性的争议，最高法院判决

① 姜明安. 澳大利亚"新行政法"的产生及其主要内容[J]. 中外法学, 1995(02)：66-70.
② [美]弗里曼. 合作治理与新行政法[M]. 毕洪海, 译. 北京：商务印书馆, 2010：364.
③ [美]小詹姆斯·R. 斯托纳. 普通法与自由主义理论：科克、霍布斯及美国宪政主义之诸源头[M]. 姚中秋, 译. 北京：北京大学出版社, 2005：232-233.
④ 重要性理论是指，对基本权利的侵害只能由法律或基于法律而作出；对于侵害基本权利的前提、范围和结果的重要决定只能由立法者自己作出，而不得授权给行政机关；对决定是否重要的判断，应以它对基本权利的影响强度为准，对基本权利的影响强度越大，法律就应越明确和具体。重要性理论在之后也成为判断法律规范明确性的重要标准。虽然重要性理论因为比较抽象、不确定、不实用也遭到批评，但因其在人权保障的维度下强化了立法者的责任，引入了对立法的督促，所以至今还是广受德国学界支持。参见赵宏. 限制的限制：德国基本权利限制模式的内在机理[J]. 法学家, 2011(02)：152-166.

意见认为，尽管条例几乎全面禁止使用池堤等财产上的权利，但导致贮水池破损、决堤的使用行为，乃是在宪法、民法所保障的财产权之行使的范畴之外，从而判示被告的行为可以依条例加以禁止和处罚。①

从自然资源领域特性来看，因调整对象具有复杂性、技术性、不确定性、风险性，同时面临复杂的利益衡量，立法权的设置还需要考虑地域性和自然资源本身的特性。我国自然资源领域法律制定和修改的难度都很大，至今没有自然资源综合法，仅有某些门类的资源行业法和保护法等单行法，且行政管理色彩浓厚。整体上而言，法律对自然资源财产权利的塑造功能不彰显，对财产权社会规制的设置不具体。当下，我国对自然资源领域立法的功能期待是经由立法程序"双向"赋权，强化私权利保护，强化社会规制，立法面临着极重的财产权内容形成，规制的具体化、科学化的任务。如果采行全面的法律保留原则，消极等待"立法"的决定，会束缚当前必须"于法有据"开展的自然资源资产产权制度改革的手脚，限制法律以外正式制度供给的渠道，对自然资源领域发挥着重要规制作用的强制性标准技术规程等的适用产生抑制，对依赖地方试点创新、实验改革的自然资源法治完善的路径依赖产生冲击。

从我国法律保留实践现状来看，在实行人大制度的法治国家之下，我国行政机关还有很大的自主空间，政府的基本立场是，"没有法律、法规、规章依据，行政机关不得作出影响公民、法人和其他组织权益或者增加其义务的决定"，这一立场在多个重要的中央文件中均有表达，在行政许可、行政处罚、行政强制等多个领域均有体现，行政活动距离法律保留的要求还较为遥远。②

据此，可以将自然资源非征收性限制的法律保留要求设定为：遵循侵害保留的原则，适用缓和的法律保留。对自然资源非征收性限制的前提、范围和结果的极为重要决定③应当由法律作出，行政法规依据法律授权可以在职权允许范围内作出具体的限制性规定，地方性法规依据法律授权可以根据地方事务需要和自然资源的地域性特征作出具体的限制性规定。对非征收性限制的补偿规定不受法律保留原则的约束，依据各法律规定及其授权性规定作出，允许政策性补偿存在。法律的非征收性限制的规定应当具有明确性，法律的授权条款或者全国人大及其常委会的授权决定应当具

---

① [日]芦部信喜，高桥和之.宪法(第三版)[M].林来梵，凌维慈，龙绚丽，译.北京：北京大学出版社，2006：203.
② 参见王贵松.行政活动法律保留的结构变迁[J].中国法学，2021(01)：124-144.
③ 王贵松.行政活动法律保留的结构变迁[J].中国法学，2021(01)：124-144.

有明确性①。

2. 实质合宪性

法律保留原则是基本权利的"形式限制方式",遵循法律保留原则意味着具备了"法律授权基础"。合宪性的判断还必须进入实质层面,确证"目的许可性"和"手段许可性",否则作为保障基本权利手段的法律保留原则有可能会蜕变为实践中掏空基本权利"元凶"。调整目的与手段之间的理性关系,追求损益平衡的比例原则便是可用于实质合宪性判断的"利器"。比例原则作为追寻实质正义的分析方法和行为准则,实现了从国别、区域到全球的地域性影响,完成从公法、私法到其他部门法的渗透②。在我国,比例原则的适用也从行政处罚扩张到多种行政行为领域,并上升为宪法层面的原则,其在私法中的作用也在进一步被发掘。学界针对比例原则的研究已积累了丰硕的成果。本书采用"四阶"比例原则③作为自然资源非征收性限制的实质合宪性判断的分析框架和审查标准。

(1)目的正当性原则

要求行为者的目的具有正当性。依据这一审查标准,需要首先查明立法或者公权力行为的真实目的。其查明的线索包括立法"宣称目的",具体法律条款目的,立法背景资料,立法说明中阐明的目的等,公权力行为的"宣称目的",实际行为所表现的目的。然后再对目的是否正当进行综合评判。从消极层面排除:需要排除明显不当目的,确认该目的没有被宪法的侵害授权所排除;从积极层面证立:可以通过宪法预设或者至少被宪法允许的目标作为正当性依据。一般而言,手段的干预性意味着,通过法来达至有目的的和具有目的引导性的影响④,立法目的正当性较易判断,因为我国具有写明立法目的条款的立法技术传统,会明文宣誓立法的目的。针对具体条文和具体行为尚需做进一步分析,是基于何种目的。

在自然资源领域,依据前文第四章三(一)部分的梳理,在这一立法领域,立法者考虑了多元价值诉求,作出非征收性限制的目的可以分为保护

---

① 王贵松. 行政活动法律保留的结构变迁[J]. 中国法学,2021(01):124-144.

② 蒋红珍. 比例原则适用的范式转型[J]. 中国社会科学,2021(04):106-127+206-207.

③ 本部分参照刘权教授在《比例原则》一书中提出的比例原则的"四阶"结构组织内容,结合自然资源领域的考虑论述。该部著作是比例原则研究的最新力作,据沈岿教授的考证,这部著作是大陆地区第一部明确提出"比例原则精确化"命题,并对其加以系统论证的著作。参见刘权. 比例原则[M]. 北京:清华大学出版社,2022.

④ [奥]汉斯·凯尔森等. 德意志公法的历史理论与实践[M]. 王银宏,译. 北京:法律出版社,2019:156.

公益、衡平私益和防范风险三类。其中需要特别关注之处在于：其一，注意区分各种国家名义的"私益"和公共利益。如政府利用社会公共财产获得收入的目的不能被当然认定为具有优先性的公益，各种自然资源开发国有企业的利益不能被当然认定为具有优先性的公益。其二，在有特定受益者的情形下，如果整体目的是广泛为了公益，也可以认定为保护公益①。

（2）适当性原则②

要求手段的应用有助于正当目的的实现，即至少能促进目的达到，要求手段与目的间存在实质关联性。《立法法》第 6 条③规定对科学立法的做了要求④，可以作为中国式适当性原则的规范体现。对于正在发生效力的手段，从功能视角，侧重进行客观适当性的审查，对客观效果进行评价审查，注重保障公民的基本权利，如不具有适当性，则应调整、变更或者废除；对已经实施完毕的手段，从程序视角，侧重主观适当性审查，看是否进行了科学、民主决策，尊重立法者的事实预测。另外，还应视权利的重要性，手段的干预程度，决定审查的力度。

在自然资源领域适当性的判断，需要借助相关科学专业知识作为辅助。事实上，自然资源领域管理机构行业性突出，具有专业槽，行政管理机构的人员多具备相关行业知识，其基础法律制度、政策制定的支撑力量往往是行业技术专家⑤，能够针对性提出技术方案，而自然资源法律研究

---

① ［日］芦部信喜，高桥和之．宪法（第三版）［M］．林来梵，凌维慈，龙绚丽，译．北京：北京大学出版社，2006：206.

② 需要说明的是，"三阶"的比例原则结构中，将目的正当性放入适当性原则考虑。比如将适当性原则定义为：适当性标准又称合理性标准，是指对法规、司法解释等规范性文件是否符合一般社会公众对民主、自由、公平、正义、平等、秩序等法的价值的认知，是否符合实际、合乎理性、宽严适度，能够为一般社会公众所接受和理解进行审查时适用的标准。全国人大常委会法制工作委员会法规备案审查室．规范性文件备案审查理论与实务［M］．北京：中国民主法制出版社，2020：125.

③ 《立法法》2023 年已修改，现为第 7 条，其规定为：立法应当从实际出发，适应经济社会发展和全面深化改革的要求，科学合理地规定公民、法人和其他组织的权利与义务、国家机关的权力与责任。法律规范应当明确、具体，具有针对性和可执行性。

④ 全国人大常委会法制工作委员会法规备案审查室．规范性文件备案审查理论与实务［M］．北京：中国民主法制出版社，2020：125.

⑤ 笔者曾作为法律专家，带领项目团队支撑了一项地质灾害防治和地质环境保护地方性法规的立法，亲历了立法调研、起草、修改、审议、完善的全过程，目前该地方性法规已正式通过颁行。其直接的技术支撑单位是某市自然资源和规划局下属的一个地质勘察设计研究院，在整个立法调研和正式立法程序中，细致全面地开展了实地调研工作，充分咨询了相关领域的顶尖行业专家，广泛征求了相关管理部门的意见，其实体制度设计部分关涉技术性的内容都是由相关行业专家根据实践需求提出方案，再由本人带领的法律团队用规范化方式表述，再经由该部门的法制部门和政府法制部门审核修改，是能够确保所采取的手段对于目的的适当性的。

力量则相对薄弱，法规范性较弱是目前自然资源法治领域的主要问题。伴随科学立法和科学行政的强调，手段完全无助于目的实现的情形并不多见，但仍存在较多科学不确定性因素和基于风险预判的处置。

（3）必要性原则

要求手段是必要的损害最小的手段。存在多个相同有效性的手段时，直接比较每个手段的绝对损害的大小，总体而言侵害性从大至小可以做以下排序：禁止性措施>负担性措施，强制性措施>指导性措施，允许权利人先行选择措施能够保障其权利①。存在多个相异有效性手段时，比较相对损害大小，需要将各种手段进行"相同有效性"的转化，再进行比较。其转化的方法是通过某一手段的权利成本损害②与收益的比值得到手段的相对损害值，其实质在于求得该手段每获得一份收益所付出的成本损害，比值越大则表明付出成本损害越大，比值最小的手段即为"相同有效但损害更小"的手段③。必要性原则以权利为本位，其最小侵害的客体应为"个人权利"而非"公益"④，不问"最大收益"，只求"最小损害"，更强调公平，禁止过度损害⑤。

在自然资源领域，自然资源财产权利人因为限制性措施而带来的损害计算因资源门类的不同，限制手段的差异性而存在差异，但总体而言，作为财产权，其财产价值的直接损失相对于生命、尊严、自由等价值是容易计算和评估的。比如，矿业权人因部分矿区划入保护地或者面临矿业权整合而不能继续开采时，其损失可以通过剩余可采储量评估，从已支付的矿业权价款中扣除已采部分，退还部分价款得到一定弥补，但矿业权人的损失并不止于此，矿业开发周期长、投入高，矿权人往往会投资形成了大量固定资产，当矿权受限或者许可被撤销、不延续时，其固定资产丧失使用价值，对这部分损失也应当考虑。自然资源领域的收益部分则属于较难量化的，比如生态价值、环境审美和文化传承价值、资源安全收益、社会稳定收益等。在进行损害的比较时，需要全面考虑不可量化的价值，作出综

---

① 参见郑春燕. 必要性原则内涵之重构[J]. 政法论坛，2004（06）：116-122.

② 权利损害成本是政府侵犯公民权利与自由所造成的损害，是来自公民的成本。不同于财政支出成本，财政支出成本是政府实施某项行为时所需要的人力、物力、财力等成本，是来自于政府的成本。刘权. 比例原则[M]. 北京：清华大学出版社，2022：141.

③ 详细计算方法参见刘权. 比例原则[M]. 北京：清华大学出版社，2022：126-133；刘权. 比例原则的精确化及其限度——以成本收益分析的引入为视角[J]. 法商研究，2021（04）：101-115.

④ 郑春燕. 必要性原则内涵之重构[J]. 政法论坛，2004（06）：116-122.

⑤ 参见刘权. 比例原则[M]. 北京：清华大学出版社，2022：22-23.

合权衡，乃至容纳商谈性路径下确立的"适当的折现率与愿意支付的成本"①，以被认可被接受为标准，而不片面追求客观精确的量化计算。

（4）均衡性原则

要求手段所造成的损害同其所促进的利益成正比，禁止损益失衡。手段成本既包括权利损害成本，也包括实施手段的财政支出成本，当手段成本大于或者等于手段收益时，就不具有均衡性，因为此时达至目的本身便不具有必要性，无法通过比例原则的检验。

在自然资源领域，可以借助自然资源资产核算成果作为计算损益的数据信息来源之一。十八届三中全会以来，中共中央、国务院相继颁发一系列关于自然资源资产产权制度改革的文件②，有针对性地对自然资源资产核算工作作出了具体部署。资源资产核算已实现了全民所有自然资源资产的全覆盖，提供一套清晰的"家底账、收益账和责任账"是其功能③。与之密切关联的全民所有自然资源资产调查、评价、监测、清查，全民所有自然资源资产平衡表编制，领导干部自然资源资产离任审计，全民所有自然资源资产报告等生态文明制度创新正在全面开展。积累"资源账""生态账""管理描述报告"④等为载体的海量信息数据，为自然资源监管措施的选择、评价提供了坚实信息基础。

此外，自然资源行业，由于其外部性和社会关联性强，属于重规制领域，企业常会成为相互重叠的规制方案的规制对象，该事实使被规制的企业承担多重规制负担，由此影响了任一具体规制方案的可能结果。在理想的情况下，应当考虑所有规制措施的成本，然而，如果起初就从被规制企业的视角分析规制，将有导致分析过于复杂的危险⑤。因此，有必要从事后视角，对多重规制方案带来的权利损害或者增加的成本加以考虑，如果规制成本对受限企业过于昂贵超出了其维持正常运营所能承受的界限，实际导致企业因管制而无法运营，就会构成财产权本质内容的侵害，违背了

---

① Jennifer Nou. Regulating the Rulemakers: A Proposal for Deliberative Cost-Benefit Analysis [J]. Yale Law & Policy Review, 2008, 26(02): 601-644.

② 《关于全民所有自然资源资产有偿使用制度改革的指导意见》《关于创新政府配置资源方式的指导意见》《关于建立国务院向全国人大常委会报告国有资产管理情况制度的意见》《关于统筹推进自然资源资产产权制度改革的指导意见》等。

③ 姚霖. 全民所有自然资源资产核算及其决策支撑的思考[J]. 中国国土资源经济, 2021 (05): 1.

④ 姚霖. 自然资源资产负债表的实践进展与理论反思[J]. 财会通讯, 2021(17): 85-88+156.

⑤ [美]史蒂芬·布雷耶. 规制及其改革[M]. 李洪雷, 宋华琳, 苏苗罕, 钟瑞华, 译. 北京: 北京大学出版社, 2008: 12.

财产权核心内容保障原则，自不能通过均衡性原则的审查。

限制手段需要按照顺序依次进行检验，依次通过四个原则的检验，便可得出其通过了比例原则的检验，具备实质合宪性。四个原则中，一旦有通不过检验的情形，就可以停止做下一步的判断。

三、合宪性判断基准与判断结论

在明确了合宪性判断的框架后，接下来需要解决的是应以何种强度加以审查，遵循何种审查基准，并在此基础上得出判断结论。在我国，抽象审查模式下，审查基准主要都是在立法机关对宪法所保护法益进行限制的情况下，审查机关对立法机关的行为予以"容忍"的程度的体现①。自然资源财产权利的非征收性限制中财产权内容形成采用合宪性推定原则；对内容形成以外的非征收性限制则存在审查强度的区别，目前对于财产权限制的审查基准已有一般性态度，但在财产权内部，还存在差异化的具体审查标准，在这个意义上，合宪性审查的强度确定永远是一个个案厘定的过程。经由审查，可以得出一项限制属于财产权的内容形成，财产权的社会义务，财产权的过度限制乃至财产权的侵害的判断，财产权的内容形成与财产权的社会义务不附带补偿，财产权的过度限制则应基于公平原则予以补偿，财产权的侵害应当提供针对国家侵权的救济措施。其判断的关键之处在于财产权的社会义务与财产权的过度限制之区别，涉及是否应予以补偿。

（一）自然资源非征收性限制的合宪性判断基准

1. 对内容形成采用合宪性推定

法律对自然资源财产权利的内容形成是限制财产权利的一种方式，此种一般性限制只能以宪法允许的方式做出，适用合宪性推定原则。

（1）自然资源财产权利的内容形成亦是"限制"

现代社会，财产权的有效行使高度依赖国家和法律，无法自然存在，其保护范围需要立法形成。我国现行《宪法》第 13 条第 1 款规定，公民的

---

① 全国人大常委会法制工作委员会法规备案审查室. 规范性文件备案审查理论与实务 [M]. 北京：中国民主法制出版社，2020：111.

合法的私有财产不受侵犯。在财产前面加上"合法"两个字，反映了财产的立法形成属性①。现行《宪法》第13条第2款规定国家依照法律保护公民的私有财产权和继承权，其中"依照法律"可以理解为"国家所保护的公民之私有财产权和继承权是为法律所规定的私有财产权和继承权"②，同时也可以理解为一项针对"国家"的宪法委托，课以国家通过立法保护公民私有财产权和继承权的义务。因此，形成财产权的内容，是落实宪法委托，具有正当性。相应地，其他机关依照法定职权进行立法、解释，也构成宪法法律实施的一种重要的表现形式。③ 但这并不意味着，立法享有完全的形成自由，宪法构成立法的"框架秩序"，在宪法的框架内立法者享有形成自由，但是如果立法逾越宪法给定的框架，宪法就将发挥控制功能；④《立法法》第54条⑤课以立法者审慎判断相关事实，进而"以最佳方式立法"的程序性义务⑥。因此，立法形成本身受到法律保留、比例原则、基本权利的核心与基本权利的内在限制，否则将导致立法违宪的后果⑦。

在自然资源领域，立法是自然资源配置最具有民主正当性的方式。立法对自然资源财产权利范围的决定是其配置意图的首要表达。依据前文第四章三(二)1中的梳理，我国现行法律中存在内容形成规范，这些法律规范对自然资源财产权利的获取方式、权利主体、是否有偿、权能内容、期限乃至登记等做了或详尽或简略的规定，塑造了自然资源财产权利。除自然资源所有权私人取得的禁止外(林木除外)，其限制性规定都针对各类自然资源使用权。在自然资源领域，国家已认识到对财产权的法律保护，创造了有效率地使用资源的激励⑧，强调市场在资源配置中的决定性作用，持

---

① 参见王锴. 基本权利保护范围的界定[J]. 法学研究，2020(05)：105-121.

② 参见刘志刚. 立宪主义语境下宪法与民法的关系比例原则[M]. 上海：复旦大学出版社，2009：140-145.

③ 全国人大常委会法制工作委员会法规备案审查室. 规范性文件备案审查理论与实务[M]. 北京：中国民主法制出版社，2020：7.

④ 张翔. 立法中的宪法教义学——兼论与社科法学的沟通[J]. 中国法律评论，2021(04)：96-107.

⑤ 《立法法》2023年已修改，现为第58条，内容如下：提出法律案，应当同时提出法律草案文本及其说明，并提供必要的参阅资料。修改法律的，还应当提交修改前后的对照文本。法律草案的说明应当包括制定或者修改法律的必要性、可行性和主要内容，涉及合宪性问题的相关意见以及起草过程中对重大分歧意见的协调处理情况。

⑥ 陈鹏. 合宪性审查中的立法事实认定[J]. 法学家，2016(06)：1-12+175.

⑦ 参见王锴. 论立法在基本权利形成中的作用与限制——兼谈"公有制"的立法形成[J]. 法治研究，2017(01)：96-107.

⑧ [美]里查德·A. 波斯纳. 法律的经济分析(上)[M]. 陈爱娥，黄建辉，译. 上海：三联书店出版社，2006：12.

续推进自然资源资产产权制度改革。但自然资源财产权利内容形成在内容和体系上仍有较大的建构空间，相关立法需要在合宪性约束下继续推进。诸如：整体而言，目前至关重要的自然资源单行法在我国主要定位于自然资源管理法，其私权构建十分缺乏①，而且既有的规定尚未有效回应自然资源相互影响、相互依存的特征，存在地上、地表和地下相互耦合的自然资源权利的重叠、依赖或者冲突的问题②。因而是应积极扶植的立法领域。

（2）何为、为何、如何合宪性推定

合宪性推定，是指对立法行为进行合宪性审查，在逻辑上首先推定该立法行为合乎宪法，除非有明显违宪的事实存在③，尊重立法机关的立法目的与立法裁量的选择等立法范围内的价值选择与行为决定④。需要在合理的范围内有节制的行使合宪性审查权，当一种法律的合宪性与违宪性的比重相同时，宪法法院应当把它解释为符合宪法的内容，作出合宪性判断，以减少可能引起的社会矛盾与社会震动⑤。我国目前正式采用的"合宪性审查"概念，即体现出宪法判断的谦抑主义⑥，作为实践形态之一的合宪性推定方法也具有谦抑性。

在自然资源领域，对自然资源财产权利的内容形成适用合宪性推定的判断方法，除了基于国家履行基本权利塑造的积极义务，权力分工的功能适当性，民主正当性等一般性理由支持，还有其特殊的必要性。我国宪法中的自然资源全民所有及社会主义原则下，国家作为自然资源的所有者和自然资源主权管领者，必须要对自然资源进行配置，具有产权和规制权双重配置手段，以立法方式设置自然资源财产权利的产权路径，是其配置方案的一种选择。因而国家在自然资源领域，天然具有高度的立法形成自由，其仅受到"全民所有"之公共利益目标和国家根本任务达成之目的性、纲领性约束，具体的路径、方式则可以自行根据社会主义初级阶段的国情考虑选择。此外，自然资源门类众多，不同门类自然资源其蕴藏量，可替代性，开发利用技术的更新速度，开发的适宜性和承载力具有变动性，作

---

① 郭志京. 自然资源国家所有的私法实现路径[J]. 法制与社会发展，2020(05)：121-142.
② 参见谭荣. 自然资源资产产权制度改革和体系建设思考[J]. 中国土地科学，2021(01)：1-9.
③ 王书成. 合宪性推定论：一种宪法方法[M]. 北京：清华大学出版社，2011：18.
④ 王书成. 合宪性推定论：一种宪法方法[M]. 北京：清华大学出版社，2011：30.
⑤ 董建. 德国具体规范审查程序的功能及结构性回应[J]. 中德法学论坛，2021(01)：24-46.
⑥ 王书成. 合宪性推定与"合宪性审查"的概念认知——从方法论的视角[J]. 浙江社会科学，2011(01)：51-59+156-157.

为生态环境因子其变化对生态系统平衡的影响机理还更为复杂，在此不确定性领域，审查机关应当对立法机关的事实判断保持尊让①。

基于此，对内容形成的合宪性质疑较难成功。比如，备受争议的集体土地流转限制条款，涉及立法对集体土地所有权和使用权权能的设置，其合宪性质疑未曾在最新一轮的《土地管理法》修改中加以回应；受到广泛关注的城市住宅用地到期后如何续期问题，涉及法律中对土地使用权期限的设置，是我国土地公有领域向私有领域利益"释放"以及土地公有领域与私有领域利益"交换"②的资源配置的关键问题，在《民法典》中仅做了"依照法律、行政法规的规定办理"的转介性规定，等等，均为适例。

（3）逻辑的延伸：其他资源配置手段的合宪性判断

除了立法的方式形成权利，配置自然资源外，自然资源产权配置实际还有规划、许可、协议等多种方式，法律、行政法规充其量只能为公共资源的配置设置程序规则与实体底线，但无法事无巨细地规定每一份公共资源的用途、交易对价、开发主体等事项，这些方面只能由行政机关在法律、法规、规章所规定的范围内通过规范性文件细化规则来配置③，行政行为的影响弥散于法律行为自成立到生效的各个阶段④，这些方式在自然资源财产权利形成过程中发挥作用，是动态的塑造机制，同时也会对权利的行使设置外在边界，因而具备内容形成与外在限制的双重功能，对这些配置手段也应进行合宪性判断。但因其行为具有高度的专业性、科学性或者合意性，对其合宪性判断也应持有一定程度之尊重和谦抑的态度。

试以韩国土地买卖许可制的合宪性判决加以说明。该案中请求人 A 未经道知事许可将某郡所在地的租赁土地转让给他人，依韩国《国土利用管理法》受到处分。此案在汉城地方法院南部支院审理时，请求人向审理该案的法院提出作为本案审理依据的韩国《国土利用管理法》第 21 条第 3 款第 1 项⑤、第 31 条第 2 款⑥是否违宪的申请，法院接受其申请，向韩国宪法法院提出违宪与否审判请求。韩国宪法法院于 1989 年 12 月 22 日作

---

① 陈鹏. 合宪性审查中的立法事实认定[J]. 法学家，2016（06）：1-12+175.

② 高圣平. 民法典物权编的发展与展望[J]. 中国人民大学学报，2020（04）：19-29.

③ 章剑生，胡敏洁. 行政法判例百选[M]. 北京：法律出版社，2020：415.

④ 章程. 论行政行为对法律行为效力的作用——从基本权理论出发的一个体系化尝试[J]. 中国法律评论，2021（03）：80-91.

⑤ 该款规定：对规制区域内的土地所有权等权利的转让或签订契约（土地等买卖契约）的当事人须经管辖道知事的许可，未经许可而签订的土地等的买卖契约无效。

⑥ 该款规定：违反第 21 条第 3 款第 1 项规定未经许可签订土地买卖合同者处 2 年以下徒刑或 500 万元以下罚金。

出判决，认定韩国《国土利用管理法》第 21 条第 3 款第 1 项不违反宪法；同时认定不能宣布第 31 条第 2 款违宪。判决指出，现代社会强调财产权的社会制约及社会羁束性是最大限度地减少因财产权绝对保障而产生的社会弊端，保护私有财产制度的基本理念，为维护私有财产制度，要求私有财产制度作出最低限度的自我牺牲或让步。韩国宪法一方面保障财产权，但另一方面以法律限制财产权，赋予财产权以社会的义务性①。财产权的行使要符合公共福利是宪法规定的一种义务，通过立法形成权的行使而得到具体化，成为一种现实义务。根据财产的种类、性质、形态、条件、状况、位置等具体情况对财产权进行的限制或禁止行为的形式是不尽相同的。由于土地是不能因需求而增加供应的特殊财产形态，无法直接运用市场经济原理调剂分配，具有固定性特点，立法机关需要对土地财产权采取比对其他财产权更为严格的规制，其立法裁量权范围随之得到扩大。土地买卖许可旨在控制土地的投机，其规制内容限定在可能存在投机的地区或土地价格容易上涨的地区，还综合考虑其他相关因素，只是根据宪法第 122 条②规定的对财产权进行限制的一种形态，不能理解为对财产权本质的侵害，也未违反过度禁止的原则。本案是韩国宪法法院对财产权保障问题所作的具有代表性的判决，明确了财产权的本质，提出了限制财产权的基本原则。从案件的实际效果看，判决作出后在社会上产生了积极的影响，及时控制了土地投机行为，稳定了土地价格，消除了社会阶层之间的矛盾，在全社会确立了土地公益的概念。③

2. 对内容形成以外的非征收性限制进行逐案利益衡量

我国的备案审查实务中合宪性审查标准，是审查机关在进行合宪性审查判断时所应考虑的一系列因素，主要包括：制定规范性文件的目的是否合宪；为实现立法目的所规定的手段，如果对宪法保护的权利或利益进行了限制，是否与立法目的之间具有合理的联结关系；为实现立法目的所规

① 韩国宪法第 23 条规定：(1) 保障一切国民的财产权。有关财产权的内容和界限，以法律规定之。(2) 财产权的行使符合公共福利。(3) 为了公共的需要，可依照法律规定对财产权实行征用、使用、限制并予以补偿。必须支付正当补偿。
② 韩国宪法第 122 条规定：为了保证高效率地、均衡地利用与开发作为一切国民生产及生活基础的国土，根据法律规定，国家可进行必要的限制与赋予义务。
③ 案件参见韩大元、王建学. 基本权利与宪法判例(第二版)[M]. 北京：中国人民大学出版社，2021：272-275.

定的手段是否必要；是否侵害了受宪法保护的更有价值的法益。① 此外，还会考量的其他相关因素包括：是否有必要直接适用宪法进行审查；是否可以通过解释的方法避免作出规范性文件不合宪的判断；违宪的情形是否明显，认定其违宪的理由是否充分。其导向是充分尊重制定机关在制定规范性文件过程中的决策权，给制定机关留有充分的裁量空间，秉承谦抑克制、慎重的原则，避免仅因轻微的情形或者不够充分的理由动辄判定规范性文件违宪，以尽量维护宪法秩序的安定性。② 系以比例原则为基准的尊让谦抑性合宪性审查立场。目前尚未发展出针对财产权限制的专门的审查基准。

从比较法视角看，财产权领域的合宪性判断持较为宽松的审查标准。比如，美国联邦最高法院通过判例形成了三层次的审查标准，对社会与经济性质自由、财产性质之限制或征收，主要适用合理审查基准，要求具有"正当"的政府利益，手段与目的之间存在"合理关联"，举证责任由指控方承担，一般推定合宪③，但对于关系到个人生存经济基础的财产权，则趋向于严格保护，防止来自国家的侵犯以维护个人自由的基础④。德国采用比例原则审查基准，但发展出三层次的审查密度，在个案中注入实质价值判断，经济事务领域的基本权利限制案件一般适用最为宽松的"明显性审查"，一般是合宪性结果⑤，但对于经济事务领域涉及对基本权利严重侵害触及基本权利核心领域的，也会援用最严格的"强力的审查"。

借鉴国外比较法经验，结合自然资源领域的特殊性，本书认为，对自然资源财产权利内容形成以外的非征收性限制应进行逐案利益衡量，综合考量以下因素，确定审查的密度。

第一，受限制的财产权利类型。实质是考察财产权对个人生存和个人自由保障的重要性和财产权的社会关联性。一个财产客体越具有服务于福利、生态或者其他公共利益的义务，则立法者规定财产权内容和限制的权

① 全国人大常委会法制工作委员会法规备案审查室. 规范性文件备案审查理论与实务 [M]. 北京：中国民主制出版社，2020：111-112.
② 参见全国人大常委会法制工作委员会法规备案审查室. 规范性文件备案审查理论与实务 [M]. 北京：中国民主制出版社，2020：112.
③ 何永红. 基本权利限制的宪法审查：以审查基准及其类型化为焦点[M]. 北京：法律出版社，2009：84.
④ 参见何永红. 基本权利限制的宪法审查：以审查基准及其类型化为焦点[M]. 北京：法律出版社，2009：93-96.
⑤ 何永红. 基本权利限制的宪法审查：以审查基准及其类型化为焦点[M]. 北京：法律出版社，2009：37.

限就越大；越涉及财产保障个人自由的功能，则立法者规定财产内容和限制的权限就越小①。在自然资源领域，还应结合考虑以下因素：就客体属性而言；自然资源客体本身具有生态、经济、社会属性与地域分布特征，按照其自然属性特征施加的限制以及针对其利用中负外部性施加的限制，通过合宪性审查的可能性大，应持最宽松判断。就利用方式而言，可以分为对物采掘类和非对物采掘类，典型的非对物采掘利用程度较对物采掘利用程度相对弱，对自然资源本体的介入支配处分需求相对小，相应地改变、折损、破坏乃至耗竭的可能性相对小，法律对其施加的非征收性限制的诉求应有所区别，在做合宪性判定时审查方向也当有一定侧重。

　　第二，限制目的的性质。总体而言，基于越重要的目的采用限制手段，限制手段的合宪性审查标准越趋于宽松，限制的正当性越易被认可。目的正当性是做合宪性判断首先要考虑的内容，依据本书第四章三(一)中的梳理，我国法律对自然资源非征收性限制的目的可类型化保护公益、衡平私益与防范风险，正当目的具有多元性。目的本身也具有重要性差异，以公共利益而言，公共利益被认为有可能扮演促进包容、调和多元社会中可能存在的诸多不同个体或群体利益的角色，特别是使人们在关注现有人口或者其中占据主导的群体的利益的同时，也关注思考社会未来成员的利益。公共利益的不同进路之间到目前看来最明显的主要分界线在于评估公共利益的方法，即通过对所有或大部分个体的利益之所在做经验上的观察来确定，还是依照更高层面的道德原则来进行识别。②从经验角度观察，如基于功利主义的考量，会认为涉及最大多数人最大利益作为最重要之公共利益，在实践中很可能会简化为算经济账，单纯比较经济效益的大小；如基于社会团结的考量，则会认为可为了团结维系，可以令个人作出牺牲。基于更高面的道德原则来识别也会存在差别化的认识，如以人格尊严为目的，则会认为人格权及与人格权接近的利益为重要的目的，单纯的经济价值则退居次位；如持生态中心主义的价值观念，则会认为生态环境具有重要价值，未来世代的权利也应在考量之中。可见目的的考量实在是价值衡量的艰难区域，没有通用的程式和标准，需要结合个案加以衡量。

　　在公共利益领域，涉及安全、健康、环境保护等价值的公共利益的维护，较促进经济发展、争取福利增加的目的更易得到认可，因为，一般来

① [德]罗尔夫·施托贝尔.经济宪法与经济行政法[M].谢立斌，译.北京：商务印书馆，2008：200.
② [英]迈克·费恩塔克.规制中的公共利益[M].戴昕，译.北京：中国人民大学出版社，2014：51.

看，自然资源法是用来引导、调和土地人在土地利用行为中的利益追求和冲突，激励那些与社会整体利益相一致的利益追求，遏制那些背离、损害社会整体利益的行为①，因而易于被认可；在私益衡量中，国家对生命健康和人格尊严等的保护义务更易在与自然资源资源财产权利的防御功能角力中胜出，通过合宪性审查。当然，立法者履行保护义务采取的措施不得超出比例原则的限制上限，否则将与第三人的防御权产生冲突②；在风险防范领域，由于不充分确定的科学评估、往往涉及极端重要的公共利益，才需要干预提前，合宪性判断倾向于立法给予高度尊重，进行浅弱审查。即便如此，也须认识到，在自然资源领域，自然资源财产权利本身便具有公益属性，产权激励效果的发挥能够确保资源安全，为社会经济的发展提供物质基础。因此，在环境共治的时代，仅对于不能通过产权和交易形式解决的问题，以及规范产权行使和交易的问题，才有必要的专业行政监管，为其附加公法义务③。

第三，限制手段及其对财产权的干预程度。如实质性伤害越大审查强度越强。比如收取税费和捐，较拒绝支付补助金或给予福利要严格；永久性管制措施较临时性管制措施严格④；物理性侵占较使用价值的减损严格；裁量性的管制政策选择较非裁量性限制措施宽松⑤；配置罚则的措施较未配置罚则的规制措施严格，特别是配置没收财产、吊销权证、提前收回等罚则时。

(二)自然资源非征收性限制的判断结论

1. 构成自然资源财产权利的内容形成

立法为自然资源财产权利设置权利范围，包括自然资源财产权获取的方式，是否有偿，具体包含哪些权能，财产权的期限有多长，是否需要登记，能够获取哪些权益等规范内容如果通过合宪性审查，属于自然资源财产权利内容形成规范，财产权利人必须遵循，且无须补偿。需要注意的

---

① 甘藏春. 当代中国土地法若干重大问题研究[M]. 北京：中国法制出版社，2019：51.
② 陈征. 宪法中的禁止保护不足原则——兼与比例原则对比论证[J]. 法学研究，2021(04)：55-72.
③ 常纪文. 国有自然资源资产管理体制改革的建议与思考[J]. 中国环境管理，2019(01)：11-22.
④ 王海燕. 私有财产权限制研究[M]. 北京：中国社会科学出版社，2017：185.
⑤ 蒋红珍，王茜. 比例原则审查强度的类型化操作——以欧盟法判决为解读文本[J]. 政法论坛，2009(01)：116-125.

是，现在学者们较关注的是自然资源财产权利的立法形成，这仅是静态规范，实践中尚需特别关注公权力对自然资源财产权利的整体性塑造，包括立法、行政和司法行为，对于相关行政和司法行为也当进行合宪性控制，注意个案中的权益衡量。

2. 构成不予补偿的自然资源财产权利的社会义务

一项限制措施使自然资源财产权利人的财产权益受到一定减损，但却被认定为是财产权人应当负担的社会义务，属于财产权利的内在界限，则属于合宪，此时财产权人遭受的利益减损实质是财产权人对社会作出的个人奉献，是财产权社会功能的发挥，不损及财产权利的核心内容，不需补偿。但国家基于生存关照、社会团结维系、激励等原因给予的政策性恩惠是被允许的。

我国现行法律制度框架下，自然资源财产权利非征收性限制普遍是以财产权社会义务的方式设定的，在正式法律制度层面极少考虑补偿问题。试以耕地使用权的保护限制为例加以分析。我国对耕地实施了特殊的保护措施。耕地保护是我国基本国策，在《土地管理法》第四章设专章对耕地保护作出了规定，符合法律保留原则。保护目的是基于粮食安全公益利益，具有目的正当性。其具体的限制性措施包括占用耕地补偿、土地利用总体规划和土地利用年度计划、永久基本农田划定与管制、耕地用途管制、轮作休耕、禁止闲置抛荒等行政保护措施。这些保护措施是基于耕地的特性和本来用途采取的普遍适用的限制，有助于稳定耕地的数量和质量，优化耕地的利用水平。这些手段对于需要达至的耕地保护目标具有积极作用，因此具有适当性和必要性。对于某些耕地的所有权人和使用权人利益会造成实际的减损，但除了少量的城乡接合部或者交通沿线具有改变土地用途而增值外，绝大多数耕地并不具备改变用途形成增值的可能性，因此损失是可以期待忍受的[1]，所造成的损害同其所促进的利益成比例，符合均衡性原则。因此，从一般情况而言，耕地特殊保护措施属于耕地使用权人应当承受的社会义务，耕地的权利人对这种特殊保护措施不具有提出补偿请求的正当性[2]。国家针对耕地保护的各类补贴和优惠政策等主动的授益性行为也是适宜的，对于耕地保护措施的落实和农民权益的保护有

---

[1]　甘藏春. 土地正义：从传统土地法到现代土地法[M]. 北京商务印书馆，2021：345-346.

[2]　甘藏春. 土地正义：从传统土地法到现代土地法[M]. 北京商务印书馆，2021：345.

助益，但应当保持授益的公平性。

3. 构成自然资源财产权利过度限制应予以补偿

一项限制措施基于正当目的对自然资源财产权利人施加了合法限制，但该项措施给自然资源财产权利人造成"特别牺牲"，此时自然资源财产权利人有义务履行该合法措施，同时有权利主张公平补偿。

（1）何时过度

非征收性限制措施实际是法律允许自然资源财产权利人享有财产的限制性条件，有着分配资源和设置成本分摊规则的功能。正如有学者指出的，财产规则可以被合理界定为一种用于解决资源使用和资源控制冲突的社会性规则，财产权利所承担的角色就是对某一具有争议性的资源的使用进行分配，并且界定资源使用方式据以获得法律允许的条件，真正的问题是公共政策的实施成本多大程度上让个体承担，多大程度上应当由公众来承担①。对于是否过度，基于目的论和义务论学说，会产生有差异的判断标准。目的论学说关注限制措施产生的收益，认为行为的道德价值是其结果的一种功能，可以是关注自我的结果（利己主义）、他人的结果（利他主义），或者每个人的结果（普遍主义），如行为功利主义认为一个行为当它而且仅仅当它为最大多数的人带来最大的幸福时才是正确的，而不管分配规则，规则的选择只考虑纯幸福，是收益—成本分析的基础。义务论学说关注过程，认为判断一个行为是正确的还是错误的要依据这一行动的性质，一个行为可以在道德上是正确的，即使它没有产生善战胜恶的最大均衡②，不计较损失和收益，而考虑正确和错误，将人格尊严置于核心价值。实践中，财产权的分类保护，即财产权利与人格尊严紧密关联时严格保护便以此为智识渊源。在比例原则的合宪性衡量实践中，能够观察到这两种原理的实际操作形态。

财产权的社会义务的设定，是具有道德伦理预设的义务论模式，尽管这种操作可能产生功利主义要求的功利最大的效果，但对于措施本身的道德性必须进行严格的考察，对于与此关联的权利减损应当认真对待，而不仅仅是考虑限制措施的权利损害成本和财政成本，与措施收益的均衡，即目的值不值得划不划算的问题，还要考虑对财产权利人自身是否公平的问

---

① Rodgers C. Nature's Place? Property Rights, Property Rules and Environmental Stewardship [J]. Cambridge Law Journal, 2009, 68（03）：550-574.

② 参见［美］帕顿（Patton, c. v.），沙维奇（Sawicki, D.S.）. 政策分析和规划的初步方法［M］. 孙兰芝，胡启生，译. 北京：华夏出版社，2001：31-32.

题。因此，判断一项限制措施对自然资源财产权利人的限制是否过度，应当着眼于财产权人自身的损失。本书主要借鉴在宪法中明确规定补偿义务的日本实践经验和相关的学理梳理，提出基于个案利益权衡的"特别牺牲"综合判定参考标准，认为合法的限制措施构成了自然资源财产权利人的"特别牺牲"即为过度，此时应当公平补偿。

第一，当限制措施侵害了财产权本质内容，造成了财产权存续保障失效，应当认定为征收，按照征收规则予以补偿。如为了公共利益需要，提前收回国有土地使用权、矿业权等自然资源财产权利。

第二，当限制性措施妨碍财产权本来效用发挥，除非存在财产权人必须忍受的理由，否则应当补偿①。社会义务系属基于公共利益对财产所形成之"微量"限制，基本上系属"量"的问题。从量的角度看，应检视财产权的"使用""收益"或"处分"个别权能是否因此而受到"全部限制"而定，如果其中一种权能受到全面且无法预计其结束期间的限制，即非财产社会义务范围②。如为了整顿矿业秩序，要求合法经营的矿业权人参与矿业权整合，使其财产权益在整合中受到减损，这种减损并非出于必须忍受的理由③，应当考虑补偿。

第三，当限制性措施部分妨碍财产权本来效用发挥，如果是因为财产权本来效用无关联性的特定公益目的的偶然限制，则有补偿的必要性④。主要表现为产业、交通及其他公益事业的发展、国土综合利用与城市开发发展等积极目的而对特定的财产权作必要的征收及其他限制。

第四，当限制性措施部分妨碍财产权本来效用发挥，如果是基于该财产权保持其与共同生活之调和所必要的情形下，可不需要补偿⑤。主要表现为为了维持公共安全与秩序、保障安全的社会共同生活的消极目的而在最小限度内做必要的、比较一般的财产权限制。⑥ 具体情形主要包括：对自然资源财产权利开发造成的生态环境破坏、资源耗竭、安全事故、职业

① ［日］芦部信喜，高桥和之.宪法（第三版）［M］.林来梵，凌维慈，龙绚丽，译.北京：北京大学大学出版社，2006：207.
② 张永健.土地征收与管制之补偿理论与实务［M］.台北：元照出版公司，2020：193.
③ 参见［日］宇贺克也.国家补偿法［M］.肖军，译.北京：中国政法大学出版社，2014：366-367.
④ ［日］芦部信喜，高桥和之.宪法（第三版）［M］.林来梵，凌维慈，龙绚丽，译.北京：北京大学大学出版社，2006：207.
⑤ ［日］芦部信喜，高桥和之.宪法（第三版）［M］.林来梵，凌维慈，龙绚丽，译.北京：北京大学大学出版社，2006：207.
⑥ 参见［日］宇贺克也.国家补偿法［M］.肖军，译.北京：中国政法大学出版社，2014：366-367.

健康侵害等负外部性的规制；基于自然资源分布的地域性特征而施加的限制措施，比如开发少数民族地区自然资源，对少数民族地区的利益补偿要求，又如自然保护地原住民保持原土地用途，不得增加开发强度和扰动强度的限制等；基于自然资源的战略性稀缺性而采取限制措施，如战略矿产品交易和价格的规制措施。根据学者的系统梳理，在日本司法实践中，《自然公园法》中有关财产权限制的行政补偿从未得到法院认定，法院拒绝的理由主要在于自然公园的地域特征导致为保持美好风土景观而限制采石、建筑，是符合财产权本来性质的限制①。

第五，当限制措施基于公益目的作出且对财产权本来效用影响轻微的，不需要补偿。如基于科学监管、保护生态环境和资源，要求一定的自然资源财产权利人报告环境影响信息、自然开发利用信息、建立台账等信息义务。

（2）如何补偿

宪法中的财产权不可侵犯条款为损失补偿制度奠定了规范性基础，"财产权不可侵犯"成为限制补偿制度得以构建的道德根基②，但宪法并未对补偿制度作出明文规定③。在中国整个法制建设中，行政补偿是建立较早的一门法律制度。早在民主革命时期，解放区边区政府的政策、条例中已有有关行政补偿的规定。1944年1月颁布《陕甘宁边区地权条例》规定，"由于建筑国防工事，兴修交通道路，进行改良市政工作以及举办其他以公共利益为目的而经边区政府批准的事业，政府得租用、征用或者以其他土地交换任何人民或团体所有的土地"。即为行政补偿的初期形式。④ 依据前文第四章三(三)对我国现行有效法律中非征收性限制的补偿所作的梳理，现行有效的法律中共有46部法律做了补偿相关规定，整体而言，

① 参见杜仪方. 财产权限制的行政补偿判断标准[J]. 法学家，2016(02)：96-108+178.
② 石肖雪. 以财产权保障条款为依托的损失补偿机理——功利主义与自由主义的辩证统一[J]. 浙江学刊，2017(01)：184-192.
③ 杨建顺教授提出了一种解释方案，认为1982年《宪法》第41条第3款为行政赔偿和行政补偿提供了宪法根据。理由：宪法解释应立足于全面、客观，切不可形而上学、感情用事。在宪法制定的当时，中国行政法学尚处于萌芽状态，对于行政赔偿和行政补偿的概念区分缺乏足够的研究，不，甚至可以说根本没有研究，因而，在制宪过程中当然不能期待从概念上区分之。尽管是这样，先哲制宪者并未使用"违法侵犯"和"损害"的概念。这说明，"侵犯"既包括"违法侵犯"，也包括"合法侵犯"；"损失"是一个大概念，包括"损害"和狭义的"损失"，而"有依照法律规定取得赔偿的权利"中的"赔偿"，自然也是一个大概念，包括"补偿"和狭义的"赔偿"。参见杨建顺. 行政规制与权利保障[M]. 北京：中国人民大学出版社，2007：754-755. 本书认为，即使认可该条的解释方案，对于财产权非征收性限制补偿没有直接依据的论断依然是可靠的。
④ 杨建顺. 行政规制与权利保障[M]. 北京：中国人民大学出版社，2007：753.

尽管我国行政补偿法制建立较早，但我国法律对非征收性限制的补偿规定较之普遍存在的限制性规定而言是不具有普遍性的，相关制度安排差异性大，不成体系，不确定性法律概念使用较多，且部分规范欠缺直接的操作性，依赖配套法规的颁行，但立法者具备补偿受损者的理念。由此可见，我国尚未形成以宪法为直接规范依据以法律为落实的制度性宪法财产权过度限制补偿制度。

因此，如何补偿需要解决的第一个问题便是确立其宪法地位，并厘清其实在法依据。以比较法上的经验观之，有两种可供参考的学理路径，其一，违宪无效说——宪法上必须补偿，但课赋特别牺牲的法律却没有补偿规定的，该规制违宪无效；其二，请求权发生说——宪法上必须补偿的，可以直接基于《宪法》而请求补偿①。目前日本以路径二为通说②，德国、美国以路径一为通说③。考虑到我国没有专门的宪法诉讼，欠缺财产权过度限制补偿制度的宪法直接规定，不具备采用路径一的条件；没有宪法诉愿或者司法审查制度，也不具备采用路径二的条件。但我国抽象式合宪性审查制度运行得当，亦可以促进合宪秩序的形成，我国法律上零散的补偿规定之既存、立法机关补偿理念之既有，也为行政补偿诉讼奠定了实在法基础，因此我国可以采用"立法违宪判断—立法合宪解释—立法合宪修改"+"宪法解释或宪法修改地位之确立—立法分散规定—司法个案衡平"的路径建构。

如果有了实在法依据，便可依据实在法规定的法定标准请求损失补偿。如果没有实在法规定，或者实在法规定不明确时，仍须确定补偿的标准。事实上，立法不能提供具体详细标准，是补偿法理内在的局限性④，所以个案的衡量极为重要，此时应遵循公平原则。一般而言，有以下建议可做参考：

第一，国家基于保护义务和宪法委托而对自然资源财产权利施加公权力限制措施，具有正当性，"应限即限"。过于考虑私人财产权损失补偿的财政负担，而抑制应当采取之限制措施的出台，也是不利于宪法义务之贯彻，从长远看反倒有可能侵蚀私人财产权的社会根基，不利于财产权的保障。只是在施加限制时，应尽最大可能保证其目的必要性、科学性、合

---

① ［日］宇贺克也．国家补偿法［M］．肖军，译．北京：中国政法大学出版社，2014：361.
② ［日］宇贺克也．国家补偿法［M］．肖军，译．北京：中国政法大学出版社，2014：361.
③ ［日］宇贺克也．国家补偿法［M］．肖军，译．北京：中国政法大学出版社，2014：361-362.
④ 参见［日］宇贺克也．国家补偿法［M］．肖军，译．北京：中国政法大学出版社，2014：362-366.

比例性。当前，我国自然资源领域立法，其社会性规制措施设置还比较僵化单一，经济性规制则多以行政手段操控，治理参与、市场的作用等发挥还不充分。

第二，国家基于财产权不可侵犯义务而对自然资源财产权利损失进行的弥补，具有道德正当性，"应补即量力补"。损失补偿制度具有私有财产制度的终极保障手段之功能，① 损失补偿制度的目的在于不将因合法的权力之行使所产生的损失作为个人的负担，而是通过平等的原则，将其转换为国民的一般性负担②。应认识到，非征收性限制的负担区别于征收，是权利人为社会福祉所作的奉献，国家应保障奉献者的自我决定权利，并让负担在社会与奉献者之间公平分配。在补偿方案的设置中应当充分吸纳奉献者的参与，听取他们的意见，给予他们充分的选择权和替代性方案，赋予奉献者补偿请求权，由其自主决定是否要求补偿，在国家财政允许的最大限度内追求补偿的公平性和可接受性，而不追求市场价值的完全实现。

在财力有限时，"宁寡亦不可不均"，同时也应在宪法社会主义核心价值观规范和公德规范的指引下，对奉献者、牺牲者进行褒奖，予以官方积极评价，为奉献者积累信用名誉，以此精神性满足弥补其物质性损失。以此，还能激发民众奉献精神，维系社会团结，凝聚民心，不让奉献者忍受剥夺性痛苦。在此公平补偿原则之下，补偿内容应包括直接损失、附带损失，在可能的情况下还可利用公共政策进行生活权补偿，同时允许克减一部分奉献者自我受益、互惠的利益，保证奉献者之间损益的公平考量。补偿方式多样化，积极发掘货币补偿，产权置换、生活安置、就业培训等措施以外的多元补偿方式③。对于补偿成本的担忧，我国台湾地区学者研究指出，依据不动产交易的大数据，结合土地经济学标准的特征回归模型，可以降低财产权损失补偿的行政成本到极低，因而使过去上百年用以证立不补偿多数财产权限制的论据过时（为公益牺牲，政府财政困难/事后观点考量，节省行政成本/事前观点，诱因机制设计——损害小到财产权人不会因为担忧没有补偿而影响投资决策，或者小到财产权人不愿意动员人脉游说政府）。④

---

① ［日］宇贺克也. 国家补偿法［M］. 肖军，译. 北京：中国政法大学出版社，2014：357.
② ［日］芦部信喜，高桥和之. 宪法（第三版）［M］. 林来梵，凌维慈，龙绚丽，译. 北京：北京大学大学出版社，2006：209.
③ 对市场化方式的比较法探讨参见彭涛. 农地管制性征收的补偿［J］. 西南民族大学学报（人文社科版），2017（09）：102-106.
④ 张永健. 土地征收与管制之补偿理论与实务［M］. 台北：元照出版公司，2020：241.

第三，在宪法保障财产权意旨下，尽量完善立法中非征收性限制的补偿规范，即使不能规定明晰实体的补偿标准，国家补偿义务的设定，程序性权利的赋予则不可或缺，给予财产权人提起补偿请求的程序通道，才可以在行政决策和司法诉讼中实现个案的公平正义。对于运行多年的分散的政策性补偿机制，应尽可能上升为具备民主正当性的立法政策决定。

实践中对于合法行政行为导致财产权限制的补偿已经有了有益的尝试。地方立法中，如《广州市历史文化名城保护条例》(2015 年颁布)第 57 条①、《上海市城市更新条例》(2021 年颁布)第 43 条②提出了开发权益置换、容积率转移和奖励等补偿措施，意义重大。司法实践中，"中国天眼"案，为理解管制性征收概念和适用该原理裁判案件，提供了中国样本，而最高法院的相关裁判亦基本实现了从规划管制到行政征收全过程的监督和规范③。

---

① 第 57 条规定："因保护历史文化名城的需要，行政机关可以依法变更或者撤销已生效的行政许可，造成被许可人合法权益损失的，行政机关应当依法补偿。补偿形式包括货币补偿和开发权益置换等。具体补偿方案由市城乡规划行政主管部门会同财政、房屋、建设等行政管理部门制定，报市人民政府批准后执行。"

② 第 43 条规定："在本市历史建筑集中、具有一定历史价值的地区、街坊、道路区段、河道区段等已纳入更新行动计划的历史风貌保护区域开展风貌保护，以及对优秀历史建筑进行保护的过程中，符合公共利益确需征收房屋的，按照国家和本市有关规定开展征收和补偿。城市更新因历史风貌保护需要，建筑容积率受到限制的，可以按照规划实行异地补偿；城市更新项目实施过程中新增不可移动文物、优秀历史建筑以及需要保留的历史建筑的，可以给予容积率奖励。"

③ 案情如下：2007 年 7 月 10 日，国家发展和改革委员会作出发改高技〔2007〕1538 号《国家发展改革委关于 500 米口径球面射电天文望远镜国家重大科技基础设施项目建议书的批复》，同意该项目(也称"中国天眼"，又简称 FAST)正式立项。2013 年 10 月 1 日，经贵州省人民政府 2013 年第 7 次常务会议审议通过的《贵州省 500 米口径球面射电望远镜电磁波宁静区保护办法》正式施行；该省级政府规章规定前述项目五公里核心区不能有电磁波产生。为实施该项目，平塘县政府于 2015 年 11 月 3 日发布《平塘县 FAST 核心区房屋征收决定公告》，决定由平塘县国土局对平塘县 FAST 核心区范围内的房屋予以征收。2016 年 7 月 27 日，平塘县国土局(甲方)与刘某某(乙方)签订了《平塘县 FAST 核心区房屋征收补偿安置协议》。后刘某某以被征收房屋坐落的土地系集体所有，平塘县政府、平塘县国土局实施的征收行为未经省级人民政府征地批复，违反法定程序，双方签订的安置补偿协议缺乏依据，请求判决确认平塘县国土局与刘某某签订的《平塘县 FAST 核心区房屋征收补偿安置协议》无效。人民法院认为，涉案补偿协议虽然名为对涉案房屋进行征收，但并不涉及房屋所占土地，其实质是基于公共利益需要对公民土地进行用途管制，并不涉及将集体土地征收为国有土地的问题。因此，无须按照土地管理法规定办理征地手续，也无须省级人民政府批准征收。为妥善解决因用途限制给所有权人造成的损失，双方通过签订的协议对刘某某予以房屋安置和合理补偿。故其主张涉案房屋征收补偿协议无效的理由，不能成立。因此，判决驳回刘某某要求确认《平塘县 FAST 核心区房屋征收补偿安置协议》无效的诉讼请求。参见耿宝建，黄瑶. 管制性征收理论在行政审判中的引入与运用——以"中国天眼"建设中的管制性征收为例[J]. 人民司法，2019(01)：54-59.

4. 构成自然资源财产权利的限制性侵害

一项自然资源财产权利的非征收性限制措施，如果欠缺目的正当性、合法性，则构成自然资源财产权利的限制性侵害。此时应当根据具体的限制手段，采用相应的救济措施，不适用财产权过度限制的补偿或者征收补偿规则，应考虑国家行为违法时的赔偿规则。实践中已出现此类案件。2014 年 12 月，最高人民法院首次公布环境保护行政案件十大案例中的苏耀华诉广东省博罗县人民政府划定禁养区范围通告一案，最高人民法院总结该案件的典型意义指出："在环境行政管理活动中，政府及环保部门需注重公共利益与私人利益的平衡，不能只考虑环境保护的需要，忽视合法经营者的信赖利益，尤其要防止为了逃避补偿责任，有意找各种理由将合法的生产经营活动认定为'违法'的现象。该案由于原告并未提出行政补偿的诉讼请求，二审法院在维持被告《通告》的同时，明确指出被告未就补偿事宜作出处理，甚至以"事后"提出的原告行为不合法为由不予补偿，明显不当，并告知原告可另行提出补偿申请的法律救济途径，处理适当。"①2022 年黄某卿诉开平市政府行政赔偿案中，最高人民法院明确因划定禁养区致使禽畜养殖遭受的经济损失应予补偿，指出："开平市政府应参照《专项整治方案》的奖补标准，对黄某卿因上述违法行为所造成的损失给予公平合理赔偿或补偿，且从保护行政相对人合法权益的角度出发，该赔偿或补偿亦不得低于其他同类情形养殖场的补偿标准。"②可见在该判决中，已体现了"行政违法行为侵犯相对人合法权益——赔偿"的处理路径。

四、小结：二维的合宪性判断框架与四分的判断结论

合宪性判断在合宪性审查中，在公权力尊宪适宪的常态运行过程中，乃至在公民尊宪及监督权利的行使中，都有存在的必要。对于自然资源财产权利的非征收性限制作合宪性判断，是维护宪法在自然资源法治领域的效力，遵从宪法财产权保障规范的必然要求；在自然资源财产权利规范供给不足，基于公共利益、风险防范和基本权利保护的政策性限制措施繁

---

① 〔2015〕惠中法行终字第 74 号。
② 〔2015〕最高法行赔再 11 号。

复，法定化程度低，补偿规范缺失的制度环境下，合宪性判断更是对受限自然资源财产权利救济需求落空的实践困境的必要回应。合宪性判断先后链接着消除违宪，促进合宪，再到促成宪法与部门法的融贯，达至整体性合宪秩序的不同功能诉求。在自然资源领域，以自然资源财产权利非征收性限制为审查对象的合宪性判断具有多重功能期待，包括：其一，通过合宪性判断，认定自然资源财产权利人应当承担的社会义务，为国家的规制行为提供正当性说理，平息争议；其二，发现造成特别牺牲的过度限制，为权利人提供寻求补偿的救济途径或者撤销限制措施的途径，衡平法益；其三，甄别出违背宪法的对自然资源财产权利的侵害，追究责任。如此才能寻求到个人、社会与国家之间利益平衡点，达至自然资源领域的良法善治。

针对自然资源财产权利的非征收性限制，可以选用二维的合宪性审查框架。包括体系性的文面判断，以及个案性的形式与实质合宪性判断。

体系性文面判断是指针对某一特定法群的某一具有关联性的法规范群，无须对宪法事实进行审查，直接根据法律的文面判断其是否构成违宪的方法。该种判断遵循明确性原则与避免过度宽泛原则、法制统一原则、避免违宪判断原则。体系性文面判断在自然资源法领域具有适用性、可行性，自然资源法域是具有复杂性、不确定性、科技性的专业领域，其调整对象具备自然资源关联性、生态系统整体性的特征，体系性观察有利于彼此印证和参考，找出不协调之处，能够满足资源环境典式化时代的现实需求。需要注意的是，文面审查是形式性、概念性的，审查对象的复数性、复杂性而增强其审查的浅表性，体系性文面判断简明高效，但也具有局限性，但如果将其定位为一种预警性、自省性、整合性评估工具，则仍有很高的实践价值。运用体系性文面判断方法对自然资源开发利用活动的范围限制规范进行审查，发现尚存在过于随意模糊、不具备明确性的规范，规范过于宽泛的规范，法律限制规定彼此间的存在冲突等情况，需要引起重视。

个案性的形式合宪性与实质合宪性判断，是要求某一法条规则或者具体公权力行为对自然资源财产权利施加的限制，应当同时满足形式合宪性和实质合宪性要求。其中形式合宪性主要是指符合法律保留原则，实质合宪性则主要是指通过比例原则的检验。

宪法财产权可以受到立法限制，可将"征用"具体情形中未含括之"非征收性限制"理解为适用简单法律保留，对其限制的合宪性审查，应遵循缓和的法律保留原则约束。对自然资源非征收性限制的前提、范围和结果极为重要决定应当由法律作出，行政法规依据法律授权可以在职权允许范围内作出具体的限制性规定，地方性法规依据法律授权可以根据地方事务需要和自然资源的地域性特征作出具体的限制性规定。对非征收性限制的补偿规定不受法律保留原则的约束，依据各法律规定及其授权性规定作出，允许政策性补偿存在。法律的非征收性限制规定应当具有明确性，法律的授权条款或者全国人大及其常委会的授权决定应当具有明确性。

采用"四阶"比例原则作为自然资源非征收性限制的实质合宪性判断的分析框架和审查标准。在自然资源领域，目的正当性原则的判断，应注意区分各种国家名义的"私益"和公共利益；适当性原则的判断，需要借助相关科学专业知识作为辅助；自然资源财产权利人因为限制性措施而带来的损害计算因资源门类的不同，限制手段的差异性而存在差异，自然资源领域的收益部分则属于较难量化的，比如生态价值、环境审美和文化传承价值、资源安全收益、社会稳定收益等。在进行损害的比较时，需要全面考虑不可量化的价值，作出综合权衡，乃至容纳商谈性路径下被认可被接受为标准，而不能片面追求客观精确的量化计算，可以充分运用自然资源资产核算成果作为计算损益的数据信息来源之一。此外，有必要从事后视角，对多重规制方案带来的权利损害或者增加的成本加以整体性考虑，如果规制成本对受限企业过于昂贵超出了其维持正常运营所能承受的界限，实际导致企业应管制而无法运营，就会构成财产权核心内容的侵害，违背了财产权核心内容保障原则，不能通过均衡性原则的审查。

经由审查，可以得出一项非征收性限制属于财产权的内容形成，财产权的社会义务，财产权的过度限制乃至财产权的侵害的判断。其一，财产权的内容形成与财产权的社会义务不附带补偿，但国家基于生存关照、社会团结维系、激励等原因给予的政策性恩惠是被允许的。其二，财产权的过度限制则应基于公平原则予以补偿。我国法律上零散的补偿规定之既存、立法机关补偿理念之既有，为行政补偿诉讼奠定了实在法基础，如果没有实在法规定，或者实在法规定不明确时，仍须确定补偿的标准，进行遵循公平原则的个案衡量。国家基于保护义务和宪法委托而对自然资源财产权利施加公权力限制措施，具有正当性，"应限即限"；国家基于财产权不侵犯义务而对自然资源财产权利损失进行的弥补，具有道德正当性，"应补即量力补"。其三，财产权的侵害应当提供针对国家侵权的救济措施。一项自然资源财产权利的非征收性限制措施，如果欠缺目的正当性、合法性，则构成自然资源财产权利的限制性侵害，此时应当根据具体的限制手段，采用相应的救济措施，不适用财产权过度限制的补偿或者征收补偿规则，应考虑国家行为违法时的赔偿规则。

结论：达至法益衡平的合宪性判断

中国式现代化的新征程需要充足持续的自然资源物质保障，自然资源领域的良法善治则是必不可少的制度保障。让市场在资源配置中起决定性作用，建立健全自然资源资产产权法律制度正是当前的一项重要的改革任务。为实现这一任务，要求强化土地使用权、海域使用权、矿业权、取水权、渔业权等自然资源财产权利的法律、宪法保障。同时，国家为解决资源有效配置、经济平衡、环境保护与社会公平等突出问题，在征收以外，采取了规划，用途管制，特许，去产能，保护区以及课征税费等非征收性限制，对自然资源财产权利进行内容塑造，并对其取得、使用、收益和处分权能施加限制，引发了较多社会矛盾和冲突，急需通过法律途径疏解。然而，现有的自然资源立法中，非征收性限制及其补偿的规定付之阙如。因此，该领域面临立法修法、良善行政和能动司法的紧迫任务，任务的开展必须遵循宪法约束。合宪性审查时代的到来，为其合宪性约束提供了关键制度条件。在此背景下，既有研究相比于当前的实践需求显现出发展空间，系统深入地开展自然资源非征收性限制合宪性问题的研究极有必要。本书沿着"权利的生成与识别—权利的宪法地位—限制的性质认定—限制的宪法依据—限制的合宪性判断"逻辑线索，以理论性为开创手段，以支撑实务为目的，规范性与实证性结合，从六个部分依次开展探索研究，其结论与建议分述如下：

第一，实在法中模糊的"自然资源全景图"与基于公有制的动静结合配置方案。

我国宪法已设置了"自然资源"的概念，在"归属"与"利用保护"二元体系下，其规范内涵尚不明确，宪法文本中自然资源门类术语与当前的自然资源治理需求间存在疏离。法律及其配套法规对自然资源概念进行了渐进式立法塑造，自然资源术语的规范内涵和概念体系初具雏形。但法律中的自然资源概念设置存在碎片化、交叉重叠甚至冲突。新时代，生态文明入宪的背景下，自然资源良法善治的实现急需对"自然资源"规范内涵进行源头厘定。法律中丰富多样且与实践贴近的自然资源及其门类的概念，可以为宪法中自然资源相关条款的"符合法律的解释"提供解释资源，在此基础上发挥宪法垂直整合部门法群的功能，实现部门法中关键概念的反思、整合与成长。

现行法秩序下自然资源财产权从"全民所有自然资源"到"自然资源财产权利"应采用三层次静态配置与动态配置结合的方式进行。静态配置方案：第一层次的配置，为主权之下对领土的支配。这一层次的配置是通过革命和宪法决断实现的。第二层次的配置，通过宪法规范设立了公有制，确认公共主体(国家、集体经济组织)的支配权。这一层次的配置是通过宪法规范、宪法解释，法律以及遵循自然规律传统习惯的方式实现的。第三层次的配置，是对公有自然资源的配置，具体包括合理利用自然资源的配置、国有自然资源的配置和集体自然资源的配置(合并为利用性自然资源配置)。实际可享用的自然资源财产权利的具体产生，还需要动态层面的配置，需要行政机关的治理运作。国家和集体所有自然资源通过出让或者分配产生私主体利用自然资源的财产权利，并借助权证的方式加以登记确认或者公示，经由此技术手段，自然资源财产权利获得对抗或者排他的效力。

第二，自然资源财产权利的识别、体系化与类型化。

自然资源财产权利是指，国家或者集体以公共利益保护和资源利用效率提升为目的，对其所有的自然资源采用公法、合意或市场途径配置，由私人或组织获取的以该项权利主体自主意志力支配的开发利用自然资源的利益。依据实证法权利观理解，自然资源财产权利是从权利客体的角度划分的一种权利类型，是松散的权利束集合，具有开放的结构，其中具体的权利形态多样，法治发育程度不一。采用"两步判断法"，可以通过法律规范识别出具体的自然资源财产权利类型，即赋予物权登记能力的权利可以判断为是一项财产权利；法律直接表述为自然资源"权利"的可以判断为是一项财产权利。针对未定型状态的权益，还应通过内在实质标准做二次判断，即对自然资源配置方式、配置所授予的资格和利益、权利人承担的义务、允许的自然资源开发利用的方式、支付的对价等进行具体分析，做个案的甄别。当前，我国实在法上，自然资源财产权利基本形成了以土地和自然资源、城市与乡村、陆地与水域等多重二元治理结构基础上的松散权利群。具体包括：建设用地使用权(分层设置)、土地(林地、草地)承包经营权(土地经营权)、宅基地使用权、集体建设用地使用权、探矿权、采矿权、林地使用权、森林林木所有权和使用权、草原使用权、使用水域滩涂养殖捕捞的权利、取水权、海域使用权。

自然资源财产权利应当基于自然资源整体生态性和经济社会性进一步体系化。其构建的制度基因是宪法上自然资源公有制；构建的核心载体是部门主导的各历史阶段形成的管理色彩浓厚的自然资源专门法，体系化整合的契机则在于中央领导下，政府层面自上而下推动的自然资源资产产权制度改革经验的汇聚，以及自然资源专门法的修订，《民法典》在自然资源治理领域效力的辐射和彰显等；构建的路径通道在于自然资源专门法体系化更新修订基础上的自然资源法典化；构建的产权结构在于物权、知识产权与信息权的综合运用。

自然资源财产权利的类型化对于确定合宪性审查基准和准确的合宪性判断具有重要意义。依据自然资源财产权利的成熟度，将自然资源财产权利划分为充分发育、发育、欠成熟与未定型四类。自然资源财产权利本身明晰度越高，其能够获得的利益就越有保障，相关的限制措施就越方便识别；相反，如果权利本身尚未充分发育，其保障价值和密度必然会打折扣。按照自然资源的利用方式，可以分为对物采掘类自然资源财产权利和非对物采掘类自然资源财产权利。相比之下，典型的非对物采掘利用程度较对物采掘利用程度相对弱，对自然资源本体的介入支配处分需求相对小，相应地改变、折损、破坏乃至耗竭的可能性相对小。法律对不同类型自然资源财产权利施加的非征收性限制的诉求有所区别，在做合宪性判定时审查方向也当有一定侧重。

第三，自然资源财产权利落入宪法财产权保障范围，且具有特殊的宪法保护价值。

自然资源财产权利作为民法上财产权的一种特殊类型，具有高财产价值，落入宪法财产权的保护范围。具有对抗国家的防御权功能，并不与宪法中自然资源的社会主义公有制相冲突。自然资源财产权利与其他财产权利相比具有更强的社会关联性，财产的权利形态具有多样性复杂性，具有特殊的宪法保护价值。从经济部门宪法视角考察，自然资源财产权利为公益性私人财产权利；作为国家存续的物质基础，自然资源财产权利是强风险规制下的弱私人财产权利；作为社会发展的物质保障，自然资源财产权利是回应公平正义诉求的私人财产权利。

鉴于自然资源本身及其开发利用活动对个人、社会、国家乃至未来世代的多重重要性，自然资源财产权利负载更多的社会义务的同时，其自身的公益价值亦当认可，自然资源财产权利的保护，而不仅仅是限制，对公共利益的保障亦有重要价值。因此，需要强化对自然资源财产权利的保护强度，增强其权利享用的品质；同时自然资源权利人也必须容忍更多社会限制，内化外部成本，公平分享资源福祉。实现自然资源财产权利保护与限制的双向强化，个人自然资源开发利用利益与社会利益的同向增长，迫切需要精细的宪法财产权非征收性限制制度设计加以保障。

第四，法律对自然资源财产权利的限制性规定构成对宪法财产权的干预。

法律对自然资源财产权利的限制可以分为古典征收和非征收性限制两大类。其中"古典征收"是指国家对公民财产及其权利的剥夺，将这种典型形态以外纷繁复杂的自然资源财产权利公法限制界定为"非征收性限制"，具体可以分为不附带补偿的内容形成和社会义务，以及应予补偿的过度限制。

我国限制自然资源财产权利的法律载体，是由《民法典》和自然资源专门法中多重"转介条款"为沟通而建立起来的动态规范群。法律对自然资源财产权利限制的规范形态包括：权利内容的形成规范；权利行使的限制规范，具体包括原则性规范、禁止性规范、义务性规范、附条件使用规范。法律采用规范形式的不同，会影响到法益减损的计算方法，间接影响到限制程度。禁止性规范多会涉及自然资源财产权利人法益的直接减损，一般较易确定；义务性规范多会增加自然资源权利人的行权成本，具有叠加性、持续性、变动性，通常不易核算。激励性措施，一般而言并不构成财产权限制，但激励性措施实质仍是资源的分配，如果法律变动，导致财政补贴、税收优惠、政府采购规模、价格等减少或降低，会令自然资源权利人产生财产权保障的诉求。法律对政府部门的规制授权性规定，会赋予政府管制自然资源财产权利的权能。此外，法律责任条款的设置能反映出法律对自然资源财产权利限制的态度，欠缺法律责任条款的禁止性条款、义务性条款对自然资源财产权利的限制程度较弱；设置了责任条款的限制性规定，仅就财产权而言，行政法律责任中以停业、关闭、吊销权证为最重，刑事法律责任则以没收财产为最重。

在甄选出的 86 部规定有自然资源财产权利限制条款的法律中，设置了立法目条款的法律共有 83 部，通过对立法目的条款所列举目的的内容和所处位置逐条分析，发现对自然资源财产权利作出限制性规定的法律中，立法目的规定繁杂多样，追求多元目的的实现。可以将限制目的类型化为保护公益、衡平私益和防范风险三类，其中立法目的中的公益主要包括：生态环境法益、自然资源保护和合理利用、安全保障，秩序维护，强化管理，经济的可持续发展，公共财产和设施保护，理念、战略与体制的贯彻等。

我国现行有效的法律中，除《民法典》明确财产权类型外，对自然资源财产权利内容形成之条款还分布于 25 部相关法律之中。这些法律规范对自然资源财产权利的获取方式、权利主体、是否有偿、权能内容、期限乃至登记等做了或详尽或简略的规定，塑造了自然资源财产权利。除自然资源所有权私人取得的禁止外（林木除外），其限制性规定都针对各类自然资源使用权。有 86 部法律对自然资源财产权利占有、使用、处分及收益权能施加了外在限制，其所采用的规制手段包括管制性规制、市场性规制、信息规制工具、合作性规制等。现行有效的法律中共有 46 部法律做了补偿相关的规定，对自然资源财产权利所作的各种非征收性限制，以不补偿甚至附带罚则为常态，以补偿为例外。这些限制性规范为限制措施提供了法律基础，是对自然资源财产权利的干预，其中可能存在对自然资源财产权利的过度限制乃至侵害规范，应当接受合宪性审查。

第五，分离的方案、宪法依据规范的脉络与合宪性判断功能。

我国宪法财产权保障条款存在保障+公益征收的结构，欠缺财产权限制结构。应当在征收制度之外，另行设置财产权的限制及其补偿制度。原因在于，古典征收与非征收性限制存在内在差异与不同运行机理。征收的法理呈现的是一种"个人与作为主权者的国家的对抗状态"，非征收性限制呈现的是"类个体的公民与代表公共利益的国家的社会合作安排"。分离的方案能够克服"扩张的征收"不可预测性的现实困境，吸收有益经验，植根于中国土壤，有助于在个人自由与社会团结双向成全，具有现实参考价值。

具体方案：《宪法》第 13 条第 2 款可为自然资源财产权利的非征收性限制及其限制提供部分规范基础，"依照法律规定保护"亦可解释为财产权的制度性保障，其中蕴含财产权内容形成与对财产权必要的限制，以及对财产权限制的法律保留。《宪法》第 13 条第 3 款"征用"的定位可以采用"统一于征收的限缩解释方案"。按照征用的实际情况分流出符合非征收性限制特征的"征用"，再辅以专门建构的非征收性限制制度。具体而言，即是将征用中财产灭失毁损或者有其他不可归还的情形认定为征收；将征用中其他情形，作为财产权的非征收性限制例外情形，认为构成过度限制，必须附带补偿。以此为基础，还可参照利用现有的征用法律规范和相关制度，分析其补偿的条件、补偿的标准和补偿实践，拓展建构其他非征收性限制规制措施的法律规范。建议将现行《宪法》第 13 条修改为不受侵犯条款、国家义务条款、财产权内容形成与限制条款、财产权公益征收条款的四重结构。

在财产权保障条款之外，还应从整个宪法脉络中搜寻其他关联条款。采用体系性解释的方案，同时依据自然资源财产权利非征收性限制具体情境（目的、行为方式）甄选其他间接规范依据。这些关联规范，呈现出序言第7自然段的国家基本任务引领，总纲社会主义基本原则和相关制度细化与保障，公民基本权利着力，公民基本义务支持，国家职责回应的彼此关联和助益规范脉络。这一规范脉络能够为自然资源财产权内容形成的合宪性提供判断准据；为自然资源财产权利非征收性限制的法律保留审查提供判断依据，为限制的目的正当性审查提供判断依据，为比例原则衡量中成本与收益的核算提供线索，为是否应当补偿的决策提供整合规范和价值引领。

第六，二维的合宪性判断框架与四分的判断结论。

针对自然资源财产权利的非征收性限制，可以选用二维的合宪性审查框架。包括体系性的文面判断，以及个案性的形式与实质合宪性判断。

体系性文面判断是指针对某一特定法群的某一具有关联性的法规范群，无须对宪法事实进行审查，直接根据法律的文面判断其是否构成违宪的方法。该种判断遵循明确性原则与避免过度宽泛原则、法制统一原则、避免违宪判断原则。体系性文面判断在自然资源法领域具有适用性，可行性，自然资源法域是具有复杂性、不确定性、科技性的专业领域，其调整对象具备自然资源关联性、生态系统整体性的特征，体系性观察有利于彼此印证和参考，找出不协调之处，能够满足资源环境典式化时代的现实需求。需要注意的是，文面审查是形式性、概念性的，审查对象的复数性、复杂性会增强其审查的浅表性，体系性文面判断简明高效，但也具有局限性，但如果将其定位为一种预警性、自省性、整合性评估工具，则仍有很高的实践价值。运用体系性文面判断方法对自然资源开发利用活动的范围限制规范进行审查，发现尚存在过于随意模糊、不具备明确性的规范，规范过于宽泛的规范，法律限制规定彼此间的存在冲突等情况，需要引起重视。

个案性的形式合宪性与实质合宪性判断，是要求某一法条规则或者具体公权力行为对自然资源财产权利施加的限制，应当同时满足形式合宪性和实质合宪性要求。其中形式合宪性主要是指符合法律保留原则，实质合宪性则主要是指通过比例原则的检验。

宪法财产权可以受到立法限制，可将"征用"具体情形中未含括之"非征收性限制"理解为适用简单法律保留，对其限制的合宪性审查，应遵循缓和的法律保留原则约束。对自然资源非征收性限制的前提、范围和结果极为重要决定应当由法律作出，行政法规依据法律授权可以在职权允许范围内作出具体的限制性规定，地方性法规依据法律授权可以根据地方事务需要和自然资源的地域性特征作出具体的限制性规定。对非征收性限制的补偿规定不受法律保留原则的约束，依据各法律规定及其授权性规定作出，允许政策性补偿存在。法律的非征收性限制规定应当具有明确性，法律的授权条款或者全国人大及其常委会的授权决定应当具有明确性。

采用"四阶"比例原则作为自然资源非征收性限制的实质合宪性判断的分析框架和审查标准。在自然资源领域，目的正当性原则的判断，应注意区分各种国家名义的"私益"和公共利益；适当性原则的判断，需要借助相关科学专业知识作为辅助；自然资源财产权利人因为限制性措施而带来的损害计算因资源门类的不同，限制手段的差异性而存在差异，自然资源领域的收益部分则属于较难量化的，比如生态价值、环境审美和文化传承价值、资源安全收益、社会稳定收益等。在进行损害的比较时，需要全面考虑不可量化的价值，作出综合权衡，乃至容纳商谈性路径下被认可被接受为标准，而不能片面追求客观精确的量化计算，可以充分运用自然资源资产核算成果作为计算损益的数据信息来源之一。此外，有必要从事后视角，对多重规制方案带来的权利损害或者增加的成本加以整体性考虑，如果规制成本对受限企业过于昂贵超出了其维持正常运营所能承受的界限，实际导致企业应管制而无法运营，就会构成财产权核心内容的侵害，违背了财产权核心内容保障原则，不能通过均衡性原则的审查。

经由审查，可以得出一项非征收性限制属于财产权的内容形成，财产权的社会义务，财产权的过度限制乃至财产权的侵害的判断。其一，财产权的内容形成与财产权的社会义务不附带补偿，但国家基于生存关照、社会团结维系、激励等原因给予的政策性恩惠是被允许的。其二，财产权的过度限制则应基于公平原则予以补偿。我国法律上零散的补偿规定之既存、立法机关补偿理念之既有，为行政补偿诉讼奠定了实在法基础，如果没有实在法规定，或者实在法规定不明确时，仍须确定补偿的标准，进行遵循公平原则的个案衡量。国家基于保护义务和宪法委托而对自然资源财产权利施加公权力限制措施，具有正当性，"应限即限"；国家基于财产权不侵犯义务而对自然资源财产权利损失进行的弥补，具有道德正当性，"应补即量力补"。其三，财产权的侵害应当提供针对国家侵权的救济措施。一项自然资源财产权利的非征收性限制措施，如果欠缺目的正当性，合法性，则构成自然资源财产权利的限制性侵害，此时应当根据具体的限制手段，采用相应的救济措施，不适用财产权过度限制的补偿或者征收补偿规则，应考虑国家行为违法时的赔偿规则。

附录1：国有自然资源资产有偿使用制度的改革任务

资源领域	制度建设任务	权利（能）丰富任务	公益规制任务
国有土地资源	完善 完善国有建设用地有偿使用制度。 探索建立国有农用地有偿使用制度。	对国有农场、林场（区）、牧场改革中涉及的国有农用地，参照国有企业改制土地资产处置相关规定，采取国有农用地使用权出让、租赁、作价出资（入股）、划拨、授权经营等方式处置。明晰国有农用地使用权，明确国有农用地的使用方式、供应方式、范围、期限、条件和程序。 通过有偿方式取得的国有建设用地、农用地使用权，可以转让、出租、作价出资（入股）、担保等。 落实承包土地所有权、承包权、经营权"三权分置"，开展经营权入股、抵押。探索宅基地所有权、资格权、使用权"三权分置"。加快推进建设用地、地上、地表和地下分别设立使用权，促进空间合理开发利用。	全面落实规划实现土地功能分区和保护利用的要求，优化土地利用布局，规范经营性土地有偿使用。 对生态功能重要的国有土地，要坚持保护优先，其中依照法律规定和规划允许进行经营性开发利用的，应设立更加严格的审批条件和程序，并全面实行有偿使用，切实防止无偿或过度占用。 扩大国有建设用地有偿使用范围，加快修订《划拨用地目录》。完善国有建设用地使用权能和有偿使用方式。鼓励可以使用划拨用地的公共服务项目有偿使用国有建设用地。事业单位改制为企业的，允许实行国有企业改制土地资产处置政策。

续表

资源领域	制度建设任务	权利（能）丰富任务	公益规制任务
水资源	完善健全水资源费征收制度，合理调整水资源费征收标准，严格控制和合理利用地下水。	鼓励通过依法规范设立的水权交易平台开展水权交易，区域水权交易或者交易量较大的取水权交易应通过水权交易平台公平公正进行，充分发挥市场在水资源配置中的作用。	落实最严格水资源管理制度，严守水资源管理红线。发利用控制，用水效率控制，水功能区限制纳污三条红线，强化水资源节约利用与保护，加强水资源监控。维持江河的合理流量和湖泊、水库以及地下水体的合理水位，维护水体生态功能。严格水资源征收管理，按照规定的征收范围、对象、标准和程序征收，确保应收尽收，任何单位和个人不得擅自减免，缓征或停征水资源费。推进水资源税改革试点。
矿产资源	完善改革完善矿产资源有偿使用制度，明确矿产资源所有者权益的具体实现形式，建立矿产资源国家权益金制度，征收矿业权出让收益。完善矿业权有偿出让制度，合理调整矿业权分级分类出让制度，合理划分各级国土资源部门的矿业权出让审批权限。完善矿业权有偿占用制度，完善矿产资源税费制度。	进一步扩大矿业权竞争性出让范围，对所有矿业权一律以招拍挂、拍卖、挂牌方式出让。探索研究油气探采合一权利制度，加强探矿权、采矿权授予与相关规划的衔接。依据不同矿种，不同勘查阶段地质工作规律，合理延长探矿权有效期限及延续、保留期限。根据采矿权资源储量规模，分类设定采矿权有效期限。依法明确采矿权抵押权能，完善探矿权、采矿权与土地使用权、海域使用权衔接机制。	全面落实禁止利限制设立探矿权、采矿权的有关规定，强化矿产资源保护。严格限制矿业权协议出让，规范协议出让的具体情形和范围。

续表

资源领域	制度建设任务	权利(能)丰富任务	公益规制任务
国有森林资源	建立对需要经营利用的森林资源资产，确定有偿使用的范围、期限、条件、程序和方式。对国有森林经营单位的国有林地使用权，原则上按照划拨用地方式管理。研究制定国有森林、林场改革涉及的国有林地使用权有偿使用的具体办法。	推进国有林地使用权确权登记工作，切实维护国有林区、国有林场确权登记颁证成果的权威性和合法性。通过租赁、特许经营等方式积极发展森林旅游。	严格执行森林资源保护政策，充分发挥森林资源在生态建设中的主体作用。国有天然林和公益林、国家公园、自然保护区、风景名胜区、森林公园、国家湿地公园、国家沙漠公园的国有林地和林木资源严产不得出让。本着尊重历史、照顾现实的原则，全面清理规范已经发生的国有森林资源流转行为。
国有草原资源	建立全民所有制单位改制涉及的国有划拨草原使用权，按照国有农用地改革政策实行有偿使用。规范和完善国有草原承包经营制度。对已确定给农村集体经济组织使用的国有草原，继续依照现有土地承包经营方式落实国有草原承包经营权。国有草原承包经营权向集体经济组织以外的人流转的，应按有关规定实行有偿使用。		依法依规严格保护草原生态，健全基本草原保护制度，任何单位和个人不得擅自征用、占用基本草原或改变其用途，严控建设占用和非农收使用。加快推进国有草原确权登记颁证工作。

续表

资源领域	制度建设任务	权利（能）丰富任务	公益规制任务
海域海岛	完善海域有偿使用制度。完善海域有偿使用分级、分类管理制度。坚持多种有偿出让方式并举，逐步提高市场化用海市场化出让比例，明确市场化出让范围、方式和程序。完善海域使用权出让价格评估制度和技术标准，将生态环境损害成本纳入价格形成机制。调整海域使用金征收标准，完善海域、海域使用金征收范围和方式，建立海域使用金征收标准动态调整机制。完善无居民海岛有偿使用制度。明确无居民海岛有偿使用的范围、条件、程序和权利体系。完善无居民海岛使用金征收标准，研究制定无居民海岛使用权出让有关规定。建立完善无居民海岛使用权出让最低价标准动态调整机制。	完善海域使用权出让、转让、抵押、出租、作价出资（入股）等权能。探索赋予无居民海岛使用权依法转让、出租等权能。鼓励地方结合实际推进旅游娱乐、工业等经营性用海采取招标、拍卖、挂牌等市场化方式出让。探索完善海域使用权立体分层设权，加快完善海域使用权出让、转让、抵押、出租、作价出资（入股）等权能。构建无居民海岛产权体系，试点探索无居民海岛使用权转让、出租等权能。完善水域滩涂养殖权能，允许依法明确确权的权利体系。理顺水域滩涂养殖权利流转和抵押。理顺海域使用权、土地承包经营权、取水权与地下水、地热水、矿泉水采矿权的关系。	坚持生态优先，严格落实海洋国土空间的生态保护红线，提高用海生态门槛。严格实行围填海总量控制制度，确保大陆自然岸线保有率不低于35%。开展海域资源现状调查与评价，科学评估海域生态价值、资源价值和开发潜力。坚持科学规划，保护优先、合理开发，永续利用，严格生态保护措施，避免破坏海岛及其周边海域生态系统，严格无居民海岛自然岸线内海岛开发利用，禁止开发利用领海基点保护范围内海岛区域和海洋自然保护区核心区及缓冲区、海洋特别保护区的重点保护区和预留区以及具有特殊保护价值的无居民海岛。

附录 2：限制自然资源财产权利法律的立法目的内容与位次分布

序号	法律名称	立法目的的排序位次									
		1	2	3	4	5	6	7	8	9	10
1	矿产资源法	为了发展矿业	加强矿产资源的勘查、开发利用和保护工作	保障社会主义现代化建设的当前和长远的需要							
2	草原法	为了保护、建设和合理利用草原	改善生态环境	维护生物多样性	发展现代畜牧业	促进经济和社会的可持续发展					
3	森林法	为了践行绿水青山就是金山银山理念	保护、培育和合理利用森林资源	加快国土绿化	保障森林生态安全	建设生态文明	实现人与自然和谐共生				
4	水法	为了合理开发、利用、节约和保护水资源	防治水害	实现水资源的可持续利用	适应国民经济和社会发展的需要						

续表

序号	法律名称	立法目的的排序位次									
		1	2	3	4	5	6	7	8	9	10
5	煤炭法	为了合理开发利用和保护煤炭资源	规范煤炭生产、经营活动	促进和保障煤炭行业的发展							
6	可再生能源法	为了促进可再生能源的开发利用	增加能源供应	改善能源结构	保障能源安全	保护环境	实现经济社会的可持续发展				
7	土地管理法	为了加强土地管理	维护土地的社会主义公有制	保护、开发土地资源	合理利用土地	切实保护耕地	促进社会经济的可持续发展				
8	农村土地承包法	为了巩固和完善以家庭承包经营为基础、统分结合的双层经营体制	保持农村土地承包关系的稳定并长久不变	维护农村土地承包经营当事人的合法权益	促进农业、农村经济发展和农村社会和谐稳定						
9	城市房地产管理法	为了加强对城市房地产的管理	维护房地产市场秩序	保障房地产权利人的合法权益	促进房地产业的健康发展						

续表

序号	法律名称	立法目的的排序位次									
		1	2	3	4	5	6	7	8	9	10
10	湿地保护法	为了加强湿地保护	维护湿地生态功能及生物多样性	保障生态安全	促进生态文明建设	实现人与自然和谐共生					
11	长江保护法	为了加强长江流域生态环境保护和修复	促进资源合理高效利用	保障生态安全	实现人与自然和谐共生，中华民族永续发展						
12	野生动物保护法	为了保护野生动物	拯救珍贵、濒危野生动物	维护生物多样性和生态平衡	推进生态文明建设	促进人与自然和谐共生					
13	海岛保护法	为了保护海岛及其周边海域生态系统	合理开发利用海岛自然资源	维护国家海洋权益	促进经济社会可持续发展						
14	海域使用管理法	为了加强海域使用管理	维护国家海域所有权和海域使用权人的合法权益	促进海域的合理开发和可持续利用							

续表

序号	法律名称	立法目的的排序位次									
		1	2	3	4	5	6	7	8	9	10
15	陆地国界法	为了规范和加强陆地国界工作	保障陆地国界的安全稳定	促进我国与陆地邻国睦邻友好和交流合作	维护国家主权、安全和领土完整						
16	城乡规划法	为了加强城乡规划管理	协调城乡空间布局	改善人居环境	促进城乡经济社会全面协调可持续发展						
17	石油天然气管道保护法	为了保护石油、天然气管道	保障石油、天然气输送安全	维护国家能源安全和公共安全							
18	环境保护法	为保护和改善环境	防治污染和其他公害	保障公众健康	推进生态文明建设	促进经济社会可持续发展					
19	海洋环境保护法	为了保护和改善海洋环境	保护海洋资源	防治污染损害	维护生态平衡	保障人体健康	促进经济和社会的可持续发展				

续表

序号	法律名称	立法目的的排序位次									
		1	2	3	4	5	6	7	8	9	10
20	环境影响评价法	为了实施可持续发展战略	预防因规划和建设项目实施后对环境造成不良影响	促进经济、社会和环境的协调发展							
21	固体废物污染环境防治法	为了保护和改善生态环境	防治固体废物污染环境	保障公众健康	维护生态安全	推进生态文明建设	促进经济社会可持续发展				
22	环境噪声污染防治法	为了防治噪声污染	保障公众健康	保护和改善生活环境	维护社会和谐	推进生态文明建设	促进经济社会可持续发展				
23	放射性污染防治法	为了防治放射性污染	保护环境	保障人体健康	促进核能、核技术的开发与和平利用						
24	土壤污染防治法	为了保护和改善生态环境	防治土壤污染	保障公众健康	推动土壤资源永续利用	推进生态文明建设	促进经济社会可持续发展				

续表

序号	法律名称	立法目的的排序位次									
		1	2	3	4	5	6	7	8	9	10
25	水污染防治法	为了保护和改善环境	防治水污染	保护水生态	保障饮用水安全	维护公众健康	推进生态文明建设	促进经济社会可持续发展			
26	大气污染防治法	为保护和改善环境	防治大气污染	保障公众健康	推进生态文明建设	促进经济社会可持续发展					
27	防沙治沙法	为了预防土地沙化	治理沙化土地	维护生态安全	促进经济和社会的可持续发展						
28	水土保持法	为了预防和治理水土流失	保护和合理利用水土资源	减轻水、旱、风沙灾害	改善生态环境	保障经济社会可持续发展					
29	防震减灾法	为了防御和减轻地震灾害	保护人民生命和财产安全	促进经济社会的可持续发展							
30	矿山安全法	为了保障矿山生产安全	防止矿山事故	保护矿山职工人身安全	促进采矿业的发展						

续表

序号	法律名称	立法目的的排序位次									
		1	2	3	4	5	6	7	8	9	10
31	防洪法	为了防治洪水	防御、减轻洪涝灾害	维护人民的生命和财产安全	保障社会主义现代化建设顺利进行						
32	安全生产法	为了加强安全生产工作	防止和减少生产安全事故	保障人民群众生命和财产安全	促进经济社会持续健康发展						
33	生物安全法	为了维护国家安全	防范和应对生物安全风险	保障人民生命健康	保护生物资源和生态环境	促进生物技术健康发展	推动构建人类命运共同体	实现人与自然和谐共生			
34	道路交通安全法	为了维护道路交通秩序	预防和减少交通事故	保护人身安全	保护公民、法人和其他组织的财产安全及其他合法权益	提高通行效率					
35	海上交通安全法	为了加强海上交通管理	维护海上交通秩序	保障生命财产安全	维护国家权益						

序号	法律名称	立法目的的排序位次									
		1	2	3	4	5	6	7	8	9	10
36	消防法	为了预防火灾和减少火灾危害	加强应急救援工作	保护人身、财产安全	维护公共安全						
37	动物防疫法	为了加强对动物防疫活动的管理	预防、控制、净化、消灭动物疫病	促进养殖业发展	防控人畜共患传染病	保障公共卫生安全和人体健康					
38	进出境动植物检疫法	为了防止动物传染病、寄生虫病，植物危险性病、虫、杂草以及其他有害生物（以下简称病虫害）传入、传出国境	保护农、林、牧、渔业生产和人体健康	促进对外经济贸易的发展							
39	建筑法	为了加强对建筑活动的监督管理	维护建筑市场秩序	保证建筑工程的质量和安全	促进建筑业健康发展						

续表

序号	法律名称	立法目的的排序位次									
		1	2	3	4	5	6	7	8	9	10
40	渔业法	为了加强渔业资源的保护、增殖、开发和合理利用	发展人工养殖	保障渔业生产者的合法权益	促进渔业生产的发展	适应社会主义建设和人民生活的需要					
41	农业法	为了巩固和加强农业在国民经济中的基础地位	深化农村改革	发展农业生产力	推进农业现代化	维护农民和农业生产经营组织的合法权益	增加农民收入	提高农民科学文化素质	促进农业和农村经济的持续、稳定、健康发展	实现全面建设小康社会的目标	
42	种子法	为了保护和合理利用种质资源	规范品种选育、种子生产经营和管理行为	加强种业科学技术研究	鼓励育种创新	保护植物新品种权	维护种子生产经营者、使用者的合法权益	提高种子质量	发展现代种业	保障国家粮食安全	促进农业和林业的发展
43	契税法										
44	耕地占用税法	为了合理利用土地资源	加强土地管理	保护耕地							

续表

序号	法律名称	立法目的的排序位次									
		1	2	3	4	5	6	7	8	9	10
45	烟叶税法										
46	环境保护税法	为了保护和改善环境	减少污染物排放	推进生态文明建设							
47	资源税法										
48	畜牧法	为了规范畜牧业生产经营行为	保障畜产品质量安全	保护和合理利用畜禽遗传资源	培育和推广畜禽优良品种	振兴畜禽种业	维护畜牧业生产经营者的合法权益	防范公共卫生风险	促进畜牧业高质量发展		
49	旅游法	为保障旅游者和旅游经营者的合法权益	规范旅游市场秩序	保护和合理利用旅游资源	促进旅游业持续健康发展						
50	中医药法	为了继承和弘扬中医药	保障和促进中医药事业发展	保护人民健康							

续表

序号	法律名称	立法目的的排序位次									
		1	2	3	4	5	6	7	8	9	10
51	节约能源法	为了推动全社会节约能源	提高能源利用效率	保护和改善环境	促进经济社会全面协调可持续发展						
52	循环经济促进法	为了促进循环经济发展	提高资源利用效率	保护和改善环境	实现可持续发展						
53	食品安全法	为了保证食品安全	保障公众身体健康和生命安全								
54	农产品质量安全法	为了保障农产品质量安全	维护公众健康	促进农业和农村经济发展							
55	乡村振兴促进法	为了全面实施乡村振兴战略	促进农业全面升级、农村全面进步、农民全面发展	加快农业农村现代化	全面建设社会主义现代化国家						

续表

序号	法律名称	立法目的的排序位次									
		1	2	3	4	5	6	7	8	9	10
56	劳动法	为了保护劳动者的合法权益	调整劳动关系	建立和维护适应社会主义市场经济的劳动制度	促进经济社会发展和社会进步						
57	职业病防治法	为了预防、控制和消除职业病危害	防治职业病	保护劳动者健康及其相关权益	促进经济社会发展						
58	传染病防治法	为了预防、控制和消除传染病的发生与流行	保障人体健康和公共卫生								
59	突发事件应对法	为了预防和减少突发事件的发生	控制、减轻和消除突发事件引起的严重社会危害	规范突发事件应对活动	保护人民生命财产安全	维护国家安全、公共安全、环境安全和社会秩序					

续表

序号	法律名称	立法目的的排序位次									
		1	2	3	4	5	6	7	8	9	10
60	文物保护法	为了加强对文物的保护	继承中华民族优秀的历史文化遗产	促进科学研究工作	进行爱国主义和革命传统教育	建设社会主义精神文明和物质文明					
61	军事设施保护法	为了保护军事设施的安全	保障军事设施的使用效能和军事活动的正常进行	加强国防现代化建设	巩固国防	抵御侵略					
62	港口法	为了加强港口管理	维护港口的安全与经营秩序	保护当事人的合法权益	促进港口的建设与发展						
63	公路法	为了加强公路的建设和管理	促进公路事业的发展	适应社会主义现代化建设和人民生活的需要							

续表

序号	法律名称	立法目的的排序位次									
		1	2	3	4	5	6	7	8	9	10
64	铁路法	为了保障铁路运输和铁路建设的顺利进行	适应社会主义现代化建设和人民生活的需要								
65	航道法	为了规范和加强航道的规划、建设、养护、保护	保障航道畅通和通航安全	促进水路运输发展							
66	电力法	为了保障和促进电力事业的发展	维护电力投资者、经营者和使用者的合法权益	保障电力安全运行							
67	海警法	为了规范和保障海警机构履行职责	维护国家主权、安全和海洋权益	保护公民、法人和其他组织的合法权益							

续表

序号	法律名称	立法目的的排序位次									
		1	2	3	4	5	6	7	8	9	10
68	国防法	为了建设和巩固国防	保障改革开放和社会主义现代化建设的顺利进行	实现中华民族伟大复兴							
69	测绘法	为了加强测绘管理	促进测绘事业发展	保障测绘事业为经济建设、国防建设、社会发展和生态保护服务	维护国家地理信息安全						
70	气象法	为了发展气象事业	规范气象工作	准确、及时地发布气象预报	防御气象灾害	合理开发利用和保护气候资源	为经济建设、国防建设、社会发展和人民生活提供气象服务				
71	国防交通法	为了加强国防交通建设	促进交通领域军民融合发展	保障国防活动顺利进行							

续表

序号	法律名称	立法目的的排序位次									
		1	2	3	4	5	6	7	8	9	10
72	烟草专卖法	为了实行烟草专卖管理	有计划地组织烟草专卖品的生产和经营	提高烟草制品的质量	维护消费者利益	保证国家财政收入					
73	反垄断法	为了预防和制止垄断行为	保护市场公平竞争	提高经济运行效率	维护消费者利益和社会公共利益	促进社会主义市场经济健康发展					
74	清洁生产促进法	为了促进清洁生产	提高资源利用效率	减少和避免污染物的产生	保护和改善环境	保障人体健康	促进经济与社会可持续发展				
75	乡镇企业法	为了扶持和引导乡镇企业持续健康发展	保护乡镇企业的合法权益	规范乡镇企业的行为	繁荣农村经济	促进社会主义现代化建设					
76	国防动员法	为了加强国防动员建设	完善国防动员制度	保障国防动员工作的顺利进行	维护国家主权、统一、领土完整和安全						

续表

序号	法律名称	立法目的的排序位次									
		1	2	3	4	5	6	7	8	9	10
77	人民防空法	为了有效地组织人民防空	保护人民的生命和财产安全	保障社会主义现代化建设的顺利进行							
78	反恐怖主义法	为了防范和惩治恐怖活动	加强反恐怖主义工作	维护国家安全、公共安全和人民生命财产安全							
79	禁毒法	为了预防和惩治毒品违法犯罪行为	保护公民身心健康	维护社会秩序							
80	对外贸易法	为了扩大对外开放	发展对外贸易	维护对外贸易秩序	保护对外贸易经营者的合法权益	促进社会主义市场经济的健康发展					
81	老年人权益保障法	为了保障老年人合法权益	发展老龄事业	弘扬中华民族敬老、养老、助老的美德							

续表

序号	法律名称	立法目的的排序位次									
		1	2	3	4	5	6	7	8	9	10
82	残疾人保障法	为了维护残疾人的合法权益	发展残疾人事业	保障残疾人平等地充分参与社会生活	共享社会物质文化成果						
83	专利法	为了保护专利权人的合法权益	鼓励发明创造	推动发明创造的应用	提高创新能力	促进科学技术进步和经济社会发展					
84	黄河保护法	为了加强黄河流域生态环境保护	保障黄河安澜	推进水资源节约集约利用	推动高质量发展	保护传承弘扬黄河文化	实现人与自然和谐共生	中华民族永续发展			
85	黑土地保护法	为了保护黑土地资源	稳步恢复提升土地基础地力	促进资源可持续利用	维护生态平衡	保障国家粮食安全					
86	青藏高原生态保护法	为了加强青藏高原生态保护	防控生态风险	保障生态安全	建设国家生态文明高地	促进经济社会可持续发展	实现人与自然和谐共生				

参 考 文 献

一、经典著作

1. 马克思，恩格斯. 马克思恩格斯选集：第 1 卷［M］. 北京：人民出版社，2012.
2. 恩格斯. 家庭、私有制和国家的起源［M］. 中共中央马克思恩格斯列宁斯大林著作编译局，编译. 北京：人民出版社，2018.

二、中文著作

1. 蔡定剑. 宪法精解［M］. 北京：法律出版社，2006.
2. 蔡云龙. 自然资源学原理(第二版)［M］. 北京：科学出版社，2007.
3. 崔建远. 土地上的权利群研究［M］. 北京：法律出版社，2004.
4. 崔建远. 自然资源法律制度研究［M］. 北京：法律出版社，2012.
5. 崔建远. 准物权研究［M］. 北京：法律出版社，2012.
6. 陈德敏. 资源法原理专论［M］. 北京：法律出版社，2011.
7. 陈明燦. 财产权保障、土地使用限制与损失补偿［M］. 台北：翰芦图书出版有限公司，2001.
8. 陈新民. 德国公法学基础理论(下册)［M］. 济南：山东人民出版社，2001.
9. 程燎原，王人博. 权利论［M］. 广西：广西师范大学出版社，2014.
10. 房绍坤，王洪平. 公益征收法研究［M］. 北京：中国人民大学出版社，2011.
11. 甘藏春. 当代中国土地法若干重大问题研究［M］. 北京：中国法制出版社，2019.
12. 甘藏春. 土地正义：从传统土地法到现代土地法［M］. 北京：商务印书馆，2021.
13. 辜仲明. 公课法制与水资源管理——财税法学发展之新兴议题［M］.

台北：翰芦图书出版有限公司，2009.

14. 关保英. 自然资源行政法新论[M]. 北京：中国政法大学出版社，2008.

15. 国土资源部油气资源战略研究中心. 我国矿业权分级审批制度研究[M]. 北京：地质出版社，2016.

16. 韩大元. 1954 年宪法与新中国宪政[M]. 长沙：湖南人民出版社，2004.

17. 韩大元，王建学. 基本权利与宪法判例（第二版）[M]. 北京：中国人民大学出版社，2021.

18. 何华辉. 比较宪法学[M]. 武汉：武汉大学出版社，2013.

19. 何永红. 基本权利的宪法审查：以审查基准及其类型化为焦点[M]. 北京：法律出版社，2009.

20. 洪旗等. 健全自然资源产权制度研究[M]. 北京：中国建筑工业出版社，2017.

21. 胡锦光. 合宪性审查[M]. 南京：江苏人民出版社，2018.

22. 黄锡生. 自然资源物权法律制度研究[M]. 重庆：重庆大学出版社，2012.

23. 黄微. 中华人民共和国民法典释义（上）总则编·物权编[M]. 北京：法律出版社，2020.

24. 李强. 财产权与正义[M]. 北京：北京大学出版社，2020.

25. 刘东霞. 行政法上的新财产问题研究[M]. 北京：中国社会科学出版社，2018.

26. 刘金龙. 自然资源治理[M]. 北京：经济科学出版社，2020.

27. 刘连泰，刘玉姿等. 美国法上的管制性征收[M]. 北京：清华大学出版社，2017.

28. 刘连泰. 宪法文本中的征收规范解释——以中国宪法第十三条第三款为中心[M]. 北京：中国政法大学出版社，2014.

29. 刘权. 比例原则[M]. 北京：清华大学出版社，2022.

30. 刘志刚. 立宪主义语境下宪法与民法的关系[M]. 上海：复旦大学出版社，2009.

31. 罗亚海. 论公民私有财产权的宪法限制及其正当性[M]. 北京：中国政法大学出版社，2018.

32. 马英娟. 政府监管机构研究[M]. 北京：北京大学出版社，2007.

33. 莫纪宏. 宪法学[M]. 北京：社会科学文献出版社，2004.

34. 欧阳君君. 自然资源特许使用的理论建构与制度规范[M]. 北京：中国政法大学出版社，2016.

35. 邱秋. 中国自然资源国家所有权制度研究[M]. 北京：科学出版社，2010.

36. 全国人大常委会法制工作委员会法规备案审查室. 规范性文件备案审查理论与实务[M]. 北京：中国民主法制出版社，2020.

37. 苏永钦. 寻找新民法[M]. 北京：北京大学出版社，2012.

38. 孙宪忠. 中国物权法总论(第四版)[M]. 北京：法律出版社，2018.

39. 孙宪忠. 国家所有权的行使与保护[M]. 北京：中国社会科学出版社，2015.

40. 佟柔. 民法原理[M]. 北京：法律出版社，1983.

41. 王海燕. 私有财产权限制研究[M]. 北京：中国社会科学出版社，2017.

42. 王洪亮等. 自然资源物权法律制度研究[M]. 北京：清华大学出版社，2017.

43. 王书成. 合宪性推定论：一种宪法方法[M]. 北京：清华大学出版社，2011.

44. 夏勇. 人权概念起源：权利的历史哲学[M]. 北京：中国政法大学出版社，2001.

45. 谢立斌. 经济活动的法律保护：中欧比较[M]. 北京：中国政法大学出版社，2017.

46. 谢立斌. 宪法解释[M]. 北京：中国政法大学出版社，2014.

47. 谢哲胜. 土地法[M]. 台北：翰芦图书出版有限公司，2006.

48. 徐以祥. 行政法学视野下的公法权利理论问题研究[M]. 北京：中国人民大学出版社，2014.

49. 杨建顺. 行政规制与权利保障[M]. 北京：中国人民大学出版社，2007.

50. 叶百修. 从财产保障观点论公用征收制度[M]. 北京：三民书局，1989.

51. 叶榅平. 自然资源国家所有权的理论诠释与制度建构[M]. 北京：中国社会科学出版社，2019.

52. 翟国强. 宪法判断的原理与方法：基于比较法的视角[M]. 北京：清华大学出版社，2019.

53. 章剑生，胡敏洁. 行政法判例百选[M]. 北京：法律出版社，2020.

54. 张牧遥. 国有自然资源特许使用权研究[M]. 北京：中国社会科学出版社, 2018.

55. 张永健. 土地征收与管制之补偿理论与实务[M]. 台北：元照出版公司, 2020.

56. 张梓太. 自然资源法学[M]. 北京：北京大学出版社, 2007.

57. 郑磊. 备案审查工作报告研究[M]. 北京：中国民主法制出版社, 2021.

58. 郑贤君. 宪法方法论[M]. 北京：中国民主法制出版社, 2008.

59. 朱应平. 澳大利亚宪法权利研究[M]. 北京：法律出版社, 2006.

60. 《民法典立法背景与观点全集》编写组. 民法典立法背景与观点全集[M]. 北京：法律出版社, 2020.

61. 《宪法学》编写组. 宪法学(第二版)[M]. 北京：高等教育出版社, 人民出版社, 2020.

二、中文期刊论文

1. 蔡立东. 从"权能分离"到"权利行使"[J]. 中国社会科学, 2021(04).

2. 蔡守秋. 论公众共用自然资源[J]. 法学杂志, 2018(04).

3. 曹明德. 对建立我国生态补偿制度的思考[J]. 法学, 2004(03).

4. 常纪文. 国有自然资源资产管理体制改革的建议与思考[J]. 中国环境管理, 2019(01).

5. 常鹏翱. 民法中的物[J]. 法学研究, 2008(02).

6. 陈楚风. 中国宪法上基本权利限制的形式要件[J]. 法学研究, 2021(05).

7. 陈海嵩. 国家环境保护义务的溯源与展开[J]. 法学研究, 2014(03).

8. 陈海嵩. 生态环境治理现代化中的国家权力分工——宪法解释的视角[J]. 政法论丛, 2021(05).

9. 陈华彬. 中国物权法的功用与时代特征[J]. 中国不动产法研究, 2014(02).

10. 陈明辉. 中国宪法的集体主义品格[J]. 法律科学(西北政法大学学报), 2017(02).

11. 陈鹏. 合宪性审查中的立法事实认定[J]. 法学家, 2016(06).

12. 陈鹏. 论立法对基本权利的多元效应[J]. 法律科学(西北政法大学学报), 2016(06).

13. 陈斯彬. 宪法文本中的"社会公德"条款及其公私法应用[J]. 江海学

刊，2016(04).

14. 陈小君. 宅基地使用权的制度困局与破解之维[J]. 法学研究，2019 (03).

15. 陈小君.《民法典》物权编用益物权制度立法得失之我见[J]. 当代法学，2021 (02).

16. 陈玉山. 论国家根本任务的宪法地位[J]. 清华法学，2012(05).

17. 陈征. 征收补偿制度与财产权社会义务调和制度[J]. 浙江社会科学，2019(11).

18. 陈征. 宪法中的禁止保护不足原则——兼与比例原则对比论证[J]. 法学研究，2021 (04).

19. 程雪阳. 国家所有权概念史的考察和反思[J]. 交大法学，2015(02).

20. 程雪阳. 中国宪法上国家所有的规范含义[J]. 法学研究，2015(04).

21. 程雪阳. 国有自然资源资产产权行使机制的完善[J]. 法学研究，2018 (06).

22. 崔建远. 论争中的渔业权[J]. 法商研究，2005(06).

23. 崔建远. 物权编对四种他物权制度的完善和发展[J]. 中国法学，2020 (04).

24. 邓大才. 通向权利的阶梯：产权过程与国家治理——中西方比较视角下的中国经验[J]. 中国社会科学，2018(04).

25. 董加伟. 论传统渔民用海权与土地使用权的冲突及协调——兼论滨海滩涂的法律性质归属[J]. 中国土地科学，2014(11).

26. 董建. 德国具体规范审查程序的功能及结构性回应[J]. 中德法学论坛，2021(01).

27. 董延涛，那春光，侯华丽，王传君. 自然保护区等禁采区内矿业权处置问题研究[J]. 矿产保护与利用，2016(02).

28. 杜强强. 基本权利的规范领域和保护程度——对我国宪法第 35 条和第 41 条的规范比较[J]. 法学研究，2011(01).

29. 杜强强. 法律违宪的类型区分与合宪性解释的功能分配[J]. 法学家，2021(01).

30. 杜仪方. 财产权限制的行政补偿判断标准[J]. 法学家，2016(02).

31. 房绍坤，王洪平. 从财产权保障视角论我国的宪法财产权条款[J]. 法律科学(西北政法大学学报)，2011 (02).

32. 房绍坤，周敏敏. 中国共产党农地制度百年变革的规律、经验与模式[J]. 求是学刊，2021(04).

33. 方新军. 权利保护的形式主义解释方法及其意义[J]. 中国法律评论, 2020(03).

34. 高飞. 建设用地使用权提前收回法律问题研究——关于《物权法》第 148 条和《土地管理法》第 58 条的修改建议[J]. 广东社会科学, 2019 (01).

35. 高富平. 土地使用权客体论——我国不动产物权制度设计的基本设想 [J]. 法学, 2001(11).

36. 高慧铭. 闲置土地收回制度研究: 基本权利滥用的视角[J]. 中外法学, 2019(06).

37. 高利红. 林业权之物权法体系构造[J]. 法学, 2004(12).

38. 高圣平. 民法典物权编的发展与展望[J]. 中国人民大学学报, 2020 (04).

39. 耿宝建, 黄瑶. 管制性征收理论在行政审判中的引入与运用——以 "中国天眼"建设中的管制性征收为例[J]. 人民司法, 2019(01).

40. 巩固. 自然资源国家所有权公权说[J]. 法学研究, 2013(04).

41. 郭晓虹, 麻昌华. 论自然资源国家所有的实质[J]. 南京社会科学, 2019(05).

42. 郭云峰, 郭洁. 公产法定: 国有自然资源资产分类调整的民法思考 [J]. 中国人口·资源与环境, 2020(04).

43. 郭志京. 自然资源国家所有的私法实现路径[J]. 法制与社会发展, 2020(05).

44. 郭志京. 穿越公私法分界线: 自然资源国家所有权委托行使模式[J]. 法制与社会发展, 2022(01).

45. 韩大元. 私有财产权入宪的宪法学思考[J]. 法学, 2004(04).

46. 韩大元, 冯家亮. 中国宪法文本中纳税义务条款的规范分析[J]. 兰州 大学学报(社会科学版), 2008(06).

47. 韩秀义. 诠释"国家所有"宪法意涵的二元视角[J]. 法律科学: 西北 政法学院学报, 2018(01).

48. 韩英夫. 渔业权的物权结构及其规范意涵[J]. 北方法学, 2021(01).

49. 洪丹娜. 宪法视阈中住宅建设用地使用权自动续期的解释路径[J]. 法 学论坛, 2017 (04).

50. 侯甬坚. "生态环境"用语产生的特殊时代背景[J]. 中国历史地理丛, 2007(01).

51. 黄锦堂. 财产权保障与水源保护区之管理: 德国法的比较[J]. 台大法

学论丛，2008(03).

52. 黄泷一. "物权法定原则"的理论反思与制度完善[J]. 交大法学，2020(01).

53. 黄胜开，刘霞. "街区制"模式下小区道路公共化的法律规制[J]. 理论导刊，2016(05).

54. 黄宗智. 中西法律如何融合? 道德、权利与实用[J]. 中外法学，2010(05).

55. 胡建淼，张效羽. 有关对物权行政限制的几个法律问题——以全国部分城市小车尾号限行为例[J]. 法学，2011(11).

56. 胡锦光，王锴. 财产权与生命权关系之嬗变[J]. 法学家，2004(04).

57. 宦吉娥. 宪法保障矿产资源安全之规范供给与缺失研究[J]. 法学评论，2013(06).

58. 宦吉娥. 法律对采矿权的非征收性限制[J]. 华东政法大学学报，2016(01).

59. 姜秉曦. 我国宪法中公民基本义务的规范分析[J]. 法学评论，2018(02).

60. 姜秉曦. 共同富裕与法治——宪法"社会主义法治国家"条款的融贯解释[J]. 法治社会，2022(03).

61. 姜峰. 宪法公民义务条款的理论基础问题——一个反思的视角[J]. 中外法学，2013(02).

62. 蒋红珍. 比例原则适用的范式转型[J]. 中国社会科学，2021(04).

63. 姜明安. 澳大利亚"新行政法"的产生及其主要内容[J]. 中外法学，1995(02).

64. 焦艳鹏. 自然资源的多元价值与国家所有的法律实现——对宪法第9条的体系性解读[J]. 法制与社会发展，2017(01).

65. 金俭. 自由与和谐: 不动产财产权的私法限制[J]. 南京师大学报(社会科学版)，2011(04).

66. 金可可. 论"狗头金"、野生植物及陨石之所有权归属——再论自然资源国家所有权及其限度[J]. 东方法学，2015(04).

67. 李芳. 中国宪法财产权相关问题的哲学思考——基于马克思私有财产的概念[J]. 学术研究，2013(07).

68. 李丽，张安录. 轮作休耕及其补偿的法律意蕴、法理证成及入法进路[J]. 中国土地科学，2021(11).

69. 李泠烨. 原告资格判定中"保护规范说"和"实际影响说"的混用与厘

清——兼评东联电线厂案再审判决[J]．交大法学，2022(02)．

70. 李显冬，唐荣娜．论我国物权法上的准用益物权[J]．河南省政法管理干部学院学报，2007(05)．

71. 李友梅．当代中国社会治理转型的经验逻辑[J]．中国社会科学，2018(11)．

72. 李忠夏．农村土地流转的合宪性分析[J]．中国法学，2015(04)．

73. 李忠夏．"国家所有"的宪法规范分析——以"国有财产"和"自然资源国家所有"的类型分析为例[J]．交大法学，2015(02)．

74. 李忠夏．合宪性审查制度的中国道路与功能展开[J]．法学研究，2019(06)．

75. 李忠夏．"社会主义公共财产"的宪法定位："合理利用"的规范内涵[J]．中国法学，2020(01)．

76. 梁鹰．2020 年备案审查工作情况报告述评[J]．中国法律评论，2021(02)．

77. 廖呈钱．宪法基本国策条款如何进入税法"总则"——规制时代税收法典化的困境及其破解[J]．法学家，2022(01)．

78. 林来梵．论私人财产权的宪法保障[J]．法学，1999(03)．

79. 林来梵．宪法规定的所有权需要制度性保障[J]．法学研究，2013(04)．

80. 林来梵．合宪性审查的宪法政策论思考[J]．法律科学(西北政法大学学报)，2018(02)．

81. 林彦．自然资源国家所有权的行使主体——以立法为中心的考察[J]．交大法学，2015(02)．

82. 刘风景．立法目的条款之法理基础及表述技术[J]．法商研究，2013(03)．

83. 刘连泰．"土地属于集体所有"的规范属性[J]．中国法学，2016(03)．

84. 刘连泰．中国合宪性审查的宪法文本实现[J]．中国社会科学，2019(05)．

85. 刘茂林，秦小建．人权的共同体观念与宪法内在义务的证成——宪法如何回应社会道德困境[J]．法学，2012(11)．

86. 刘荣刚．彭真与1982 年宪法的制定[J]．人大研究，2004(09)．

87. 刘守英，颜嘉楠．体制秩序与地权结构——百年土地制度变迁的政治经济学解释[J]．中国土地科学，2021 (08)．

88. 刘卫先．论环境保护视野下自然资源行政许可的法律本质[J]．内蒙古社会科学(汉版), 2014(02).

89. 刘欣. 民法典视域下自然资源资产产权制度理论分析[J]. 中国国土资源经济, 2021(08).

90. 吕成. 集体土地使用权转让的宪法依据及其规范解释[J]. 中国土地科学, 2021(12).

91. 吕小容. 环境法视角下的遗传资源信息保护[J]. 中国环境管理干部学院学报, 2019(06).

92. 吕政. 论公有制的实现形式[J]. 中国社会科学, 1997(06).

93. 马俊驹, 梅夏英. 动产制度与物权法的理论和立法构造[J]. 中国法学, 1999(04).

94. 马俊驹. 国家所有权的基本理论和立法结构探讨[J]. 中国法学, 2011(04).

95. 马世骏, 阳含熙, 张树中, 郑作新. 保护自然环境和自然资源是刻不容缓的大事[J]. 经济管理, 1980(10).

96. 门中敬. "立法"和"行政"概念的宪法解释[J]. 政法论坛, 2019(05).

97. 莫纪宏. 合宪性审查机制建设的40年[J]. 北京联合大学学报(人文社会科学版), 2018(03).

98. 孟鸿志, 王传国. 财产权社会义务与财产征收之界定[J]. 东南大学学报(哲学社会科学版), 2014(02).

99. 潘佳. 自然资源使用权限制的法规范属性辨析[J]. 政治与法律, 2019(06).

100. 潘家华. 与承载能力相适应确保生态安全[J]. 中国社会科学, 2013(05).

101. 潘昀. 论民营企业经营自主权之宪法属性——围绕"非公经济条款"的规范分析[J]. 法治研究, 2014(05).

102. 潘昀. 论宪法上的"社会主义市场经济"——围绕宪法文本的规范分析[J]. 政治与法律, 2015(05).

103. 裴丽萍, 张启彬. 林权的法律结构——以《森林法》的修改为中心[J]. 武汉大学学报(哲学社会科学版), 2017(06).

104. 彭诚信, 单平基. 水资源国家所有权理论之证成[J]. 清华法学, 2010(06).

105. 彭涛. 农地管制性征收的补偿[J]. 西南民族大学学报(人文社科版), 2017(09).

106. 钱正英, 沈国舫, 刘昌明. 建议逐步改正"生态环境建设"一词的提法[J].科技术语研究，2005(02).

107. 秦前红.合宪性审查的意义、原则及推进[J].比较法研究，2018
　　　(02).

108. 秦小建.宪法对社会道德困境的回应[J].环球法律评论，2014(01).

109. 秦小建，朱俊亭.宪法社会公德条款的规范阐释[J].交大法学，
　　　2022(02).

110. 瞿灵敏.如何理解"国家所有"？——基于对宪法第9、10条为研究
　　　对象的文献评析[J].法制与社会发展，2016(05).

111. 任喜荣，李娟.论地方环境法规财产权限制条款的合宪性审查标准
　　　[J].吉林大学社会科学学报，2022(05).

112. 阮兴文.从宪法财产权条款视角论中国财产权的社会责任承担[J].
　　　社科纵横，2012(04).

113. 单平基.论我国水资源的所有权客体属性及其实践功能[J].法律科
　　　学(西北政法大学学报)，2014(01).

114. 单平基，彭诚信."国家所有权"研究的民法学争点[J].交大法学，
　　　2015(02).

115. 单平基.自然资源之上权利的层次性[J].中国法学，2021(04).

116. 石肖雪.以财产权保障条款为依托的损失补偿机理——功利主义与
　　　自由主义的辩证统一[J].浙江学刊，2017(01).

117. 石佑启.征收、征用与私有财产权保护[J].法商研究，2004(03).

118. 石佑启.论私有财产权公法保护之方式演进[J].江汉大学学报(人
　　　文科学版)，2006(05).

119. 税兵.自然资源国家所有权双阶构造说[J].法学研究，2013(04).

120. 孙宪忠.根据民法原理来思考自然资源所有权的制度建设问题[J].
　　　法学研究，2013(04).

121. 谭荣.自然资源资产产权制度改革和体系建设思考[J].中国土地科
　　　学，2021(01).

122. 佟彤.美国司法上的管制性征收制度及其中国意义[J].盛京法律评
　　　论，2021(01).

123. 佟柔，史际春.我国全民所有制"两权分离"的财产权结构[J].中国
　　　社会科学，1990(03).

124. 涂四益.我国宪法之"公共财产"的前生今世——从李忠夏的《宪法上
　　　的"国家所有权"：一场美丽的误会》说起[J].清华法学，2015
　　　(05).

125. 王玎. 论准征收制度的构建路径[J]. 行政法学研究，2021(02).

126. 王广辉. 宪法财产权规范的经济制度性质[J]. 中国法律，2012(03).

127. 王贵松. 行政活动法律保留的结构变迁[J]. 中国法学，2021(01).

128. 王晖. 法律中的团结观与基本义务[J]. 清华法学，2015，9(03).

129. 王建平. 乌木所有权的归属规则与物权立法的制度缺失——以媒体恶炒发现乌木归个人所有为视角[J]. 当代法学，2013(01).

130. 王进文. 宪法基本权利限制条款权利保障功能之解释与适用——兼论对新兴基本权利的确认与保护[J]. 华东政法大学学报，2018(05).

131. 汪进元，高新平. 财产权的构成、限制及其合宪性[J]. 上海财经大学学报，2011，13(05).

132. 王克稳. 论自然资源国家所有权的法律创设[J]. 苏州大学学报(法学版)，2014(03).

133. 王克稳. 论公法性质的自然资源使用权[J]. 行政法学研究，2018(03).

134. 王锴，刘犇昊. 宪法总纲条款的性质与效力[J]. 法学论坛，2018(03).

135. 王锴. 基本权利保护范围的界定[J]. 法学研究，2020(05).

136. 王锴. 论立法在基本权利形成中的作用与限制——兼谈"公有制"的立法形成[J]. 法治研究，2017(01).

137. 王锴. 为公民基本义务辩护——基于德国学说的梳理[J]. 政治与法律，2015(10).

138. 王磊. 论我国土地征收征用中的违宪问题[J]. 法学评论，2016(05).

139. 王利明. 我国民法典物权编的修改与完善[J]. 清华法学，2018(02).

140. 王理万. 制度性权利：论宪法总纲与基本权利的交互模式[J]. 浙江社会科学，2019(01).

141. 王灵波. 公共信托理论在美国自然资源配置中的作用及启示[J]. 苏州大学学报(哲学社会科学版)，2018(01).

142. 汪庆华. 自然资源国家所有权的贫困[J]. 中国法律评论，2015(03).

143. 王社坤. 自然资源产品取得权构造论[J]. 法学评论，2018(04).

144. 王世杰. 行政法上第三人保护的权利基础[J]. 法制与社会发展，2022(02).

145. 王世涛. 纳税基本义务的宪定价值及其规范方式[J]. 当代法学，

2021(04).

146. 王天华. 分配行政与民事权益——关于公法私法二元论之射程的一个序论性考察[J]. 中国法律评论, 2020(06).

147. 汪洋. 土地物权规范体系的历史基础[J]. 环球法律评论, 2015(06).

148. 王涌. 自然资源国家所有权三层结构说[J]. 法学研究, 2013(04).

149. 王旭. 论自然资源国家所有权的宪法规制功能[J]. 中国法学, 2013(06).

150. 温世扬.《民法典》物权编的守成、进步与缺憾[J]. 法学杂志, 2021(02).

151. 吴汉东. 关于遗传资源客体属性与权利形态的民法学思考[J]. 月旦民商法杂志, 2006(12).

152. 吴汉东. 财产权的类型化、体系化与法典化——以《民法典(草案)》为研究对象[J]. 现代法学, 2017(03).

153. 吴健. 环境和自然资源的价值评估与价值实现[J]. 中国人口·资源与环境, 2007(06).

154. 吴萍. 我国集体林权改革背景下的公益林林权制度变革[J]. 法学评论, 2012(02).

155. 郗伟明. 当代社会化语境下矿业权法律属性考辨[J]. 法学家, 2012(04).

156. 肖泽晟. 财产权的社会义务与征收的界限[J]. 公法研究, 2011(01).

157. 肖泽晟. 宪法意义上的国家所有权[J]. 法学, 2014(05).

158. 谢立斌. 论宪法财产权的保护范围[J]. 中国法学, 2014(04).

159. 徐涤宇. 所有权的类型及其立法结构　《物权法草案》所有权立法之批评[J]. 中外法学, 2006(01).

160. 徐嵩龄. 关于"生态环境建设"提法的再评论(第一部分)[J]. 中国科技术语, 2007(04).

161. 徐嵩龄. 关于"生态环境建设"提法的再评论(第二部分)[J]. 中国科技术语, 2007(05).

162. 徐祥民. 自然资源国家所有权之国家所有制说[J]. 法学研究, 2013(04).

163. 杨化南. 我国宪法中公民的基本权利和义务[J]. 法学研究, 1954(03).

164. 杨解君, 顾冶青. 宪法构架下征收征用制度之整合——关于建构我国公益收用制度的行政法学思考[J]. 法商研究, 2004(05).

165. 杨立新. 住宅建设用地使用权期满自动续期的核心价值[J]. 山东大学学报(哲学社会科学版), 2016(04).

166. 杨曦. "静态"自然资源使用权立法观念之批判——兼论自然资源特许使用权的立法技术[J]. 学习与探索, 2018(09).

167. 杨喆翔, 肖泽晟. 爱护公共财产义务的宪法意蕴[J]. 浙江学刊, 2020(04).

168. 姚霖. 全民所有自然资源资产核算及其决策支撑的思考[J]. 中国国土资源经济, 2021(05).

169. 姚霖. 自然资源资产负债表的实践进展与理论反思[J]. 财会通讯, 2021(17).

170. 叶剑平, 成立. 对土地使用权续期问题的思考[J]. 中国土地, 2016(05).

171. 殷啸虎. 对我国宪法政策性条款功能与效力的思考[J]. 政治与法律, 2019(08).

172. 于光远. 我所知道的建国后制宪修宪经过[J]. 党的建设, 2004(04).

173. 章程. 论行政行为对法律行为效力的作用——从基本权理论出发的一个体系化尝试[J]. 中国法律评论, 2021(03).

174. 张力. 先占取得的正当性缺陷及其法律规制[J]. 中外法学, 2018(04).

175. 张力. 论国家所有权理论与实践的当代出路——基于公产与私产的区分[J]. 浙江社会科学, 2009(12).

176. 张力. 自然资源分出物的自由原始取得[J]. 法学研究, 2019(06).

177. 张清勇, 丰雷. 谁是中国沿海滩涂的所有者?——滩涂所有权的制度变迁与争议[J]. 中国土地科学, 2020(09).

178. 张翔. 财产权的社会义务[J]. 中国社会科学, 2012(09).

179. 张翔. 环境宪法的新发展及其规范阐释[J]. 法学家, 2018(03).

180. 张翔. "合宪性审查时代"的宪法学: 基础与前瞻[J]. 环球法律评论, 2019(02).

181. 张翔. "共同富裕"作为宪法社会主义原则的规范内涵[J]. 法律科学(西北政法大学学报), 2021(06).

182. 张翔. 立法中的宪法教义学——兼论与社科法学的沟通[J]. 中国法律评论, 2021(04).

183. 张义清. 基本国策的宪法效力研究[J]. 社会主义研究, 2008(06).

184. 张震. 环境法体系合宪性审查的原理与机制[J]. 法学杂志, 2021 (05).

185. 张志坡. 物权法定, 定什么? 定到哪? [J]. 比较法研究, 2018(01).

186. 张梓太. 论国家环境权[J]. 政治与法律, 1999(01).

187. 赵宏. 限制的限制: 德国基本权利限制模式的内在机理[J]. 法学家, 2011(02).

188. 赵宏. 主观公权利的历史嬗变与当代价值[J]. 中外法学, 2019(03).

189. 赵宏. 主观公权利、行政诉权与保护规范理论——基于实体法的思考[J]. 行政法学研究, 2020(02).

190. 赵世义. 经济宪法学基本问题[J]. 法学研究, 2001(04).

191. 郑春燕. 必要性原则内涵之重构[J]. 政法论坛, 2004(06).

192. 郑贤君. 基本义务的宪法界限: 法律保留之适用[J]. 长白学刊, 2014(03).

193. 周刚志. 自然资源"国有"需正确理解[J]. 国土资源导刊, 2012 (08).

194. 周珂. 林业物权的法律定位[J]. 北京林业大学学报(社会科学版), 2008(02).

195. 朱学磊. 论法律规范合宪性审查的体系化[J]. 当代法学, 2020(06).

196. 朱谦. 环境权问题: 一种新的探讨路径[J]. 法律科学(西北政法学院学报), 2004(05).

197. 朱虎. 国家所有和国家所有权——以乌木所有权归属为中心[J]. 华东政法大学学报, 2016(01).

三、外文译著

1. [德]鲍尔/施蒂尔纳. 德国物权法(上册)[M]. 张双根, 译. 北京: 法律出版社, 2004.

2. [德]格奥格·耶利内克. 主观公法权利体系[M]. 曾韬, 赵天书, 译. 北京: 中国政法大学出版社, 2012.

3. [奥]汉斯·凯尔森. 共产主义的法律理论[M]. 王名扬, 译. 北京: 中国法制出版社, 2004.

4. [奥]汉斯·凯尔森等. 德意志公法的历史理论与实践[M]. 王银宏, 译. 北京: 法律出版社, 2019.

5. [德]汉斯·布洛克斯, 沃尔夫·迪特里希·瓦尔克. 德国民法总论(第41版)[M]. 张艳, 译. 北京: 中国人民大学出版社, 2019.

6. [德]哈特穆特·毛雷尔. 行政法学总论[M]. 高家伟, 译. 北京：法律出版社, 2000.

7. [奥]卡尔·伦纳. 私法的制度及其社会功能[M]. 王家国, 译. 北京：法律出版社, 2013.

8. [德]卡尔·施米特. 宪法学说(修订译本)[M]. 刘锋, 译. 上海：上海人民出版社, 2016.

9. [德]康拉德·黑塞. 联邦德国宪法纲要[M]. 北京：商务印书馆, 2007.

10. [德]拉德布鲁赫. 法学导论[M]. 米健, 朱林, 译. 北京：中国大百科全书出版社, 1997.

11. [德]来汉瑞. 财产权的社会义务：比较视野[M]. 谢立斌, 张小丹, 译. 北京：社会科学文献出版社, 2014.

12. [德]鲁道夫·斯门德. 宪法与实在宪法[M]. 曾韬, 译. 北京：商务印书馆, 2019.

13. [德]罗尔夫·施托贝尔. 经济宪法与经济行政法[M]. 谢立斌, 译. 北京：商务印书馆, 2008.

14. [德]乌尔里希·贝克. 风险社会：新的现代性之路[M]. 张文杰, 何博闻, 译. 南京：译林出版社, 2018.

15. [法]狄骥. 宪法论(第一卷)[M]. 钱克新, 译. 北京：商务印书馆, 1962.

16. [法]弗朗索瓦·泰雷. 法国财产法(上)[M]. 罗结珍, 译. 北京：中国法制出版社, 2008.

17. [法]卢梭. 论人类不平等的起源和基础[M]. 李长山, 译. 北京：商务印书馆, 1962.

18. [法]莫里斯·奥里乌. 法源：权力、秩序和自由[M]. 鲁仁, 译. 北京：商务印书馆, 2015.

19. [加拿大]艾伦·梅克辛斯·伍德. 西方政治思想的社会史：自由与财产[M]. 曹帅, 译. 南京：译林出版社, 2019.

20. [日]加藤信雅. "所有权"的诞生[M]. 郑芙蓉, 译. 北京：法律出版社, 2012.

21. [日]芦部信喜, 高桥和之. 宪法(第三版)[M]. 林来梵, 凌维慈, 龙绚丽, 译. 北京：北京大学出版社, 2006.

22. [日]美浓部达吉. 公法与私法[M]. 黄冯明, 译. 北京：中国政法大学出版社, 2003.

23. ［日］宇贺克也. 国家补偿法［M］. 肖军，译. 北京：中国政法大学出版社，2014.

24. ［印度］阿马蒂亚·森. 以自由看待发展［M］. 任赜，于真，译. 北京：中国人民大学出版社，2013.

25. ［意］安东尼奥·罗斯米尼. 社会正义下的宪法［M］. 韦洪发，译. 北京：商务印书馆，2018.

26. ［美］Daniel D. Chiras, John P. Reganold. 自然保护与生活［M］. 黄永梅，段雷，等，译. 北京：电子工业出版社，2016.

27. ［美］弗朗西斯·奥克利. 自然法、自然法则、自然权利——观念史中的连续与中断［M］. 王涛，译. 北京：商务印书馆，2015.

28. ［美］弗里曼. 合作治理与新行政法［M］. 毕洪海，译. 北京：商务印书馆，2010.

29. ［美］卡尔·罗文斯坦. 现代宪法［M］. 王锴，姚凤梅，译. 北京：清华大学出版社，2017.

30. ［美］凯斯 R. 桑斯坦. 罗斯福宪法第二权利法案的历史与未来［M］. 毕竟悦，高瞰，译. 北京：中国政法大学出版社，2016.

31. ［美］科斯. 企业、市场与法律［M］. 盛洪，等，译. 上海：上海三联书店，1990.

32. ［美］理查德·A. 艾珀斯坦. 征收——私人财产和征用权［M］. 李昊，等，译. 北京：中国人民大学出版社，2011.

33. ［美］帕顿（Patton, c. v.），沙维奇（Sawicki, D. S.）. 政策分析和规划的初步方法［M］. 孙兰芝，胡启生，译. 北京：华夏出版社，2001.

34. ［美］约翰·斯普兰克林. 美国财产法精解［M］. 钟书锋，译. 北京：北京大学出版社，2009.

35. ［美］里查德·A. 波斯纳. 法律的经济分析（上）［M］. 陈爱娥，黄建辉，译. 上海：三联书店出版社，2006.

36. ［美］罗伯特·A. 卡根. 规制者与规制过程［M］. 刘毅，译. 北京：北京大学出版社，2011.

37. ［美］史蒂芬·布雷耶. 规制及其改革［M］. 李洪雷，宋华琳，苏苗罕，钟瑞华，译. 北京：北京大学出版社，2008.

38. ［美］小詹姆斯·R. 斯托纳. 普通法与自由主义理论：科克、霍布斯及美国宪政主义之诸源头［M］. 姚中秋，译. 北京：北京大学出版社，2005.

39. ［英］艾琳·麦克哈格，巴里·巴顿. 能源与自然资源中的财产和法律

［M］. 胡德胜，魏铁军，译. 北京：北京大学出版社，2014.

40. ［英］彼得·甘西. 反思财产从古代到革命时代［M］. 陈高华，译. 北京：北京大学出版社，2011.

41. ［英］霍布豪斯. 自由主义［M］. 朱曾文，译. 北京：商务印书馆，1996.

42. ［英］肯尼斯. 西欧的国家传统观念和制度的研究［M］. 康子兴，译. 南京：译林出版社，2015.

43. ［英］洛克. 政府论（下篇）［M］. 叶启芳，瞿菊农，译. 北京：商务印书馆，1964.

44. ［英］马丁·瑟勒博. 福利国家的变迁：比较视野［M］. 文姚丽，译. 北京：中国人民大学出版社，2020.

45. ［英］迈克·费恩塔克. 规制中的公共利益［M］. 戴昕，译. 北京：中国人民大学出版社，2014.

四、英文论著.

1. McLean, J. (ed.). Property and the Constitution［C］. Oxford：Hart Publishing，1999.

2. Paul Craig. Public Law and Democracy in the United Kingdom and the United States of America［M］. Oxford：Oxford University Press，1991.

3. Richard Barnes. Property Rights and Natural Resources［M］. Oxford：Hart Publishing，2009.

4. Alexander Gregory S. The Social-obligation Norm in American Property Law［J］. Cornell Law Review，2009.

5. Cass R. Sunstein. The Real World of Cost-benefit Analysis：Thirty-six Questions（and Almost as Many Answers）［J］. Columbia Law Review，2014.

6. Charles A. Reich. The New Property［J］. The Yale Law Journal，1964.

7. Frank Michelman. Takings［J］. Columbia Law Review，1988.

8. Jennifer Nou. Regulating the Rule Makers：A Proposal for Deliberative Cost-Benefit Analysis［J］. Yale Law & Policy Review，2008.

9. Joseph L. Sax. Takings and the Police Power［J］. Yale Law Journal，1964.

10. Joseph L. Sax. Property Rights and the Economy of Nature：Understanding Lucas v. South Carolina Coastal Council［J］. Stanford Law Review，1993.

11. Joseph L. Sax. The Public Trust Doctrine in Natural Resource Law：Effective Judicial Intervention［J］. Michigan Law Review，1970.

12. Samantak Ghosh. The Taking of Human Biological Products [J]. California Law Review, 2014.

13. Rodgers C. Nature's Place? Property Rights, Property Rules and Environmental Stewardship [J]. Cambridge Law Journal, 2009.

后　记

《自然资源财产权利非征收性限制的合宪性研究》是国家社科基金一般项目（17BFX087）成果。开展项目研究及撰写书稿的过程是一段愉悦又充满艰辛的探索之旅。研究的核心是宪法财产权限制与保障的经典论题，但落脚于自然资源财产权利及其非征收性限制这一繁复的革新领域。如何构建我国当下宪法规范能承载、法治实践易操作、社会秩序可兼容的合宪性判断框架和审查方法颇具挑战，这使得研究虽时有阻滞，却又总能从既有学理和实践中获得启迪。一程又一程，俯仰之间，反复体验着山重水复的枯燥沉重与柳暗花明的清明喜悦。

书稿最终能够完成并交付出版，需要感谢的太多！

感谢我的授业恩师秦前红教授。老师在本科阶段便是我宪法学的主讲教授，印象中老师当年的讲述详尽深奥，很多道理是我研习宪法多年后才真正理解的。在我的书柜里，一直珍藏着一本绿皮的宪法教材，其间密密麻麻记着不少学习笔记，里面有不少关键性的错别字，便是那个阶段学习情况的证据。硕士与博士阶段有幸继续在老师的指导下研习宪法。在博士较早阶段，老师便向我推荐了苏永钦教授主编的《部门宪法》，并指导我开展宪法与刑事法关系的研究，由此开启了我从事宪法与部门法交叉研究的学术方向。到中国地质大学（武汉）任教后，老师更嘱我结合资源环境问题开展宪法学研究。时至今日，部门宪法、领域法乃至多科融合的研究方兴未艾，老师当日的指导启迪实为先声。只是学生时隔多年，才终于完成这部书稿。即便如此，怀着忐忑之心恳请老师赐序之时，老师仍欣然应允，一如既往地鼓励支持。

感谢张翔教授。张翔教授是我在中国人民大学访学时的指导教授。访学期间，有幸参与张翔教授主持的"财产法中的基本权利研究"教育部项目，并撰写了《法律中矿业权的非征收性限制》论文，为本书的写作奠定了前期基础。这段访学经历让我受益良多，收获了读书为学之道的启迪，见识了诸多大家先进的风采，感受到学术共同体的温度与魅力。

感谢 Tina Soliman Hunter 教授。Tina 是我在阿伯丁大学访学时的指导教授。在 Tina 的邀请下，我在她主编的 *Routledge Handbook of Energy Law* 中撰写一章，用英文介绍我国的能源规制法律与政策，同时还尝试撰写了我国页岩气矿地获取的制度障碍及解决对策的英文论文，文中涉及对我国征地制度的反思检讨。与 Tina 一起，在雪山之上体验狂风肆意，在高地草甸倾听泉水淙淙，在大海之滨感受暖阳抚触，在蜿蜒山道与高地牛擦肩而过……山川大美无言，草木知时兴替，人的活动极少，静谧荒凉之美让人震撼。一面是人类不遗余力地开发利用的能源产业，一面是人类尽力保存的亘古荒原，两面的存在都离不开各种规制与产权手段的运用。这段访学经历滋养丰富了我的生命，悄然改变了我对诸多事物的认知。

感谢中国地质大学(武汉)和自然资源部法治研究重点实验室。学校、院系和实验室为我的研究提供了充分支持，有力保障了实地调研和综合研究顺利开展。感谢法学学科培育基金对本书出版的慷慨资助。感谢关心帮助我的诸位领导同事师友和研究伙伴，感谢在本书相关领域辛勤耕耘的诸位学者和实务部门同志，你们的开拓、洞见和智慧，为本书的完成提供了智识基础，请恕我未一一列出姓名。感谢我的学生马雪妮、纪梦婷、张玉婷、张一帆、孙苗、李晓铮、谢亚恬、刘冠兰，她们协助我做了辛苦的初步搜集、整理资料及初稿校对工作。感谢武汉大学出版社的刘新英老师和胡荣两位老师的敬业、专业才华和热心付出为本书的顺利出版提供了有力的支持。

感谢我的家人挚友。

记得《中庸》第二十六章讲到天地，曰："天地之道，可一言而尽也：其为物不贰，则其生物不测。天地之道：博也，厚也，高也，明也，悠也，久也。今夫天，斯昭昭之多，及其无穷也，日月星辰系焉，万物覆焉。今夫地，一撮土之多，及其广厚，载华岳而不重，振河海而不泄，万物载焉。"可见，即便是在资源环境生态等科学不彰的古代，天地化生万物、覆载万物的认知也已然为智者所参悟。时至今日，人如何与天地共生并列为三？这大概依然是与人如何为人、自处、相处同等困难和重要的论题，也必然成为作为人类文明伟大发明的宪治法治之不可回避的论题。行文至此，书稿已完结，敬请各位方家批评指正。

充满热爱与未知的探索之旅还在继续……

宦吉娥

2023 年 7 月盛夏地大东区